Daniela Knor · Torsten Bieder

Korfu

Mit Paxós und den Diapontischen Inseln

36 ausgewählte Touren

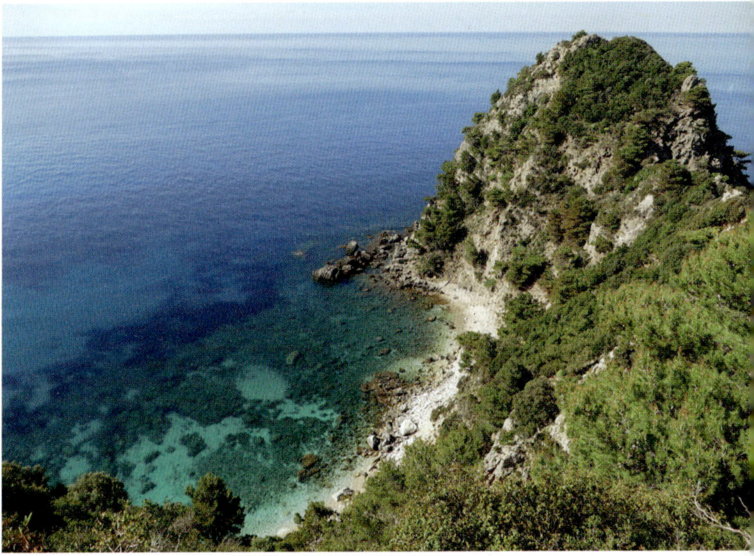

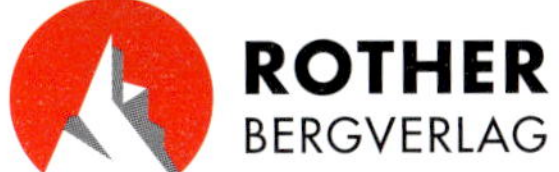
ROTHER
BERGVERLAG

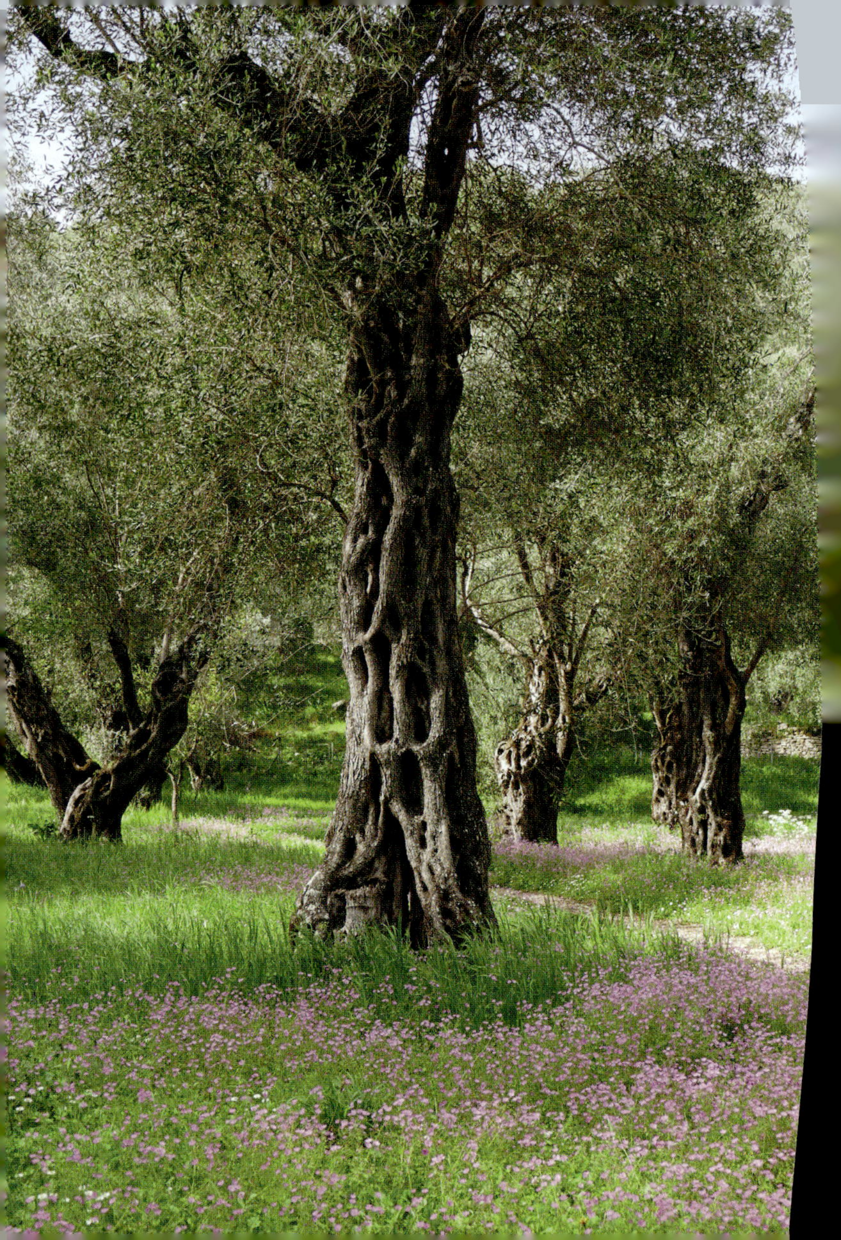

VORWORT

Korfu – das ist mehr als Griechenlands grünste Insel! Auf kleinem Raum finden wir eine erstaunliche Vielfalt vor: Kilometerlange Sandstrände erstrecken sich nur einen Katzensprung vom beeindruckenden Bergmassiv des über 900 m hohen Pantokrátors entfernt. Leuchtend weiße Steilklippen erheben sich aus dem klaren Wasser des Ionischen Meers, das uns immer wieder mit unglaublichen Blautönen überrascht. Zahllose Olivenhaine verbinden sich zu ausgedehnten Wäldern, unter deren Bäumen im Frühling bunte Blumenwiesen sprießen, und an den Berghängen blühen verschiedenste Orchideen. Selbst die typisch mediterrane Macchia hält auf Korfu Besonderheiten bereit, denn wo sonst gibt es einen Urwald aus alten Erdbeerbäumen?
Auch kulturell hat die Insel viel zu bieten: Jahrhunderte unter venezianischer Herrschaft haben nicht nur Spuren in der Architektur und der Sprache hinterlassen, sondern auch in der Küche. Auf dem Land erzählen gepflasterte Eselspfade und verwinkelte Gassen in urigen Dörfern vom Leben in früheren Zeiten. Geheimnisvolle Ruinen lugen aus dem üppigen Grün, das den reichlichen Niederschlägen im Winterhalbjahr zu verdanken ist. Von der tiefen Zuneigung der Korfioten zu ihren Heiligen – allen voran Spyridon, dem Schutzpatron der Insel – zeugen prächtig ausgestattete Kirchen und Klöster.
Entdecken Sie mit uns versteckte Badebuchten auf der Halbinsel Erimíti und traditionsreiche Bergdörfer in entlegenen Ecken der Insel. Besuchen Sie die faszinierende Altstadt Kérkyras, die zum UNESCO-Weltkulturerbe zählt, und beobachten Sie Flamingos in der Koríssion-Lagune. Nicht zuletzt hat Korfu auch großartige Fernblicke zu bieten. Ob von der byzantinischen Burg Angelókastro, einsamen Bergkapellen oder kargen Gipfeln aus – immer wieder öffnen sich unvergessliche Panoramen über Korfus Küste hinaus.
Es heißt, wer einmal auf Korfu war, kommt wieder. Probieren Sie es aus! Unsere Herzen hat die Insel jedenfalls im Sturm erobert.

Mainz-Kostheim, im Frühjahr 2024
Daniela Knor und Torsten Bieder

Korfus alte Olivenbäume sind ungewöhnlich groß und knorrig (hier in der Bucht von Kerasiá, Tour 14).

INHALTSVERZEICHNIS

Auf Tour 36 passieren wir diese Traumbucht.

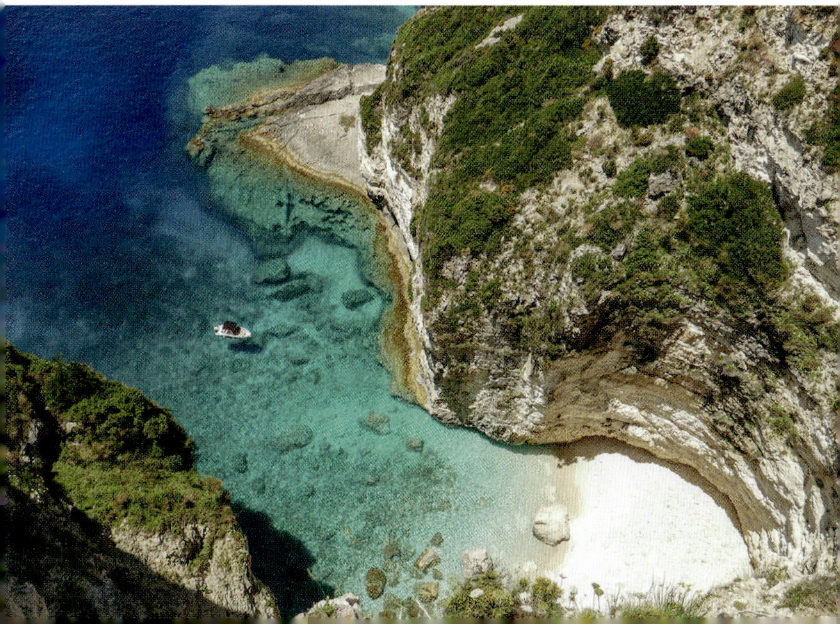

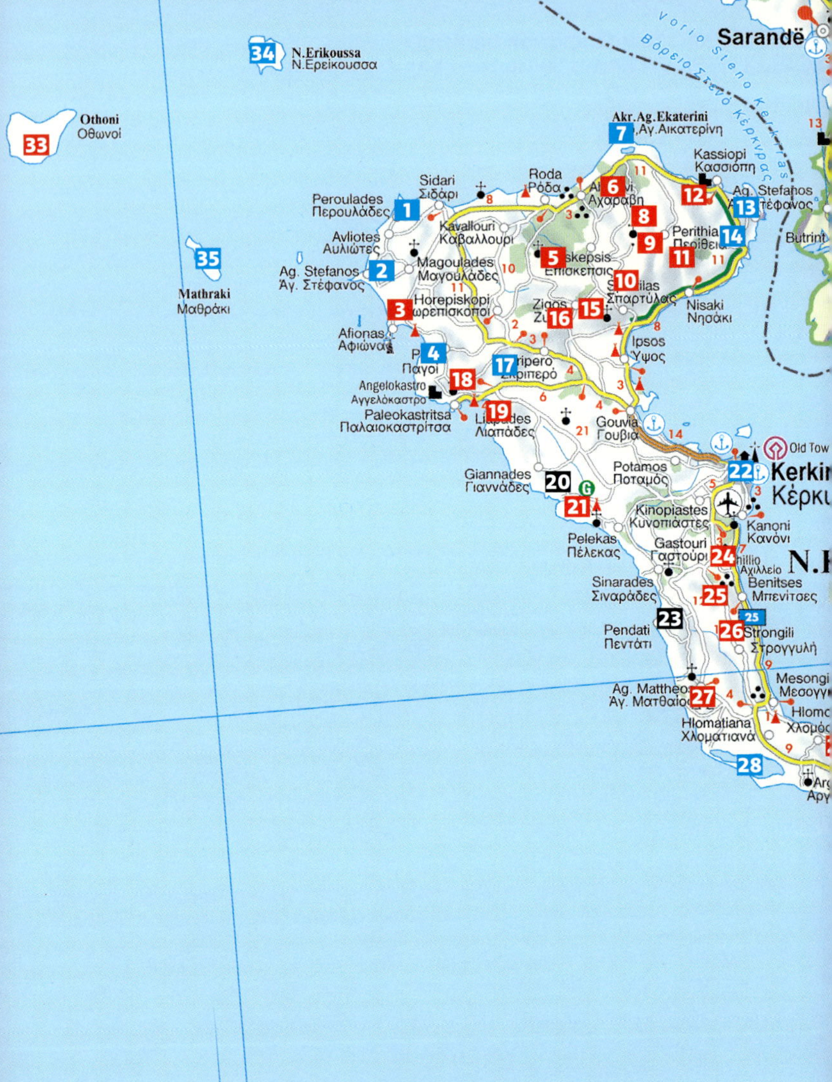

Sarandë
Vorio Steno Kerkiras
Βόρειο Στενό Κέρκυρας
N.Erikoussa
Ν.Ερείκουσσα
Othoni
Οθωνοί
Mathraki
Μαθράκι
Akr.Ag.Ekaterini
Ακ.Αγ.Αικατερίνη
Kassiopi
Κασσιόπη
Ag. Stefanos
Butrint
Sidari
Σιδάρι
Roda
Ρόδα
Peroulades
Περουλάδες
Avliotes
Αυλιώτες
Kavallouri
Καβαλλουρι
Perithia
Ag. Stefanos
Άγ. Στέφανος
Magoulades
Μαγουλάδες
Horepiskopi
Nisaki
Νησάκι
Afionas
Αφιώνας
Ipsos
Υψος
Παγοί
Angelokastro
Αγγελόκαστρο
Paleokastritsa
Παλαιοκαστρίτσα
Gouvia
Γουβιά
Old Tow
Giannades
Γιαννάδες
Potamos
Ποταμός
Kinopiastes
Κυνοπιάστες
Kanoni
Κανόνι
Pelekas
Πέλεκας
Gastouri
Γαστούρι
Αχίλλειο
Sinarades
Σιναράδες
Benitses
Μπενίτσες
Pendati
Πεντάτι
Strongili
Στρογγυλή
Mesongi
Ag. Mattheo
Hlomatiana
Χλωματιανά

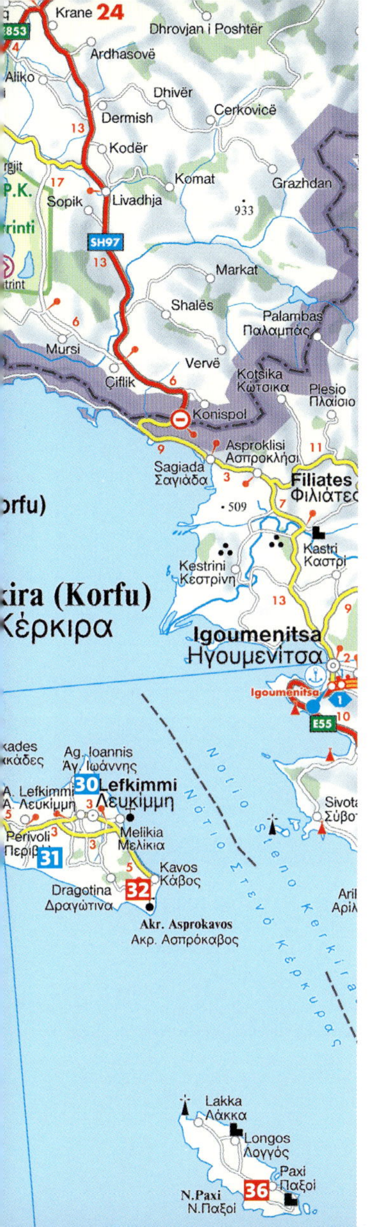

SYMBOLE

Symbole im Tourenkopf

- mit Bahn/Bus erreichbar
- mit Schiff/Fähre erreichbar
- Einkehrmöglichkeit
- für Kinder geeignet

Symbole im Höhenprofil

- Ort mit Einkehrmöglichkeit
- Einkehrmöglichkeit
- Schutzhütte
- Parkplatz
- Bushaltestelle
- Hafen
- Brücke
- Gipfel
- Pass
- Höhle
- Kirche, Kapelle, Kloster
- Burg, Ruine
- Leuchtturm
- Aussichtsplatz
- Picknickplatz
- Bademöglichkeit
- Wasserfall

TOP-TOUREN

Festung der Engel ...
... wird die byzantinische Burgruine Angelókastro genannt. Der Name ist Programm, denn aus schwindelerregender Höhe fallen die Felswände nahezu senkrecht ins Meer ab und wir zweifeln nicht daran, dass die Festung niemals eingenommen wurde. Ein weiterer Höhepunkt ist der Serpentinenweg mit weiten Blicken über die azurblaue Bucht von Ágios Geórgios *(Tour 4, 4.45 h).*

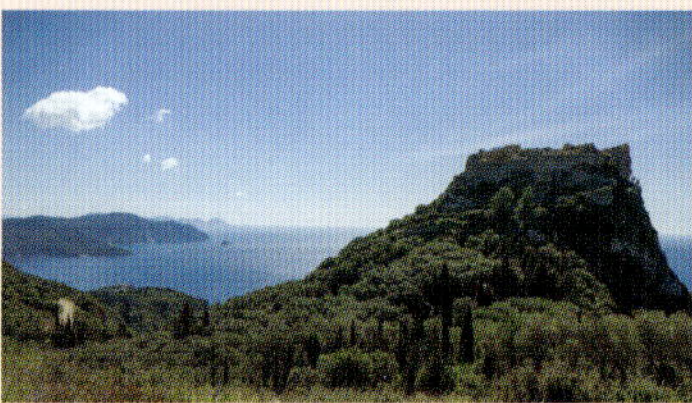

Auf den höchsten Gipfel
Das Pantokrátormassiv zählt zu den schönsten Wandergebieten Korfus, dessen Bergpfade im Frühling von einem Blütenmeer gesäumt sind. Gleich drei Wanderungen führen aus verschiedenen Richtungen auf den heiligen Berg, die allesamt das Prädikat »Top-Tour« verdienen würden. Die einsamste startet in Strinílas und führt durch die Krater einer ungewöhnlichen Karstlandschaft zum Kloster auf dem Gipfel hinauf. Dort werden wir mit atemberaubenden Ausblicken belohnt *(Tour 10, 4.00 h).*

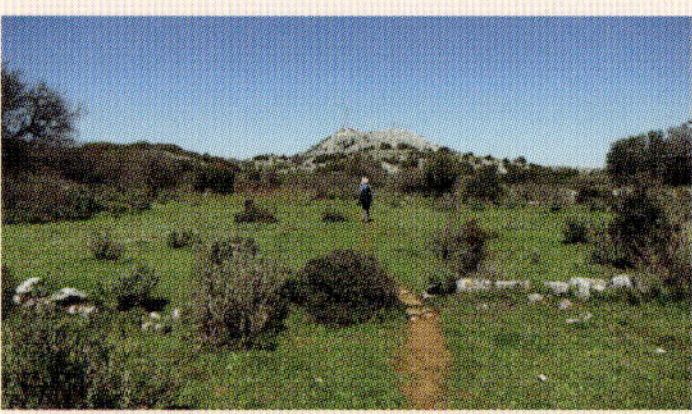

Die Große Höhle
Der Weg zur Megáli Gráva bei Loútses führt in eine andere Welt: Um zur Höhle zu gelangen, steigen wir in einen tiefen Talkessel hinab. Unten im üppigen Grün tropft Wasser von den Felsen und die Rufe der Dohlen hallen von den Wänden wider, unter denen sich die an eine Kathedrale erinnernde Höhle mit ihren zahllosen Tropfsteinen erstreckt *(Tour 12, 5.15 h).*

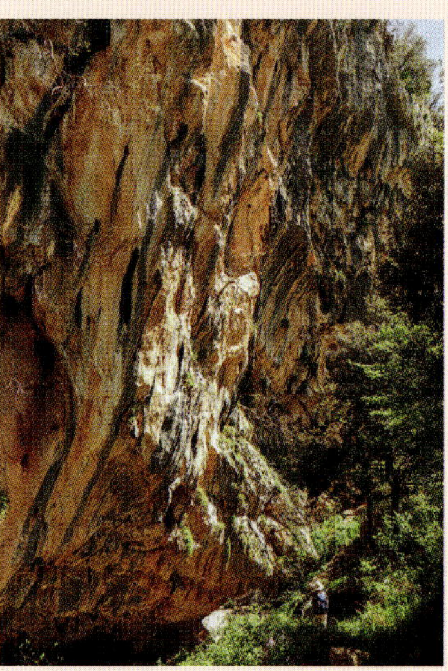

Bedrohtes Naturparadies
Ein großes Ferienresort ist auf der Halbinsel Erimíti im Nordosten Korfus geplant, wo sich heute noch in nahezu unberührter Natur weite Wälder und Feuchtgebiete entlang eines der schönsten Küstenabschnitte der Insel finden. Auf dieser kleinen, aber sehr schönen Rundwanderung entdecken wir auf meist schmalen Pfaden kleine Buchten, die uns mit klarem, blauem Wasser bezaubern *(Tour 13, 2.30 h).*

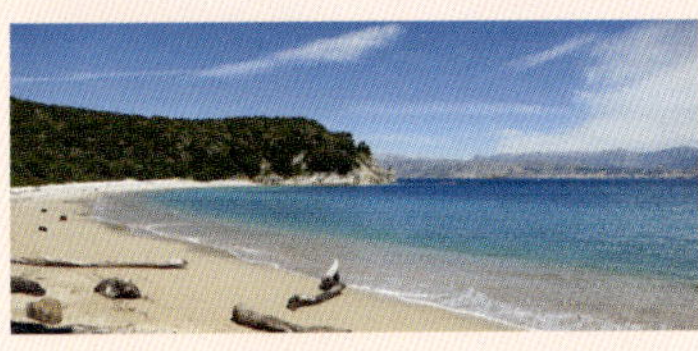

Corfu in a nutshell
Korfus Kultur und Natur verdichtet zu einer Tour: Paleokastrítsa gehört zu Recht zu den beliebtesten Urlaubsorten der Insel. Die Wanderung verbindet einen Besuch beim Kloster über alte Eselspfade mit der fantastischen Aussicht auf dem Araklís. Dazwischen liegt Lákones mit seinen verwinkelten Gassen und am Ziel wartet eine Badebucht mit Sandstrand und kristallklarem Wasser *(Tour 18, 4.15 h)*.

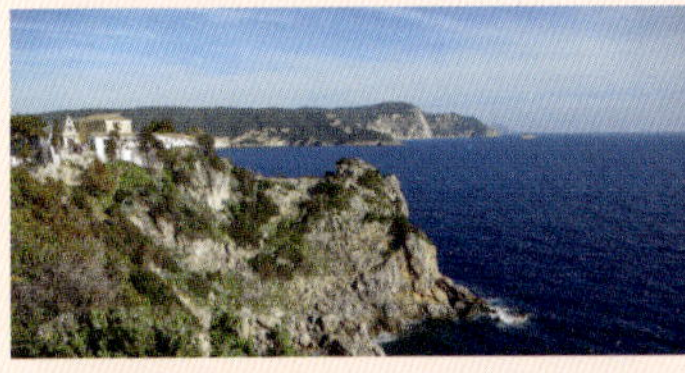

Das südliche Ende
Am Kap Asprókavos präsentiert sich der Süden Korfus von seiner wilden Seite. Steil fallen die Wände der Klippen ins Meer und darüber verbergen sich die Ruinen eines Klosters im Wald. Am Fuß der Felsen erstreckt sich ein abgelegener Sandstrand, der aufgrund der holprigen Zufahrt selbst in der Hochsaison noch nicht überlaufen ist *(Tour 32, 3.15 h)*.

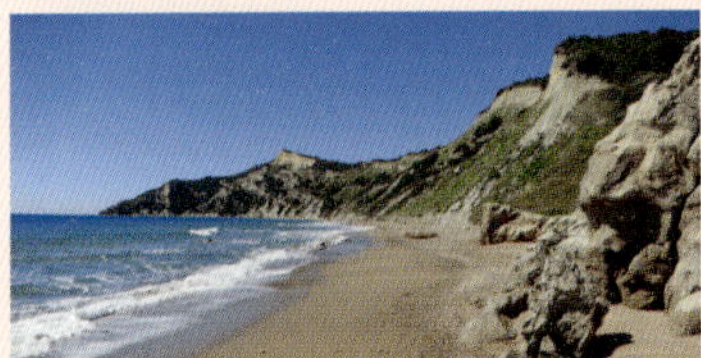

Die Heimat der Meernymphe Kalypso
Einsam und abgeschieden markiert Othoní, die nördlich von Korfu gelegene Insel, Griechenlands westlichsten Punkt. Nur wenige Menschen leben in dieser traumhaften Landschaft und die spärliche Fähranbindung sorgt für Beschaulichkeit und Ruhe. Unsere Wanderung führt auf teils alpin anmutenden Pfaden zu überwältigenden Aussichtspunkten hinauf *(Tour 33, 3.45 h)*.

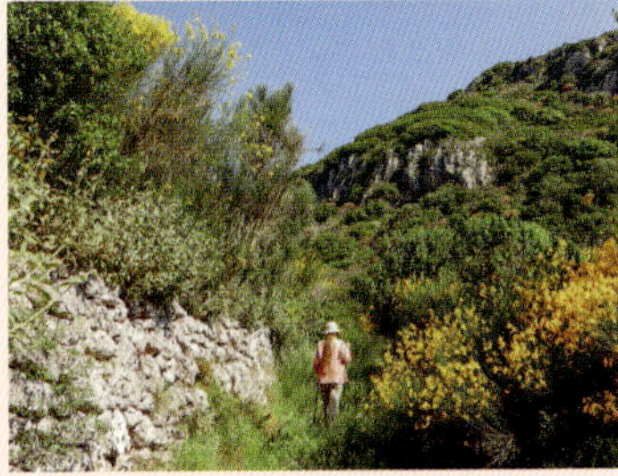

Die kleine Nachbarin im Süden
Ein weiterer Bootsausflug führt auf die Insel Paxós, wo uns bereits der malerische Hafenort Gáios begeistert. Doch der Höhepunkt ist die spektakuläre Felsküste des Westens: Wir bestaunen die Steilklippen, blicken in paradiesisch anmutende Buchten hinab und erkunden den gewaltigen Felsbogen, der wie ein Tor zum Meer wirkt *(Tour 36, 2.45 h)*.

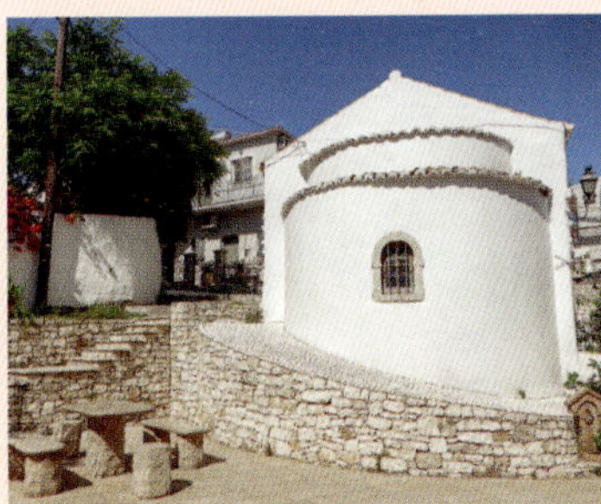

WICHTIGE HINWEISE FÜR UNTERWEGS

Allgemeine Hinweise

Der erste Teil dieses Buchs ist praktischen Informationen gewidmet, die zu einer gelungenen Wanderung auf Korfu beitragen. In kurzen Abschnitten geben wir Tipps von der besten Reisezeit bis hin zur Nutzung des ÖPNV. Daran schließt sich ein Kapitel mit interessanten Hintergründen zur Insel und ihren Bewohnern an, zu ihrer Geschichte und der vielfältigen Natur. Im anschließenden Hauptteil wird jede Tour im Detail vorgestellt, wobei der Aufbau immer dem gleichen Schema folgt: Einer kurzen Zusammenfassung der Wanderung folgen knappe Angaben dazu, wo der Ausgangspunkt liegt und wie er auch mit dem ÖPNV erreicht werden kann, sofern es überhaupt möglich ist. Zusätzlich informieren wir über die Wegbeschaffenheit und darüber, welche speziellen Anforderungen die Tour an den Wanderer stellt. Wir vermerken, ob und wo es an der Strecke Einkehrmöglichkeiten gibt, und ergänzen Tipps, die das Wandererlebnis abrunden können. Gelegentlich nennen wir auch Varianten, die eine Tour abkürzen oder sinnvoll erweitern. Schließlich folgt die detaillierte Beschreibung des Wegverlaufs, die auch vorhandene Beschilderungen und Markierungen umfasst. Wichtige Wegpunkte sind im Text hervorgehoben und tauchen sowohl im beigefügten Höhenprofil als auch im Kartenausschnitt zur Wanderung wieder auf, um die Orientierung zu erleichtern. Außerdem führen wir Schutzhütten und Picknickbänke auf.
Auf den letzten Seiten des Buchs befindet sich ein Stichwortverzeichnis, das die wichtigsten Begriffe und Ortsbezeichnungen enthält.

Steile Felswände und ein schöner Strand bilden die Bucht von Ágios Geórgios (Tour 3).

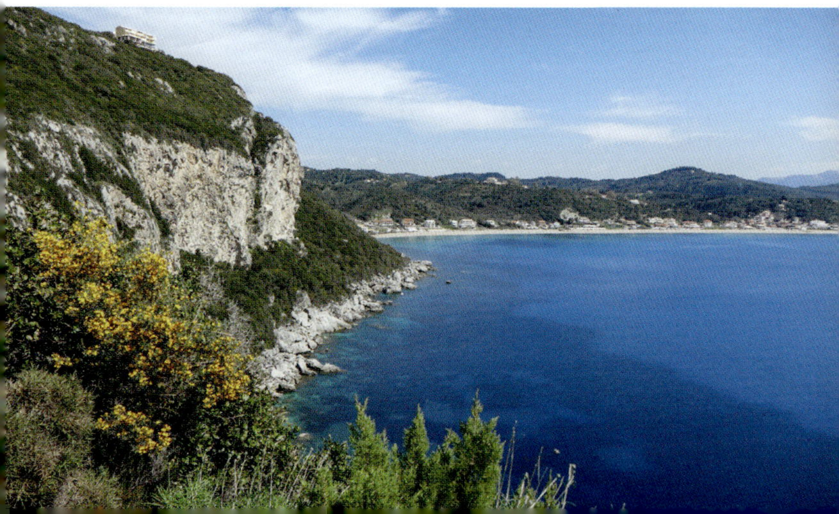

Anforderungen

Für diesen Wanderführer haben wir Touren in verschiedenen Längen und Schwierigkeitsgraden zusammengestellt, sodass für jede Gelegenheit etwas dabei sein sollte. Fast alle Touren wurden als Rundwanderungen konzipiert. Die Angaben zur Länge der Wanderung und zu den Höhenmetern sind auch erste Richtwerte für die erforderliche Kondition. Die Zeitangaben beziehen sich auf die reine Gehzeit bei durchschnittlichem Wandertempo, ohne Pausen oder Fotostopps. Auch wenn es beim Wandern etwas mehr Aufmerksamkeit erfordert, haben wir bei der Routenführung in der Regel schmalen Pfaden gegenüber breiten, geschotterten oder asphaltierten Wegen den Vorzug gegeben. Da auf Korfu viele Pfade – vor allem im späten Frühjahr und Frühsommer – etwas eingewachsen sind, kommt man eventuell langsamer voran als gewohnt und es kann auch anstrengender sein. Im Allgemeinen sind die Touren aber so ausgelegt, dass sie alle von durchschnittlich trainierten Wanderern unternommen werden können. Unter dem Stichwort »Anforderungen« finden sich bei jeder Tour Hinweise, ob zusätzliche Fähigkeiten wie Orientierungssinn, Trittsicherheit oder Schwindelfreiheit erforderlich sind. Die farbliche Unterlegung der Tourennummer mit Blau, Rot oder Schwarz erlaubt bereits direkte Rückschlüsse auf den Schwierigkeitsgrad der Wanderung:

SCHWIERIGKEITSKATEGORIEN

■ = Leicht

Die Wanderung stellt keine großen Anforderungen an Kondition oder Trittsicherheit. Die Orientierung ist einfach, und die Tour kann auch von Kindern und älteren Menschen durchgeführt werden. Einzelne Abschnitte können dennoch steil und/oder steinig sein und etwas mehr Aufmerksamkeit erfordern.

■ = Mittel

Diese Touren verlaufen in der Regel überwiegend auf Pfaden und generell kann der Untergrund uneben sein. Es kommen steilere, steinige oder rutschige Abschnitte vor, weshalb Trittsicherheit notwendig ist. Fehlende Markierungen können stellenweise die Orientierung erschweren.

■ = Schwierig

In dieser Kategorie kann es abschnittsweise durch wegloses Gelände gehen. Manchmal ist Schwindelfreiheit erforderlich oder felsige Passagen erfordern den Einsatz der Hände. Diese Touren sollten nur von erfahrenen Wanderern mit guter Körperbeherrschung begangen werden.

Auf jeden Fall sollte man bei der Planung der Wanderung den aktuellen Wetterbericht berücksichtigen, denn witterungsbedingt können sich die Anforderungen erhöhen. Gerade auf Korfu werden viele sogar befestigte Wege bei Nässe schnell glatt und dadurch rutschig.

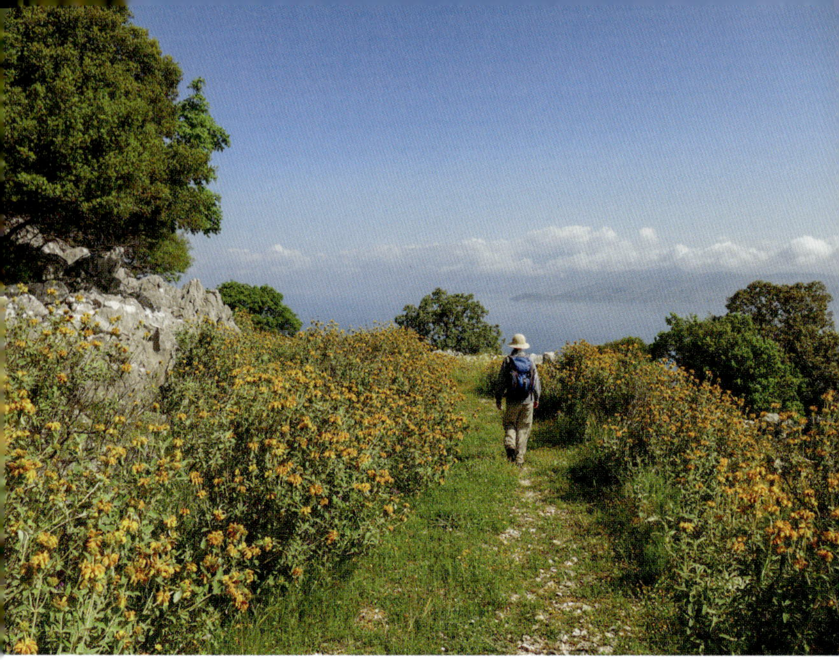

Im Frühling sind die Wege oft von Blüten gesäumt (Tour 12).

Touren, die wir für besonders kinderfreundlich halten, weil es unterwegs viel Abwechslung oder gezielte Freizeitangebote für Kinder gibt, haben wir als kindertauglich gekennzeichnet. Trotzdem bleibt es natürlich den Eltern überlassen einzuschätzen, wie körperlich geeignet und wandererfahren ihre Kinder sind. Entsprechend geübte, ältere Kinder können jede unserer Wanderungen unternehmen.

Ausrüstung

Der wichtigste Ausrüstungsbestandteil sind bequeme, wenn möglich gut eingelaufene Wanderschuhe. Die Sohlen sollten über ein gutes Profil verfügen, um sicheren Halt auf nassem oder steinigen Untergrund zu bieten. Einige Touren führen auf längeren Passagen über Wiesen oder auf im Frühjahr eingewachsene Pfade, die bei Tau oder nach Regen sehr nass sein können. Gut imprägnierte Schuhe helfen, die Füße trocken zu halten.
Da die Vegetation vor allem in der Macchia recht kratzig sein kann, empfehlen wir lange Hosen. Sie haben den Nebeneffekt, auch einen gewissen Schutz vor Zecken und den – äußerst seltenen – Schlangenbissen zu bieten. Nicht nur für Neueinsteiger oder Wanderer mit eingeschränkter Trittsicher-

heit können Wanderstöcke auf abschüssigen Passagen, bei Bachdurchquerungen oder auf nassem Untergrund eine hilfreiche Unterstützung sein. Sowohl der Sonnen-, als auch der Regenschutz sollten nicht fehlen. Wetterumschwünge verbunden mit starken Niederschlägen und Temperaturstürzen können auch auf Korfu überraschend auftreten und die Kleidung sollte darauf ausgerichtet sein. Am besten hat sich das Zwiebelprinzip bewährt: mehrere Lagen Kleidung, die der Witterung einfach angepasst werden können. Bei Anstiegen sollte man nicht vergessen, rechtzeitig – also bevor man nass geschwitzt ist – entsprechend viele Kleidungsstücke auszuziehen.
Die Mitnahme von Proviant und Getränken muss gut geplant werden, denn ein dichtes Netz an bewirtschafteten Hütten wie in den Alpen darf man nicht erwarten. Vor allem außerhalb der Sommersaison bleiben viele Lokale geschlossen. Wenn man Einkehrmöglichkeiten verlässlich nutzen möchte, empfehlen wir deshalb, vorab im Internet (z. B. auf Google Maps oder facebook) die meist nur dort ersichtlichen aktuellen Informationen zu nutzen, da sich Öffnungszeiten und Ruhetage sehr oft ändern.

Kartenmaterial

Zu jeder Tour in diesem Buch gibt es eine Karte, die – zusammen mit der ausführlichen Beschreibung – für eine sichere Wegfindung im Gelände ausreichend ist. Weiteres Kartenmaterial ist daher nicht zwingend nötig. Wer sich dennoch zusätzliche Papierkarten für mehr Übersicht und Details wünscht, kann für Autofahrten auf die Korfu-Karte von Freytag & Berndt im Maßstab 1:100.000 zurückgreifen, während zum Wandern die Corfu Hike & Explore Karte von Anavasi im Maßstab 1:40.000 besser geeignet ist, die auch Karten der Diapontischen Inseln und eine Detailkarte von Zentralkorfu im Maßstab 1:20.000 umfasst.

GPS-TRACKS UND KOORDINATEN DER AUSGANGSPUNKTE

Auf **gps.rother.de** stehen zu diesem Wanderführer GPS-Tracks und die Koordinaten der Ausgangspunkte zum kostenlosen Download bereit. Dieser QR-Code führt direkt zum Download.
5. Auflage, Passwort: 437105gbw
Die GPS-Tracks können in die **Rother App** importiert werden. In der App kann man unterwegs stets sehen, wo man gerade ist und wo es langgeht. **Anleitungen dazu: rother.de/gps**
Trotz sorgfältiger Prüfung können wir Fehler und zwischenzeitliche Veränderungen nicht ausschließen. Verlassen Sie sich für die Orientierung niemals einzig und allein auf die GPS-Daten, sondern beurteilen Sie die Verhältnisse vor Ort.

Wandern mit GPS-Geräten

Auch wenn Papierkarten in regelmäßigen Abständen neu aufgelegt werden, vermag keine die Realität 1:1 abzubilden. Vor allem dort, wo Wegmarkierungen fehlen, ist das Wandern mit einem GPS-Gerät entspannter, denn zu jeder Zeit kann man auf dem Bildschirm den aktuellen Standort ablesen. Es gibt robuste Outdoor-Geräte, Smartphones sind jedoch zusammen mit einer passenden App eine kostengünstige Alternative mit einfacher Bedienung. Bereits Smartphones aus dem mittleren Preissegment haben meist ausreichend leistungsfähige GPS-Empfänger integriert. Aber auf jeden Fall sollte man sich schon vor der Wanderung mit dem Gerät oder den Apps vertraut machen.

Griechische Ortsnamen

In der griechischen Schrift werden Buchstaben verwendet, für die es im lateinischen Alphabet manchmal keine und manchmal gleich mehrere Entsprechungen gibt. Daher sind Übertragungen in die lateinische Schrift immer nur eine Annäherung an die eigentliche Aussprache und es existieren in Büchern, im Internet und auf Landkarten oft mehrere Versionen desselben Begriffs. Zum Beispiel taucht der Name des Inselheiligen sowohl als Spyridon wie auch als Spiridon auf, außerdem mal mit und mal ohne Akzent über dem i. Das liegt u. a. auch daran, dass englischsprachige Publikationen andere Varianten benutzen, die den Sprachgewohnheiten ihrer Leser gerecht werden. Wir bevorzugen in diesem Wanderführer jedoch (mit Ausnahme der Infos zu den Buslinien) eine der in Deutschland gebräuch-

Das Kafeneíon, das traditionelle Kaffeehaus, ist immer noch der Treffpunkt der Inselbewohner (Lákones, Tour 18).

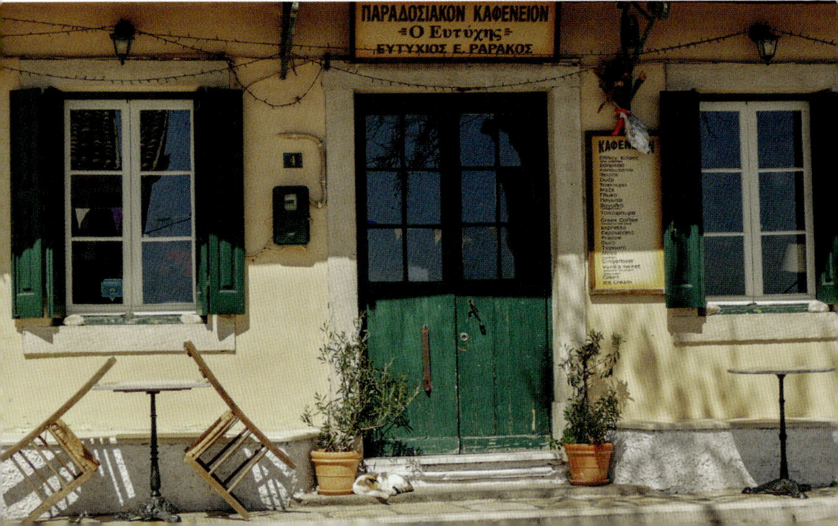

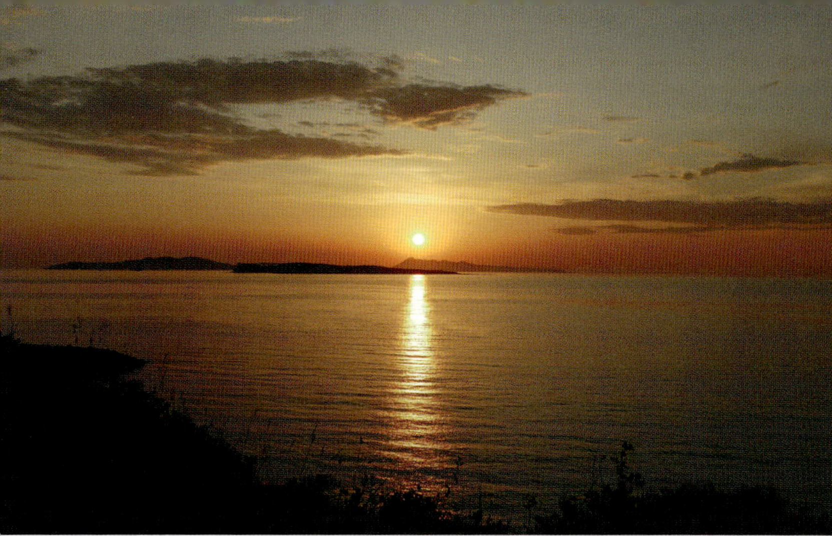

Sonnenuntergang über den Diapontischen Inseln im Nordwesten Korfus.

lichen Übertragungen, die es deutschsprachigen Wanderern erleichtern, der korrekten Aussprache möglichst nahe zu kommen. Diese Schreibweise kann von der verwendeten Landkarte abweichen.
Die Insel Korfu heißt im Griechischen Kérkyra, ebenso die gleichnamige Inselhauptstadt. Zur besseren Unterscheidbarkeit verwenden wir in diesem Wanderführer den Namen Korfu für die Insel und Kérkyra nur für die Stadt. Corfu ist die oft auf Wegweisern und im Busfahrplan zu findende englische Schreibweise für die Stadt.

Wegenetz, Infrastruktur und Markierungen

Obwohl Wanderurlaub auf Korfu immer beliebter wird, stehen viele Einheimische dieser Freizeitbeschäftigung noch skeptisch gegenüber. Wenn Touristen schwitzend ihre Berge erklimmen, schütteln sie verständnislos den Kopf. Zunehmend erkennen jedoch auch sie das Potenzial ihrer alten Wege und Pfade. Vor Ort lebende Wander- und Traillauf-Fans kümmern sich ehrenamtlich um das Freischneiden und Markieren der von ihnen selbst festgelegten Routen. An einigen Orten wurden Picknickbänke, Wegweiser und in seltenen Fällen auch mal eine Schutzhütte oder ein Pavillon aufgestellt. Noch sind es wenige Enthusiasten, die mit der Arbeit kaum nachkommen, und diese Initiativen sind auf der Insel sehr ungleich verteilt. Deshalb sollte man keine Infrastruktur wie in deutschen Wanderregionen erwarten und bei so mancher Tour ist nicht einmal eine Markierung vorhanden. In anderen Fällen ist die vermeintlich fehlende Markierung jedoch nur jahres-

Der Umwelt zuliebe …

Auch beim Wandern hinterlassen wir einen ökologischen Fußabdruck, aber im Einklang mit der Natur unterwegs zu sein, ist gar nicht so schwer!

VORBEREITUNG UND ANFAHRT

- Sich vorab informieren, worauf in Bezug auf Natur und Umwelt in der jeweiligen Wanderregion besonders zu achten ist.
- Soweit möglich mit Bahn und Bus anreisen, Wander- und Rufbusse nutzen.
- Ist eine Anfahrt mit dem Auto nötig, Fahrgemeinschaften bilden.
- Bei weiten Anfahrten Mehrtagestouren planen oder von einem Quartier vor Ort aus mehrere Touren absolvieren.
- Flugreisen möglichst reduzieren und durch Beiträge zu Klimaschutzprojekten kompensieren.

KLEIDUNG UND AUSRÜSTUNG

- Beim Kauf von Outdoor-Kleidung auf umweltfreundliche und faire Herstellung achten und Kleidungsstücke möglichst viele Jahre nutzen.
- Ausrüstung kann man eventuell auch gebraucht kaufen oder ausleihen.
- Reparieren statt neu kaufen.

VERPFLEGUNG

- Beim Einkauf Bio-Ware, regionale und saisonale Erzeugnisse bevorzugen.
- Hütten und Gasthäuser auswählen, die regionale Produkte verwenden.
- Auf Einwegflaschen und Plastikverpackungen verzichten, stattdessen wiederverwendbare Trinkflaschen und Brotzeitboxen benutzen.

ÜBERNACHTUNG

- Bei lokalen Anbietern buchen, damit Menschen vor Ort profitieren.
- Auf Hütten und in anderen Unterkünften Strom und Wasser sparen.

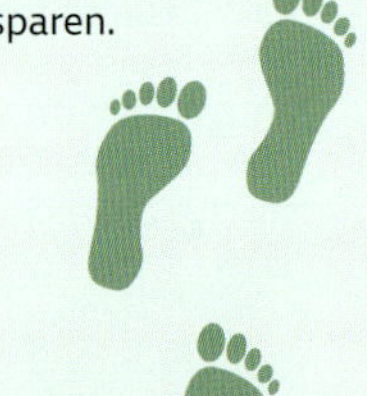

UNTERWEGS

- Wege benutzen und Abkürzer vermeiden.
- Sperrungen von Wegen und Schutzgebieten respektieren.
- Keine Blumen pflücken und keine Pflanzen entnehmen.
- Waldbrandgefahr beachten.
- Müll wieder mit nach Hause nehmen und dort entsorgen.
- Toilettengänge in freier Natur möglichst vermeiden.
- Lärm vermeiden.
- Hunde an die Leine nehmen.

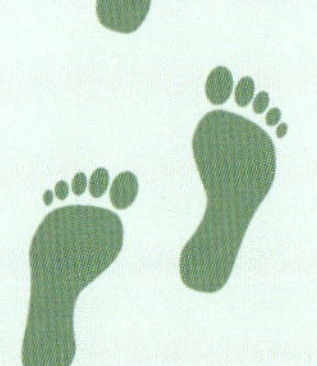

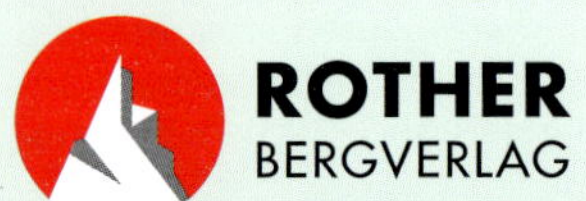

zeitlich bedingt hinter wucherndem Grün verborgen. Die Witterung oder gar Waldbrände können die auf Steine oder Bäume aufgetragene Farbe aber auch tatsächlich verschwinden lassen.

Bei der Erhaltung und Markierung attraktiver Pfade besonders engagiert sind die Veranstalter des jährlichen Traillauf-Events Kassios Dias, die sich auch den Schutz der Naturschönheiten im Nordosten Korfus auf die Fahnen geschrieben haben. Kein Wunder also, dass wir uns in dieser Region recht oft an den Markierungen dieses Trails orientieren: orange-rote Pfeile, Punkte, manchmal auch Fähnchen, orange Reflektoren und das Logo, der schwarze Marathonläufer auf rotem Grund.

Gelegentlich stoßen wir auch auf die Markierungen des Corfu Mountain Trails (CMT), die über ein größeres Gebiet verteilt sind und aus grünlich gelben sowie weißen Balken zusammengesetzt sind.

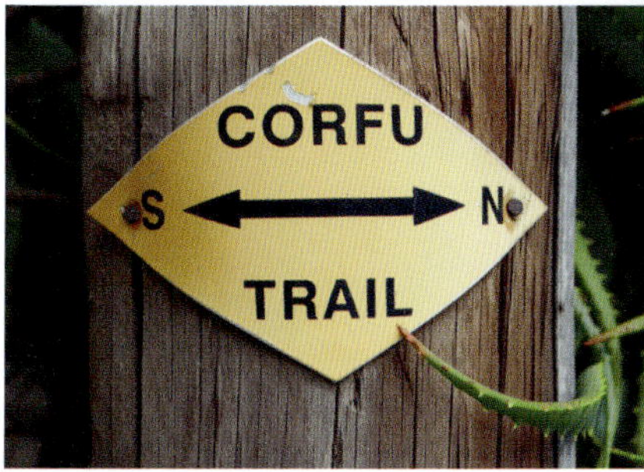

Markierungen des Kassios Dias Trails (oben) und des Corfu Trails (unten).

Neben den von lokalen Initiativen markierten Wanderwegen gibt es auf Korfu seit dem Jahr 2001 auch einen Fernwanderweg, den beliebten Corfu Trail. Er verläuft von der Südspitze Korfus durch die ländlicheren Gegenden der Insel und über das Pantokrátormassiv zum Kap Ekateríni im äußersten Nordosten. Einige unserer Touren kreuzen den Corfu Trail oder folgen besonders schönen Abschnitten der rund 200 km langen Strecke. Daher verweisen wir auch gelegentlich auf seine typische Markierung: ein gelbes »CT«, gelbe Plaketten mit der Aufschrift »Corfu Trail« und manchmal auch einfach gelbe Punkte oder Striche. Wer den Corfu Trail komplett erwandern möchte, findet auf diesen Internetseiten weiterführende Informationen: corfu-trail.com (Deutsch), thecorfutrail.com und corfutrailguide.com (beide Englisch).

Wegerecht

Wanderwege auf Korfu verlaufen über weite Strecken auf Privatgrund. Auch die Wegführung vieler markierter Wege wäre daher ohne das Einverständnis der Grundbesitzer nicht möglich. Das gilt nicht nur in den bewirtschafteten Olivenhainen, sondern auch auf weniger offensichtlich ge-

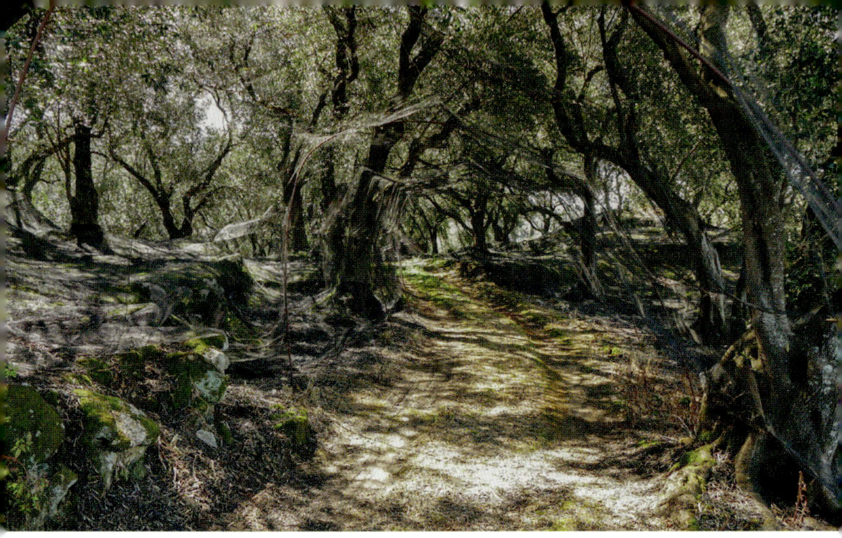

Zur Olivenernte werden die Haine mit Netzen ausgelegt und manchmal auch Wege zu Tunneln gemacht (Tour 5).

nutzten Arealen. Umso wichtiger ist es, den Einheimischen stets freundlich und respektvoll zu begegnen. Dazu gehört auch, die schwarzen Netze, die zur Ernte unter den Olivenbäumen ausgelegt werden, nicht zu beschädigen. Man darf sie betreten, wo sie direkt auf dem Boden aufliegen, sollte das jedoch nicht mit Stöcken tun. Selbstverständlich hinterlassen wir auch keine Abfälle und pflücken kein Obst, selbst wenn sich kein Zaun um das Grundstück befindet. Wir haben die Korfioten als gastfreundliche und aufgeschlossene Menschen erlebt, die sich über einen freundlichen Gruß und ein paar gewechselte Worte sehr freuen. Viele sprechen etwas Englisch oder sogar Deutsch. Sorgen wir also dafür, dass Wanderer weiterhin willkommen und die privaten Wege und Pfade auch im nächsten Jahr noch zugänglich sind.

Gefahren

Unter dieser Überschrift wollen wir auf Risiken eingehen, die man aus heimischen Wanderregionen so nicht kennt. Zum Beispiel befinden sich manche Aussichtspunkte über senkrechten Steilwänden, die in Mitteleuropa mit Geländern o. ä. Maßnahmen gesichert wären. Auf Korfu müssen wir dagegen stets selbst darauf achten, wohin wir unsere Füße setzen, und auch unsere Kinder entsprechend beaufsichtigen. In den Tourenbeschreibungen weisen wir auf solche Stellen hin, können aber keinen Anspruch auf Vollständigkeit erheben, da sich Gegebenheiten vor Ort verändern können und Risiken individuell unterschiedlich wahrgenommen werden.

Auf Korfu gibt es neben zahlreichen harmlosen Tieren auch Skorpione und Riesenläufer (ähnelt einem fingerlangen Tausendfüßler). Obwohl uns keine Zwischenfälle mit diesen eher nachtaktiven Wesen bekannt sind, raten wir dazu, nicht blindlings in Löcher oder unter Steine zu greifen. Zudem empfehlen wir in den Bergen knöchelhohe Wanderstiefel und lange Hosen zum Schutz vor Bissen der giftigen Hornviper, auch Sand- oder Hornotter genannt. Glücklicherweise kommen solche Bisse äußerst (!) selten vor, denn wenn die Schlange den Menschen bemerkt, zieht sie sich rasch in ein Versteck zurück. Bei kühleren Temperaturen verlangsamt sich jedoch ihr Stoffwechsel und sie kann nicht rechtzeitig reagieren. Dann liegt manchmal eine Viper auf dem Pfad oder am Wegrand, als würde sie schlafen oder wäre tot. Bitte nicht stören oder gar berühren, sondern einfach in einem Bogen umgehen, denn die Schlange kann sich sehr plötzlich wieder blitzschnell bewegen. Falls Sie trotz aller Vorsicht gebissen werden sollten, rufen Sie sofort den Notruf 166 oder lassen Sie sich von Helfern umgehend zum Krankenhaus in Kontókali transportieren. Die Hornviper lässt sich anhand ihres »Horns« und des Zickzackmusters auf dem Rücken leicht von anderen Schlangenarten auf Korfu unterscheiden (Foto s. »Tierwelt«).
Aufgrund der Brandgefahr ist es immens wichtig, keine Zigarettenkippen zurückzulassen. Auch nicht auf Straßen, denn schon der Fahrtwind des nächsten Autos kann sie ins Gesträuch oder Gras wehen.

Im Notfall

Unter der Nummer 166 erreicht man den griechischen Rettungsdienst. Wenn es sich nicht um einen medizinischen Notfall handelt, wählt man die europäische Notfallnummer 112. Die Touristenpolizei hat die Nummer 171. Bedenken Sie, dass der Mobilfunkempfang z. B. in tiefen Tälern stellenweise ausfallen kann.
Medizinische Versorgung erhält man in örtlichen Erste-Hilfe-Zentren, bei zahlreichen Ärzten, die in fast jedem Touristenort zu finden sind, im staatlichen Krankenhaus in Kontókali und in der Privatklinik Alexandros Mastoras in Kérkyra (corfugeneralclinic.com). Wir empfehlen den Abschluss einer Auslandsreisekrankenversicherung, damit die Privatklinik genutzt werden kann, u. a. auch weil die staatlichen Kliniken in Griechenland leider unterfinanziert sind, was zwar die hohe fachliche Expertise der Ärzte nicht beeinträchtigt, sich aber teilweise darin äußert, dass Hospitäler überbelegt sind und die Verpflegung der Patienten sowie sauberes Bettzeug von Angehörigen ins Krankenhaus gebracht werden muss.

Klima und Wandersaison

Während die allgemeine Reisesaison auf Korfu nur die Monate Mai bis Oktober umfasst, kann es für Wanderer bereits im März und April sehr lohnend sein, auf die Insel zu kommen. Es gibt zwar noch Regenfälle, die oft kurz und heftig ausfallen und manche Wege überschwemmen oder rut-

KLIMATABELLE KORFU

		Jan	Feb	Mrz	Apr	Mai	Jun	Jul	Aug	Sep	Okt	Nov	Dez
Maximal-Temperatur	**°C**	13	14	16	19	24	28	31	31	27	23	19	15
Minimal-Temperatur	**°C**	5	6	7	9	12	16	19	19	17	13	10	7
Wassertemperatur	**°C**	14	14	14	16	18	21	23	24	23	21	19	16
Sonnenstunden	**h**	4	4	5	6	9	11	12	10	9	6	5	4
Tage mit Regen		11	10	9	7	4	2	1	2	4	8	10	13

schig machen, aber dafür hat man die Landschaft noch für sich, die Temperaturen sind mild und viele Blumenwiesen stehen in voller Blüte. Wärmer und trockener ist der Mai. Jetzt befindet sich die üppige Vegetation auf ihrem Wachstumshöhepunkt. Nach und nach öffnen die meisten Lokale und Unterkünfte, immer mehr Orchideen blühen und erste Mutige wagen sich zum Baden ins noch kühle Meer. Im Juni regnet es kaum einmal, dafür kann es bereits sehr heiße Tage geben. Der Juli und August sind mit ihrer sommerlichen Hitze nicht zum Wandern zu empfehlen, während der September wieder angenehmere Temperaturen bringt und das Meer immer noch zum Baden einlädt. Auch im Oktober ist das Wasser noch warm genug. Allerdings nimmt das Angebot an Einkehrmöglichkeiten und Unterkünften allmählich ab. Von November bis April konzentriert sich die touristische Infrastruktur vor allem auf die Inselhauptstadt, von der aus jedoch ohnehin fast alle Wanderziele am besten zu erreichen sind – zumindest wenn man den ÖPNV nutzen möchte. Trotz der eingeschränkten Ausgeh- und Übernachtungsoptionen hat auch das Winterhalbjahr seinen Reiz, wenn man eine sonnige, trockene Wetterlage erwischt. Man ist unter Einheimischen und kann besonders leicht Kontakte knüpfen.

Umweltschutz

Da es auf Korfu derzeit nur wenige Wanderwege mit umfassender Infrastruktur gibt, fehlen auf vielen Touren auch die Mülleimer. Umso wichtiger ist es, dass wir Wanderer unsere Abfälle wieder mit in die Unterkunft nehmen und vor allem auch minimieren, denn die einzige offizielle Mülldeponie der Insel hat ihre Kapazitätsgrenzen längst erreicht und der meiste Abfall muss zur Entsorgung aufs Festland gebracht werden. Gelegentlich sieht man unterwegs leider noch die Sünden der Vergangenheit: wilde Müllkippen, die nun allmählich überwuchert werden. Heutzutage sind weggeworfene To-Go-Becher und Plastikflaschen die auffälligsten Probleme, aber es fällt positiv auf, dass einige Gemeinden eine umfassende Mülltrennung eingeführt haben. In anderen Gemeinden wird zumindest zwischen blauen und anderen Tonnen unterschieden, wobei die blauen Tonnen für alle recyclebaren Verpackungen (Papier, Plastik, Metalle) vorgesehen sind. Als Gäste auf der Insel sollten wir diese Initiativen unterstützen und weniger achtsamen Touristen mit gutem Beispiel vorangehen.

LAND & LEUTE

Geografie

Korfu ist ca. 591 km² groß, ungefähr 60 km lang und misst an der breitesten Stelle ca. 29 km, an der schmalsten etwa 4 km. Vom griechischen und albanischen Festland trennt die Insel eine Meerenge, die im Bereich der Straße von Korfu zwischen Albanien und Nordostkorfu nur 2 km breit ist. Der Bereich des Mittelmeers, in dem sich Korfu und die anderen Ionischen Inseln befinden, heißt denn auch Ionisches Meer und Korfu ist die zweitgrößte der Inselgruppe – nach Kefaloniá.

Bevölkerung und Wirtschaft

Gemäß der letzten Zählung hat Korfu knapp 100.000 Einwohner, von denen mehr als ein Drittel in der Inselhauptstadt Kérkyra leben.
Ungefähr 90 % der Bevölkerung gehören der griechisch-orthodoxen Kirche an und etwa 3 % der katholischen. Während die Korfioten früher ihr Einkommen überwiegend aus der Landwirtschaft (vor allem dem Anbau von Oliven) bezogen, stellt heute der Tourismus die Haupteinnahmequelle dar.

Regionen

Gýros

Gýros ist nicht nur eine griechische Spezialität, sondern auch der Name des Nordwestens von Korfu. An der flachen Nordküste dieses Gebiets finden sich sandige Strände und der vor allem bei britischen Urlaubern sehr beliebte Ferienort Sidári. Zum Wandern verlockt hier wenig, erst westlich von Sidári wird die Küste felsig, zerklüftet und interessant. Entlang der Westküste nach Süden erheben sich gewaltige Steilklippen und malerische Landzungen wie Kap Drástis (Tour 1) und Pórto Timóni (Tour 3) aus dem Meer. Sie bestehen aus zahlreichen, oft gut sichtbaren Schichten einer Mischung aus Kalk und Ton, die man als Mergel(gestein) bezeichnet. Zwischen den steilen Küstenabschnit-

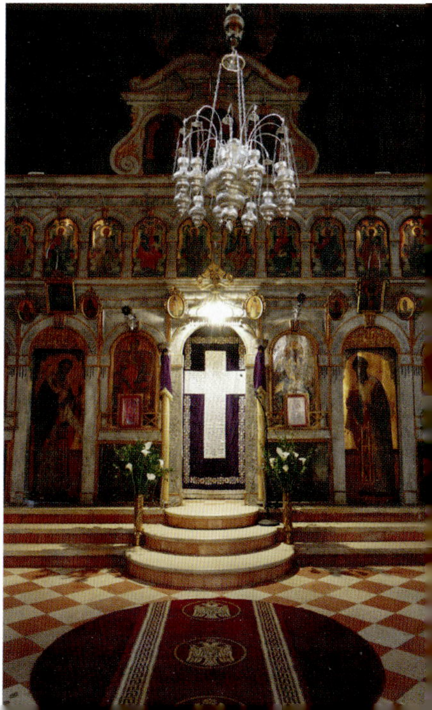

Die Klosterkirche von Panagía Theotókou (Tour 18).

ten sind kleinere Orte mit schönen Badestränden versteckt wie Ágios Stéfanos Avliotón, Aríllas (Tour 2) und Ágios Géorgios (Tour 4). In Ágios Stéfanos legt auch eine Fähre zu den Diapontischen Inseln ab, die von Korfus Westküste aus bereits sichtbar sind (Touren 33–35). Das hügelige, teils schon bergige Hinterland ist von ausgedehnten Olivenhainen, kleinen Bergdörfern und mediterranem Wald sowie Macchia geprägt. Ganz im Süden bildet der zwischen Felsen, Bergen und sandigen Buchten gelegene Ort Paleokastrítsa zugleich die Zusammenfassung und den Höhepunkt der Reize dieser Region, weshalb dort auch eine unserer Top-Touren (Tour 18) angesiedelt ist.

Óros

Korfus Nordosten ist der gebirgigste Teil der Insel. Hier türmt sich das Pantokrátormassiv auf, dessen eigentlicher Gipfel 911 m über den Meeresspiegel aufragt und auch die höchste Erhebung der gesamten Insel darstellt (Touren 9, 10 und 11). Das Massiv besteht aus Kalkstein, der nördlich und nordwestlich des Gipfels eine andere Zusammensetzung aufweist als südlich und östlich, wodurch zwei unterschiedliche Landschaften entstanden sind: Im Süden und Osten fällt es recht schroff und steil ab (Touren 15 und 16). Hier befindet sich auch die sogenannte »Riviera Korfus«, eine Felsküste mit kleinen Badebuchten, die oft nur zu Fuß oder per Boot erreicht werden können (Tour 14). Weiter nördlich und gen Nordwesten läuft das Pantokrátormassiv dagegen in sanfter geformten Hügeln aus, die mit der beeindruckenden Höhle bei Loútses (Tour 12) und den nahezu unberührten Wäldern auf der Halbinsel Erimíti aufwarten können (Tour 13). Die hier flachere Küste geht im Norden in kilometerlange Sandstrände über, weshalb es hier mit Acharávi und Róda wieder deutlich größere Touristenorte gibt. Korfus Nordostspitze, das Kap Ekateríni, ist streng genommen eine Insel, denn es wird durch die Antinióti-Lagune vom Rest Korfus getrennt (Tour 7).

Mésis

Südlich des Pantokrátormassivs beginnt die Region Mésis, die Mitte der Insel. Entlang ihrer Westküste zieht sich ein Gebirgszug aus Kalkgesteinen, der mit dem Ágios Géorgios (Tour 21) und dem Ágios Matthéos (Tour 27) zwei Gipfel mit herrlicher Aussicht zu bieten hat. Zu ihren Füßen wechseln sich Steilküsten und sandige Strände ab wie z. B. in Ágios Górdios (Tour 23). Östlich der Berge schließt sich zunächst die Rópa-Ebene an, die einst ein großes, vom kleinen Fluss Rópa durchzogenes Feuchtgebiet war, heute jedoch viele landwirtschaftlich genutzte Flächen aufweist. Die Ostküste ist ebenfalls recht flach und wird fast gänzlich von touristischer Infrastruktur eingenommen. Weiter südlich ragt eine felsige Landspitze ins Meer, auf der Korfus sehr sehenswerte Hauptstadt, Kérkyra, erbaut wurde (Tour 22). Noch etwas weiter südlich nimmt der 576 m hohe Ágii Déka fast die gesamte Breite der Insel ein (Tour 25). Nun ist auch die Ostküste von Anhöhen aus

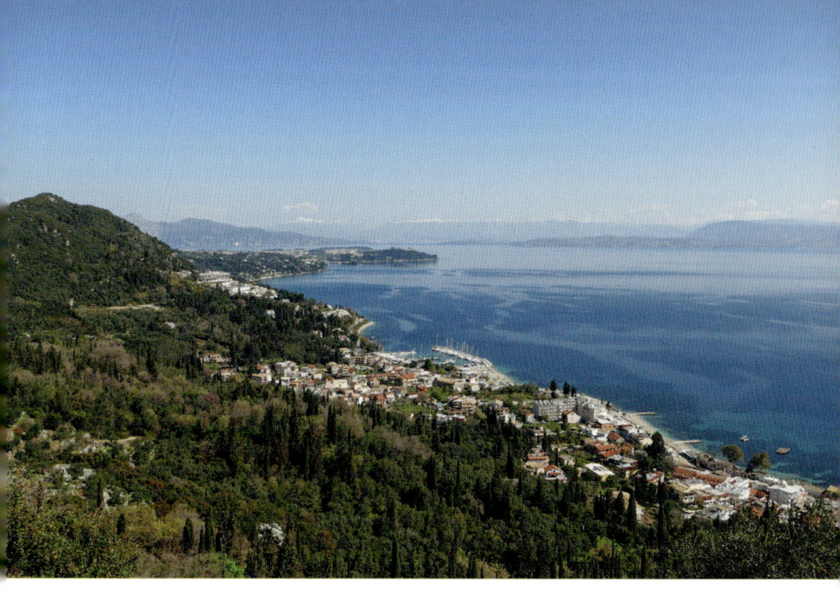

Ausblick auf Benítses an der Ostküste (Tour 25).

Kalkgestein gesäumt und die einzige breitere Straße nach Süden teilt sich den knappen Platz am Ufer mit Hotels und sehr schmalen Kiesstränden. Zwischen den beiden Küstengebirgen liegt das Tal des Messongí-Flusses, der im Grenzbereich zum Süden Korfus ins Meer mündet.

Lefkímmi

Der Süden Korfus heißt so wie die einzige Stadt dort, die mit ca. 3.500 Einwohnern auch die zweitgrößte der gesamten Insel darstellt: Lefkímmi. Sie ist aus mehreren kleineren Ortschaften zusammengewachsen und liegt am Flüsschen Potámi, das bei den einstigen Salinen von Alikés ins Meer fließt (Tour 30). Neben den bei Zugvögeln beliebten, aufgegebenen Salinen liegt im Süden auch Korfus größtes Feuchtgebiet, der unter Naturschutz stehende Korissíon-See. In Verbindung mit einer einzigartigen Dünenlandschaft und Wacholderwald lässt er das Herz jedes Naturfreundes höher schlagen (Tour 28). Gen Süden schließen sich an die Lagune mehrere kilometerlange Sandstrände an, hinter denen sich allmählich immer höhere, weiße Klippen aus Kalkmergel erheben (Tour 31). Sie bilden auch die reizvolle, noch weitgehend unberührte Südspitze der Insel, das Kap Asprókavos (Tour 32). An der Ostküste zwischen Messongí und Perivóli finden sich kleine Strände und Fischerdörfer, während das Binnenland mit Chlomós eines der schönsten alten Bergdörfer Korfus vorzuweisen hat (Tour 29).

Geschichte

Die Vergangenheit hinterlässt Spuren – sowohl in Landschaften und Städten als auch in den Traditionen und Denkweisen der Menschen. So lässt sich vieles, das dem Wanderer begegnet, besser verstehen, wenn man es vor dem Hintergrund der Geschichte der Region betrachtet. Deshalb folgt hier eine Zusammenfassung der sehr bewegten und bewegenden Historie Korfus.

Die ersten Menschen auf Korfu, ...

... die für die Nachwelt greifbar wurden, hinterließen in der Nähe der Korissíon-Lagune vor ca. 50.000–75.000 Jahren ihre Steinwerkzeuge. Die zweitältesten Funde entdeckte man in der Gardikí-Höhle (Tour 27), wo Knochen von Beutetieren sowie Werkzeuge aus Feuerstein gefunden wurden. Sie stammen aus dem Jungpaläolithikum und wurden auf ein Alter von ca. 20.000 Jahren geschätzt, als Einwanderer Korfu noch trockenen Fußes erreichen konnten. Erst ab ca. 10.000 v. Chr. stieg der Meeresspiegel an, da die gewaltigen Gletscher der Eiszeit wieder schmolzen, und trennte Korfu vom Festland.

Die Bronzezeit – Raum für Mythen

Obwohl es aus der Jungsteinzeit um das Jahr 6500 v. Chr. herum Spuren bäuerlicher Besiedlung gibt, scheint die Insel nicht durchgehend bewohnt gewesen zu sein. Erst für die Bronzezeit lässt sich erneut eine Bevölkerung

Beliebtes Fotomotiv: Die Mäuseinsel und das Kloster Vlachérna (Tipp bei Tour 22).

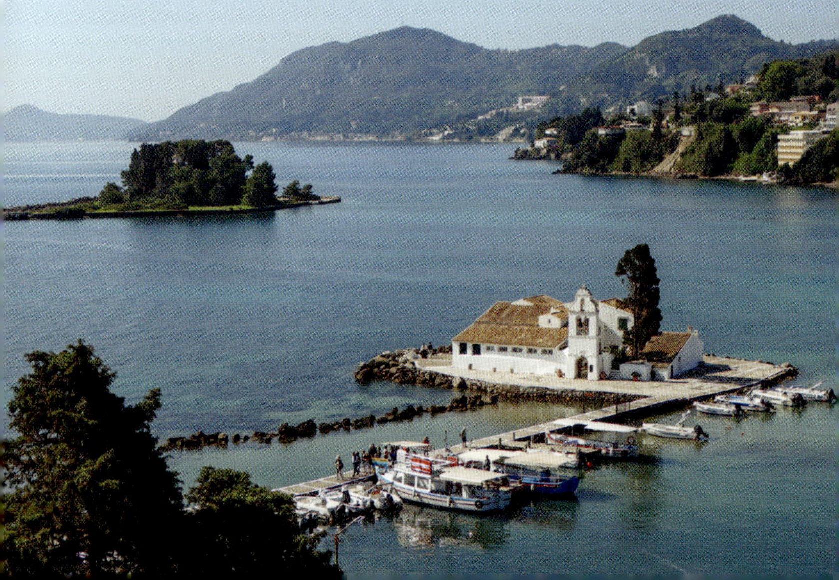

nachweisen, die aber nicht zum mykenischen Kulturkreis gehört, der damals mit Palästen und großen Kuppelgräbern in weiten Teilen des heutigen Griechenlands seine Blütezeit erlebt. Lediglich mykenische Handelsware wurde auf Korfu gefunden und auf einem um das Jahr 1200 v. Chr. entstandenen Tontäfelchen aus einem mykenischen Palast bei Pylos wird erstmals in der Geschichte ein Mann aus »Korkyra« erwähnt. Dieser Palast wird dem in Homers Odyssee erwähnten König Nestor zugeschrieben, der wie die Sagenfigur Odysseus am Krieg gegen Troia teilnahm. Da über Korfus bronzezeitliche Bevölkerung wenig bekannt ist, füllt man die Lücke gern mit Details aus Homers Odyssee auf. So soll Korfus kleine Nachbarinsel Othoní das geheimnisvolle Ogygia sein, wo Odysseus sieben Jahre bei der Nymphe Kalypso verbrachte (Tour 33). Als er von dort mit einem Floß in See stach, sichtete er »die fernen schattigen Berge« Scherias, der Heimat der Phäaken, und gelangte »zu Scherias fruchtbaren Auen, in das glückliche Land der götternahen Phäaken« (Übersetzung von J. H. Voß, 1793). Dieses Land setzen viele mit Korfu gleich und so erzählen Einheimische, dass Odysseus am Strand von Érmones auf Nausikaa, die Prinzessin der Phäaken, traf (Tour 20). Aber auch andere Orte wie Aríllas oder Pontikonísi beanspruchen für sich, ein Schauplatz der Odysseus-Sage zu sein.

Seemacht der Antike

Um 770 v. Chr. herum gründen Siedler von der Insel Euböa die erste griechische Kolonie auf Korfu. Doch wenige Jahrzehnte später werden sie von Flüchtlingen aus Korinth vertrieben. Schon bald gründen die erfolgreichen neuen Kolonisten sogar ihrerseits Niederlassungen auf dem Festland, z. B. in Illyrien auf dem Gebiet des heutigen Albanien. Der Aufstieg der Auswanderer, die sich als Feinde Korinths betrachten, führt zum Konflikt mit der Mutterstadt: 664 v. Chr. treffen Korfu und Korinth in der ersten Seeschlacht der griechischen Geschichte aufeinander. Korfu gewinnt und bleibt unabhängiger Stadtstaat.

480 v. Chr. werden die griechischen Stadtstaaten zum zweiten Mal von den Persern angegriffen. Korfu stellt mit 60 Schiffen den zweitgrößten Flottenverband der Verteidiger. Damals befand sich die Inselhauptstadt etwa in dem Bereich, in dem sich heute der Schlosspark von Mon Repos erstreckt, weshalb sich dort heute die Reste mehrerer antiker Tempel finden (Tour 22). Der Hafen der heute als Paleópolis bezeichneten Stadt lag in der Chalikiópoulos-Lagune, die jeder Korfu-Besucher bereits beim Landeanflug direkt neben dem Flughafen sieht. Von hier fährt 433 v. Chr. Korfus 110 Schiffe umfassende Flotte in die zweite Seeschlacht gegen Korinth. Zwischen Lefkímmi und dem Festland bei Sívota stoßen sie auf 150 gegnerische Schiffe und erleiden eine Niederlage. Erst das Eingreifen von dreißig Schiffen der mit Korfu verbündeten Athener wendet das Blatt zu einem Unentschieden. Die Korinther ziehen ab und Korfu baut seinen Einfluss auf dem Festland aus.

Ab dem Jahr 303 v. Chr. brechen für Korfu harte Zeiten an. Es wird mehrfach von fremden Mächten belagert, erobert, als Mitgift verschenkt und schließlich zum illyrischen Stützpunkt für Überfälle auf römische Handelsschiffe. Die Antwort Roms erfolgt prompt: Es kommt zu zwei Kriegen gegen die Illyrer, die beide Male unterliegen. Aber Korfu darf zunächst seine Autonomie behalten, solange es den Römern als Marinebasis dient. Später geht es in der römischen Provinz Macedonia auf.
Im Jahr 63 n. Chr. treffen zwei Schüler des Apostels Paulus, die Bischöfe Jason und Sosipater, auf Korfu ein, um das Evangelium zu verkünden. Ihre Erfolge bei der Missionierung erregen den Zorn des Statthalters, doch laut ihrer Heiligenlegende ertrinkt der Heide bei der Jagd auf sie im Meer und es gelingt ihnen durch ihr unbeschadetes Überstehen der Folter, seinen Nachfolger zu bekehren. Zu ihrem Gedenken wird um das Jahr 1000 herum eine Kirche erbaut, in der heute wieder ihre Gebeine ruhen, nachdem sie unter venezianischer Herrschaft entwendet und erst 1943 zurückgegeben wurden (Tour 22).

Korfu in byzantinischer Zeit

Im Jahr 395 n. Chr. wird das Römische Reich in West- und Ostrom geteilt. Korfu gehört nun zum Ostreich, das von Konstantinopel (Byzanz) aus regiert wird. Um die Mitte des 6. Jh. zerstören die Ostgoten die antike Stadt Korfu, woraufhin sich die Bewohner in den Bereich der heutigen Alten Festung zurückziehen. Von Paleópolis bleiben nur Ruinen. Die felsigen Zwil-

Der Gipfel der Alten Festung bietet einen hervorragenden Blick über Kérkyras Altstadt (Tour 22).

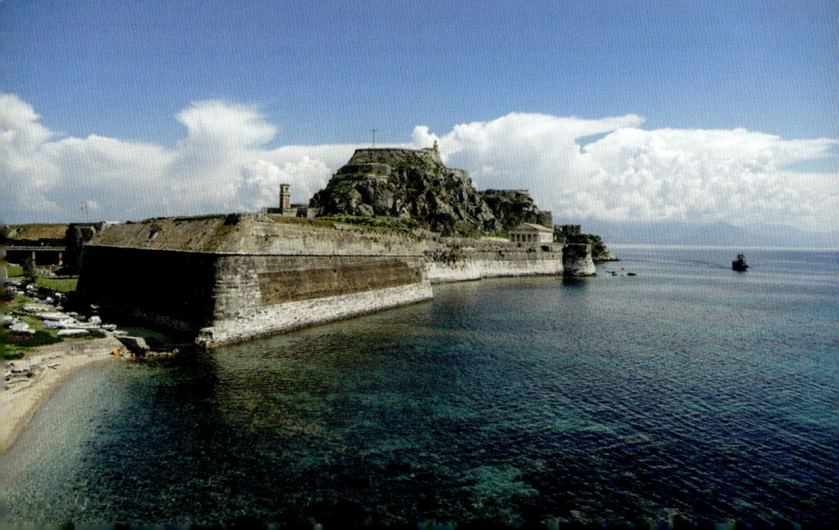

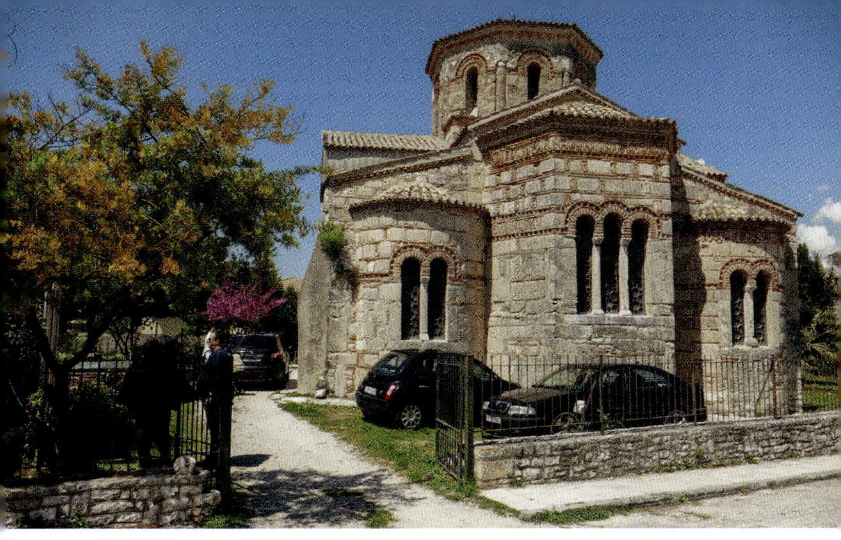

Diese byzantinische Kirche beherbergt die Reliquien der Heiligen, die das Christentum nach Korfu brachten (s. S. 26).

lingsanhöhen der neuen Hauptstadt, auf denen sich heute die Alte und die Neue Festung erheben, geben der Insel ihren neuen Namen: Koryfo oder Korfoi.
Gegen Ende des Jahrtausends gerät Korfu erneut zum Zankapfel und wechselt mehrfach den Besitzer. Gegen die Sarazenen kann man sich noch erfolgreich wehren, doch den Normannen gelingt drei Mal die Eroberung der Insel. Jedes Mal wird sie von Byzanz zurückgewonnen. Genuesische Piraten und Venezianer versuchen ebenfalls ihr Glück. Um sie abzuwehren, werden die Burgen Gardikí (Tour 27) und Angelókastro (Tour 4) errichtet bzw. ausgebaut. Auch Kassiópi und Kérkyra erhalten Festungsanlagen. Dennoch gerät Korfu unter sizilianische Herrschaft und gehört ab 1267 für ca. 100 Jahre den Königen von Neapel. Sie bekämpfen den orthodoxen christlichen Glauben, sind dabei jedoch ebenso erfolglos wie später die Venezianer.

Mit Venedig gegen die Osmanen
Da das Byzantinische Reich unter dem Druck der sich ausbreitenden Osmanen zerfällt, sind die meisten froh, als Venedig die Insel 1386 von Neapel kauft. Der mächtige Stadtstaat verspricht besseren Schutz und den hat Korfu nötig. Im August 1537 hält die Stadt Korfu einer 12-tägigen Belagerung durch die türkischen Truppen unter Khair ad-Din Barbarossa stand. Doch während die Festungen erfolgreich trotzen, ist die Landbevölkerung

den plündernden Angreifern schutzlos ausgeliefert. 20.000 Männer, Frauen und Kinder werden in die Sklaverei verschleppt. Korfu ist weitgehend entvölkert. Schon 1571 überfallen die Osmanen erneut die griechischen Inseln, erobern Zypern, Kreta und den Peloponnes. Wieder können Korfus Festungen erfolgreich verteidigt werden, und von den türkisch besetzten Inseln her wandern viele Flüchtlinge zu. So werden z. B. Strongilí (Tour 26) und Kritiká (Tour 31) von Kretern gegründet und im verwaisten Dorf Korakiána lassen sich peloponnesische Immigranten nieder. Dass die Menschen auf dem Land und in den Vorstädten erneut nicht geschützt werden konnten, ruft großen Unmut hervor. In der Folge versucht Venedig, sich beliebter zu machen. Man baut größere, modernere Verteidigungsanlagen und sieht von weiteren Bekehrungsversuchen ab. Stattdessen wird das friedliche Zusammenleben der Religionen mit gemeinsamen Festen gefördert, weshalb auch heute noch katholische Christen auf Korfu Ostern nach orthodoxem Kalender feiern. Ferner kommen italienische Juden auf die Insel und haben bis heute eine Gemeinde in Kérkyra. Auch wirtschaftlich nimmt Venedig großen Einfluss und zahlt Prämien für das Anpflanzen von Olivenbäumen. So verschwinden fast alle Weingärten, die zuvor große Flächen einnahmen.
Doch es bleibt nicht so friedlich: 1716 wird die Stadt Korfu erneut von einer osmanischen Flotte bedroht. Die Schätzungen schwanken zwischen 30.000 und 50.000 Angreifern, die auf Schiffen mit insgesamt über 2.000 Kanonen heranfahren, während Marschall Johann Matthias von der Schulenburg, der die korfiotischen Verteidiger kommandiert, in der Stadt nur 3.000 Mann und 144 Geschütze zur Verfügung hat. Venedig eilt mit 5.000 Mann zu Hilfe und gemeinsam kann der Belagerung wochenlang standgehalten werden, bis ein heftiger Sturm viele türkische Schiffe zerstört. Daraufhin ziehen die Osmanen ab, was auf Korfu bis heute als vom Heiligen Spyridon gewirktes Wunder betrachtet wird. Vierhundert Jahre venezianischer Herrschaft prägen die ganze Insel. Baustil, Sprache und Küche können den italienischen Einfluss bis heute nicht verleugnen. Sogar das erste Opernhaus Griechenlands wird erbaut. Weniger positiv bleibt in Erinnerung, dass der Adel das Volk fast wie Sklaven behandelt. Gelegentlich kommt es deshalb zu Aufständen in den Dörfern.

Französisches Intermezzo

Kein Wunder, dass die Franzosen unter Napoleon 1797 als Befreier empfangen werden, denn sie schaffen das Feudalsystem ab. Symbolisch wird auf allen Ionischen Inseln das Libro d'Oro, das »Buch des Goldes«, verbrannt, in dem die Adligen verzeichnet sind. Die Begeisterung verfliegt jedoch bald, da sich der Atheismus der Revolutionäre nicht mit der Frömmigkeit der Korfioten vereinbaren lässt. Hinzu kommt eine immer höhere Steuerlast. So trauern nur wenige den Franzosen nach, als sie schon 1799 von einer russisch-osmanischen Allianz vertrieben werden. Der russische Admiral stellt jedoch die Privilegien des Adels wieder her. Unter anderem durch die diplomatischen Bemühungen des Korfioten Ioannis Graf Kapodistrias wird im Jahr 1800 der Heptanisos-Staat (Sieben-Inseln-Staat) gegründet, ein selbstverwalteter Bund der Ionischen Inseln unter russischem Protektorat. Mit dem Vertrag von Tilsit fällt Korfu 1807 erneut an Napoleon, aber nun unterstützt Frankreich das Bestreben der Griechen nach Unabhängigkeit. Da sich Napoleon in Russland aufreibt, besetzen die Engländer Korfu 1814 ohne Gegenwehr.

Britisches Protektorat

Nachdem der Wiener Kongress ihren Anspruch bestätigt, unterstellen die Briten Korfu einem Hochkommissar, gewähren den Vereinigten Ionischen Inseln jedoch eine neue Verfassung, in der Griechisch als Amtssprache und der griechisch-orthodoxe Glaube als Staatsreligion festgeschrieben werden. Kérkyra wird die Hauptstadt des neuen Staats. Es folgt eine Blütezeit, in der die Briten das Straßennetz Korfus erweitern und die schwierige Wasserversorgung der Stadt durch den Bau eines Aquädukts neu organisieren (Tour 25). Eine öffentliche Bibliothek und die Ionische Akademie werden gegründet. Zwischenzeitlich wird Ioannis Kapodistrias erst russischer Au-

Der Palast St. Michael and St. George wurde als Regierungssitz des britischen Hochkommissars erbaut (Tour 22).

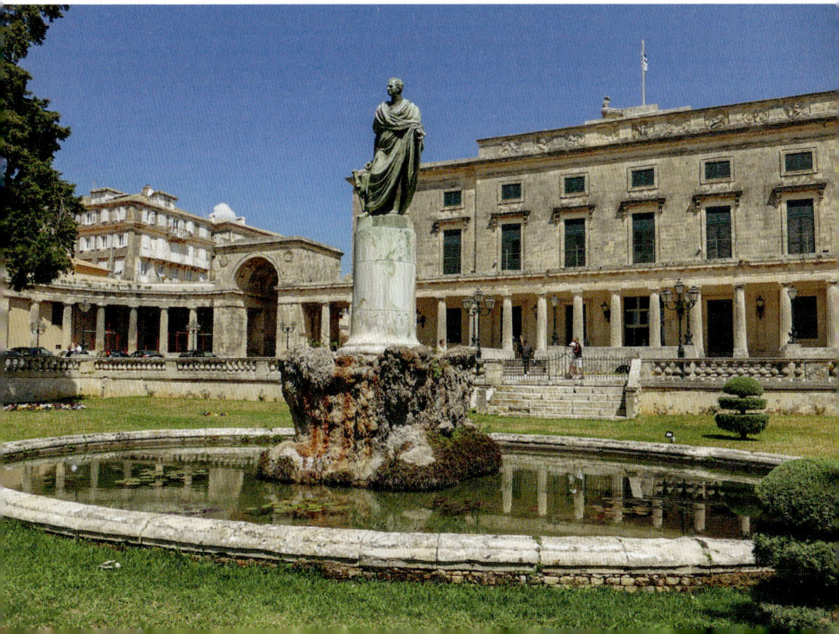

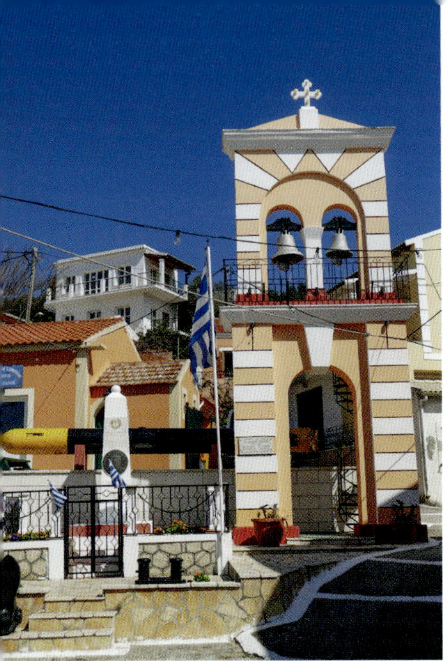

Mancherorts werden Torpedos aus dem 2. Weltkrieg vor der Kirche ausgestellt (z. B. in Afiónas, Tour 4).

ßenminister, dann erster Präsident von Griechenland. Nach seiner Ermordung ernennt man den bayerischen Prinzen Otto zum griechischen König. Aber erst als mit Wilhelm von Dänemark der Schwager des englischen Thronfolgers König von Griechenland wird, tritt Großbritannien 1864 die Ionischen Inseln an Griechenland ab, die nun eine Provinz des griechischen Staats sind. An die feierliche Übergabe am 21. Mai 1864 erinnert noch heute der Nationalfeiertag der Ionischen Inseln.

Korfu im Ersten und Zweiten Weltkrieg

Schon ein Jahr später wird per Gesetz die Schließung der Ionischen Akademie und der höheren Schulen verfügt, was die Bildungschancen der Bevölkerung massiv beeinträchtigt. Generell ist das damals rückständige ländliche Korfu noch zu Beginn des 20. Jh. von den Auswirkungen der Leibeigenschaft geprägt. Die Bauern sind gegenüber den (meist adligen) Großgrundbesitzern oft völlig verschuldet. Wenigstens in diesem Punkt schafft 1912 ein neues Gesetz Abhilfe.

Während des Ersten Weltkriegs wird Korfu kampflos von Frankreich besetzt und ist 1916–1918 Sitz der serbischen Exilregierung. Nachdem ihr Heimatland von Deutschen, Österreichern und Bulgaren bombardiert wird, nimmt Korfu mehr serbische Flüchtlinge auf, als die Insel Einwohner hat. Viele Denkmäler erinnern heute an diese harte Zeit.

Nach dem Ende des Griechisch-Türkischen Kriegs 1922 wird Korfu erneut Zuflucht Zehntausender Flüchtlinge – dieses Mal sind es Griechen aus Kleinasien, die das Osmanische Reich verlassen müssen, während griechische Muslime in die Türkei vertrieben werden. Jene Flüchtlinge, die in der Alten Festung Kérkyras Obdach finden, werden jedoch Opfer der Bombardierung vom 31. August 1923 durch die italienische Marine. Mussolinis Italien besetzt die Insel, wogegen aber die Pariser Botschafterkonferenz sofort interveniert.

Bis 1940 bleibt Korfu nun unbehelligt, dann greift Italien Griechenland erneut an, bombardiert Kérkyra und annektiert Korfu 1941. Die Besatzer sind dort zwar nicht willkommen, aber die Widerstandskämpfer müssen nach Zypern fliehen. Nachdem Mussolini entmachtet wird und Italien die Seiten wechselt, bombardiert Nazi-Deutschland Kérkyra im September 1943 und richtet schwerste Schäden an. Kurz darauf landet die Wehrmacht auf der Insel. Rund 8.000 italienische Soldaten werden gefangen genommen, ihre 280 Offiziere erschossen. Während im Juni 1944 bereits alliierte Bomber Luftangriffe auf Korfu fliegen, deportiert man ca. 1.700 der 1.900 Juden Korfus nach Auschwitz. Die anderen werden versteckt. Nur rund 100 überleben das Konzentrationslager. Auch Albaner werden ermordet oder nach Albanien vertrieben. Im Oktober 1944 muss die Wehrmacht vor den Engländern zurückweichen und die Insel verlassen.

Wohlstand durch Tourismus

Obwohl Korfu nach dem Zweiten Weltkrieg in ein Wiederaufbauprogramm einbezogen wird, sehen viele keinen anderen Ausweg aus der Armut als das Abwandern ins Ausland oder nach Athen. Die 1950er Jahre bringen viele Veränderungen: Korfu erhält ein Stromnetz, es gibt erstmals Radioprogramme und 1956 wird eine Frau zur Bürgermeisterin gewählt, ein Novum für ganz Griechenland. Der zunächst zaghaft beginnende Tourismus bewirkt schließlich die Wende. Mit seinem großen Boom in den 1960er Jahren bringt er Wohlstand auf die Insel. Selbst während der Diktatur des Militärregimes 1967–74 wächst die Branche weiter und bleibt auch während der 2010 eskalierenden Staatsschuldenkrise ein Motor der griechischen Wirtschaft. Umso größer ist der Schock, als 2019 zunächst der Reiseveranstalter Thomas Cook in die Insolvenz geht und 2020 der Tourismus aufgrund der Corona-Pandemie fast völlig ausfällt. Seit 2022 hat sich die Lage für Reisende und Anbieter normalisiert und glücklicherweise konnten die Waldbrände 2023 rasch unter Kontrolle gebracht werden.

Buchtipps zu Korfu

- Maria Tsoukis: 111 Orte auf Korfu, die man gesehen haben muss (Reiseführer)
- Klaus Bötig: Baedecker Reiseführer Korfu
- Karolos Klimis: Illustrierte Geschichte Korfus
- Homer: Odyssee (in Versform in der Übertragung von Johann Heinrich Voß oder in Romanform übertragen von Karl Ferdinand Lempp)
- Dimitra Kapelousou: Die Tochter des Geigers (Roman)
- Lawrence Durrell: Schwarze Oliven. Korfu: Insel der Phäaken (literarischer Blick auf die Insel)
- Gerald Durrell: Meine Familie und andere Tiere (biografischer Roman)

Pflanzenwelt

Korfus grüne Landschaft wird unübersehbar von ca. 4 Millionen Olivenbäumen geprägt. Schätzungen zufolge nimmt der Olivenanbau 55 % der Inselfläche ein. Doch nicht alle Haine werden noch bewirtschaftet und hinzu kommen Wälder, in denen sich wilde oder verwilderte Ölbäume mit anderen Arten mischen. Aufgrund der Allgegenwärtigkeit der Olivenbäume soll es hier zunächst um diese und ihr ungewöhnliches Aussehen auf Korfu gehen. Bereits in der Antike gab es Ölbäume auf der Insel, auch wenn damals der Weinanbau wesentlich größere Flächen einnahm. In einigen Dörfern, z. B. in Argirádes (Tour 29), und Hainen im Süden Korfus (Touren 30 und 31) haben beeindruckende, sehr alte Bäume überdauert. Ihr genaues Alter zu bestimmen, ist schwierig, da die immergrünen Olivenbäume durch das mediterrane Klima nicht so eindeutige Jahresringe ausbilden wie Bäume in nördlicheren Breiten. Ein Forschungsprojekt der Technischen Universität Dresden hat im Dorf Strongilí erstmals nach wissenschaftlichen Methoden das Alter solcher Methusalems auf Korfu ermittelt. Diese Bäume, zu denen Tour 26 führt, sind 800–1.100 Jahre alt. Sie stammen demnach aus der Zeit vor der venezianischen Herrschaft, doch erst im 16./17. Jh., als Venedig Prämien für neu gepflanzte Olivenbäume zahlte, breitete sich der Anbau so großflächig aus, wie man ihn heute vorfindet.

Wer Ölbäume aus anderen Gebieten rund ums Mittelmeer kennt, wird sich angesichts vieler Exemplare auf Korfu über ihre imposante Höhe, aber auch über ihr besonders knorriges Aussehen wundern. So hoch konnten sie nur werden, weil sie nicht beschnitten wurden. Andere Olivenbauern auf

Einigen Olivenbäumen auf Korfu sagt man ein biblisches Alter nach.

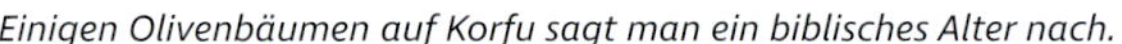

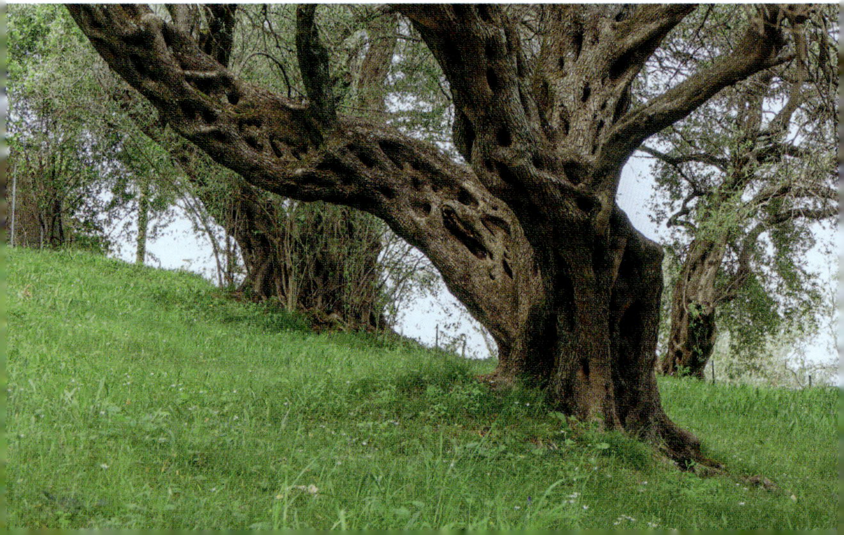

Korfu haben jedoch auf den Rückschnitt umgestellt. Sie schlagen bei der Ernte, die etwa von Januar bis Mai dauert, die Oliven herunter oder sägen ganze Äste ab, die dann als Brennholz dienen, während man Zweige und Blätter vor Ort verbrennt. So werden die Bäume verjüngt, weil zweijährige Triebe am besten tragen sollen. Unter den hohen Exemplaren legt man dagegen Netze aus und sammelt darin die reif herunterfallenden Oliven vom Boden auf. Wer diese alten Bäume genauer betrachtet, stellt fest, dass sie innen hohl sind. Die Kernfäule ist dem Befall mit einem Pilz geschuldet, dessen Fäden den Stamm durchdringen. So manches Loch im Stamm ist durch Aussägen oder -schaben befallener Stellen entstanden, was den Pilz jedoch selten restlos beseitigt. Hinzu kommt, dass Olivenbäume von Natur aus dazu neigen, keinen kreisrunden, sondern einen wulstigen Stamm zu bilden. Von den so entstandenen Löchern und Nischen, die den Bäumen das urige Aussehen verleihen, profitieren wiederum viele Vögel, Eidechsen und Insekten, da sie darin Unterschlupf finden.
Neben den zahllosen Olivenhainen nehmen sich die Weingärten und Kumquatplantagen geradezu bescheiden aus. Obwohl Korfu in der Antike für seine Weine berühmt war, finden sich Weinreben heute nur noch auf ca. 7–8 % der landwirtschaftlich genutzten Fläche. Die Sorten sind oft noch dieselben wie zur antiken Blütezeit des Anbaus: der weiße Kakotrígis, dessen Name »Schlecht zu ernten« bedeutet, und der trockene rote Petrokórithos.
Die in allen Souvenirshops der Insel angebotenen Kumquat-Produkte wie Likör oder Marmelade sind dagegen eine relativ neue Erscheinung. Ein Engländer brachte die aus Asien stammende Zitrusfrucht 1860 nach Korfu, wo sie seit den 1920er Jahren kommerziell angebaut wird. Die Kumquat ähnelt einer kleinen, länglichen Mandarine, wird jedoch mit Schale gegessen und schmeckt weniger süß.
Wo sich die Vegetation weitgehend ungestört entfalten darf, finden sich auf Korfu vor allem zwei Ausprägungen der mediterranen Macchia, die meist fließend ineinander übergehen: die niedrige Phrygana und ausgedehnter Hartlaubwald. Letzterer unterscheidet sich deutlich von mitteleuropäischen Wäldern, denn auf Korfu gedeihen überwiegend Stein- und Kermeseichen sowie die Vallonea-Eiche, die auffallend große, dicke Früchte hat. Je nach Standort wachsen sie zu Bäumen heran oder bleiben eher Büsche und ebenso verhält es sich mit dem Erdbeerbaum, der auf der Halbinsel Erimíti einen eindrucksvollen Urwald bildet (Tour 13). Hinzu kommen Pinie, Zypresse, Baumheide und Erle. Nicht selten verleihen Efeu oder Raue Stechwinde mit ihren Ranken dem Wald eine wilde Dschungelnote. Wo die Bedingungen den Bäumen nur strauchartigen Wuchs erlauben, treten auch andere Sträucher wie Mastix und Myrte hinzu. Wird der Boden noch nährstoffärmer, geht die Vegetation in die Phrygana über, die sich überwiegend aus Ginster-, Brandkraut- und Zistrosenarten, Gamander, Thymian, Rosmarin und Griechischem Salbei zusammensetzt.

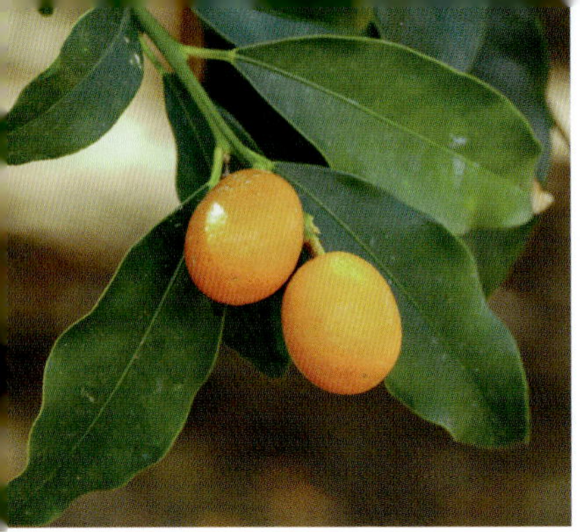
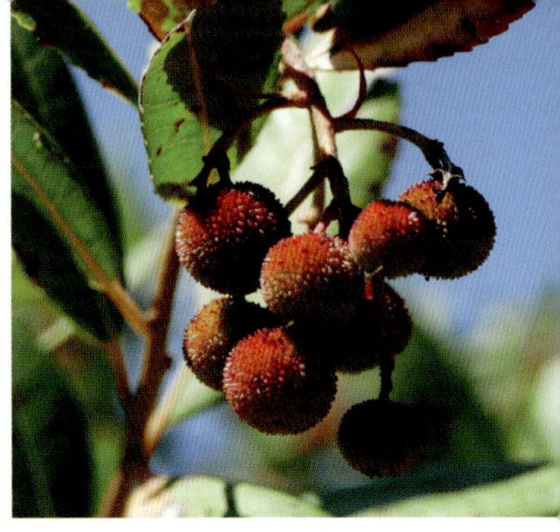

Links: Aus Kumquats werden beliebte Souvenirs zubereitet.
Rechts: Die Früchte des Erdbeerbaums sind nur rot und vollreif bekömmlich.

Über diese Vegetationstypen hinaus gibt es auf Korfu jedoch viele kleine Biotope mit ganz eigenen Bedingungen und Arten, beispielsweise Sümpfe, Lagunen und klare Gebirgsbäche. Vor allem aber hat Korfu fast ganzjährig eine Vielzahl an Blüten zu bieten. Allein über 30 Orchideenarten, darunter mehrere Knabenkraut-, Ragwurz- sowie Zungenstendelarten, wachsen über die Insel verteilt an unterschiedlichsten Orten. Manche Berghänge oder Lichtungen muten zur Blütezeit wie ein Orchideengarten an, z. B. auf den Touren 16 und 23. Generell verwandeln Hunderte blühender Pflanzenarten von Margeriten, Einjährigem Silberblatt und Gartenwindröschen über Kamille und Lilien bis hin zu Calla, Italienischem Aronstab und Mittagsblume ganz Korfu vom zeitigen Frühjahr an in eine bunte Augenweide, die ihren Höhepunkt – je nach Witterung und Region – ungefähr Anfang Mai erreicht.

Tierwelt

Während es Muschelsucher auf Korfu schwer haben, dürfen sich Liebhaber anderer Tiergattungen an einer vielfältigen Fauna erfreuen. Bevor man auf Wildtiere trifft, fallen jedoch die vielen Haustiere auf. Zwar sieht man auf Korfu im Vergleich zum griechischen Festland kaum streunende Hunde, aber auf freilebende Katzen stößt man in jedem Ort und an (fast) jedem offenen Müllcontainer. Leider sieht man ihnen oft an, dass sie hungern oder krank sind, und wer etwas dagegen tun möchte, kann Tierschutzinitiativen unterstützen (z. B. die Tierhilfe Korfu e. V., die in Südkorfu auch ein Tierheim betreibt, tierhilfe-korfu.de). Beim Wandern kommt man gelegentlich auch an Eseln vorbei, von denen es nicht mehr annähernd so viele auf Korfu gibt wie in früheren Zeiten, als sie noch das Transportmittel Nr. 1 auf der Insel waren. Auffallender sind die zahllosen Hühnergehege, die man quasi rund um jedes Dorf antrifft. Hier halten sehr viele Leute Hühner, um sich mit Eiern zu versorgen, und wenn man die Supermarktpreise für Eier liest, weiß man auch warum. Darüber hinaus gibt es einige kleine Schaf- und Ziegenherden, und einige dieser Ziegen leben den Sommer über halb wild in der Macchia.

Richtig wilde Säugetiere sind auf Korfu nur noch im Kleinformat vertreten. Am häufigsten kommen Steinmarder, Igel, Mäuse, Ratten, Siebenschläfer, Fledermäuse, Füchse und Kaninchen vor. Es soll zudem einige wenige Feldhasen, Mauswiesel und Goldschakale sowie an den Lagunen Fischotter geben. Auch Wildschweine werden – allerdings nur selten – gesichtet. Sie sind ebenso wie die anderen größeren Arten durch die Jagd und durch Lebensraumverlust bedroht. In neuerer Zeit wurden auch Nutrias und Waschbären entdeckt.

Sehr viel größer ist die Vielfalt an Vögeln auf der Insel. Auch sie sind aufgrund der Bejagung teils sehr scheu und schwierig zu entdecken. Selbst in Touristenorten abends und nachts oft nicht zu überhören ist jedoch der Ruf der Zwergohreule. Harry-Potter-Fans kennen diese kleine Art als Rons »Posteule« Pigwidgeon. Auf Korfu kommen aber auch Schleiereule, Steinkauz und Uhu vor. Viele Touristen bekommen auch Rosaflamingos zu Gesicht, die sich am liebsten in der Korissíon-Lagune und den Salinen von Alikés aufhalten (Touren 28 und 30). Diese und andere Feuchtgebiete locken viele Watvögel, Seeschwalben- und Möwenarten sowie Silber-, Grau- und Seidenreiher an. Manche bleiben, um zu brüten, andere rasten nur und ziehen danach weiter. Einige Arten wie den Haussperling, den Eichelhäher oder die Blaumeise kennt man von daheim, andere wie der schwarz-weiße

In kleinen Gruppen sucht der Stelzenläufer den Strand nach Nahrung ab.

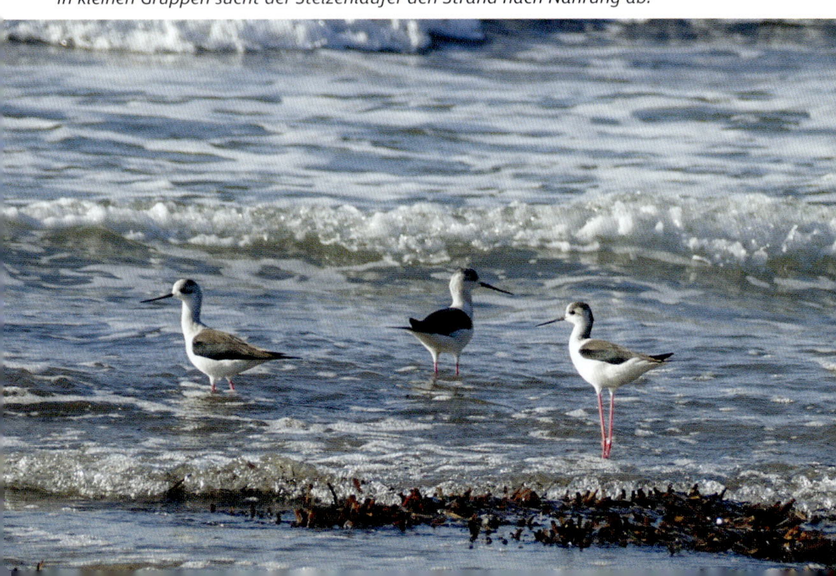

Stelzenläufer mit den leuchtend roten Beinen oder die Weißbartgrasmücke wirken eher exotisch. Während der Kuckuck zwar auch auf Korfu ruft, aber gern in Deckung bleibt, hat man deutlich bessere Chancen, den Wiedehopf zu sehen, der sandige, offene Landschaften bevorzugt. In der Macchia sind dagegen Neuntöter und Rotkopfwürger verbreitet, die gern oben auf Büschen oder kleinen Bäumen nach Insekten Ausschau halten. Nach Beute spähen auch die Raubvögel, die hoch über den Wanderwegen ihre Kreise ziehen. Die kleinsten Vertreter sind die Turm- und Rotfußfalken, hinzu kommen Wanderfalken und Sperber. Deutlich größer sind Mäuse-, Wespen- und Falkenbussard und gelegentlich kann man auch Zwerg- und Schlangenadler erspähen. Sie alle finden durch die zahlreichen großen Heuschrecken, die allgegenwärtigen Eidechsen und vielen Schlangen einen reich gedeckten Tisch.

Womit wir bei den Reptilien gelandet wären: Eidechsen sieht man wirklich fast überall. Am auffälligsten sind die Männchen der Pracht-Kieleidechse mit ihrem blauen Hals und dem orangeroten Bauch sowie der Östlichen Smaragdeidechse, die leuchtend grün und bis zu 40 cm lang sind. Nicht ganz so häufig zeigt sich der Scheltopusik, der auch Panzerschleiche heißt. Dieses bis zu 1,4 m lange Reptil wird oft mit einer Schlange verwechselt, aber man kann es z. B. an der Rinne erkennen, die an den Körperseiten vom Kopfende bis zum Schwanzansatz verläuft. Auf Korfu gibt es mehr echte Schlangen, als man denkt, denn sie flüchten meistens, bevor man sie überhaupt bemerkt. Die giftige Hornotter haben wir im Unterpunkt »Gefahren« bereits erwähnt, aber sehr viel wahrscheinlicher ist eine Begegnung mit einer der acht ungiftigen Natternarten, von der Ringel- bis zur Leopardnatter. Mit der Westlichen Sandboa gibt es auf Korfu sogar eine Vertreterin der Riesenschlangen, aber sie wird hier nur ca. 60 cm lang. Wesentlich beliebter als Schlangen sind die Europäischen Halbfinger, auch

Die giftige Hornviper ist leicht am auffälligen Muster zu erkennen, die Smaragdeidechse am leuchtenden Grün.

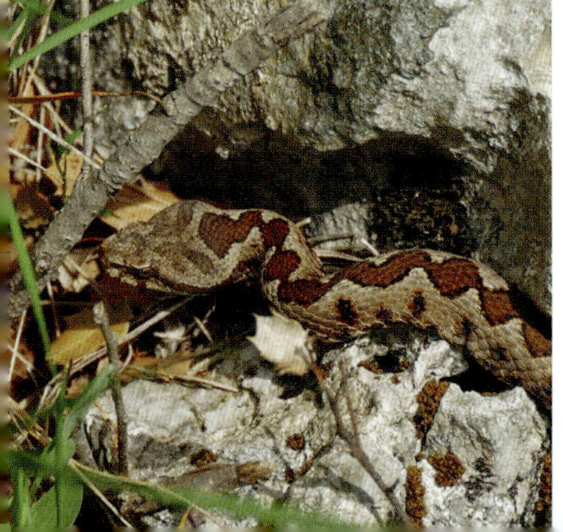

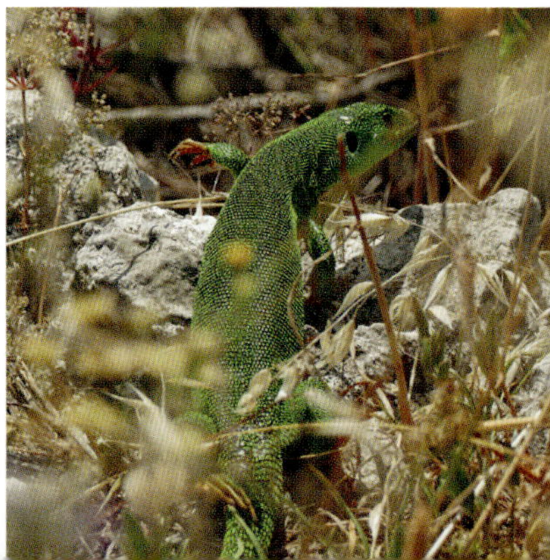

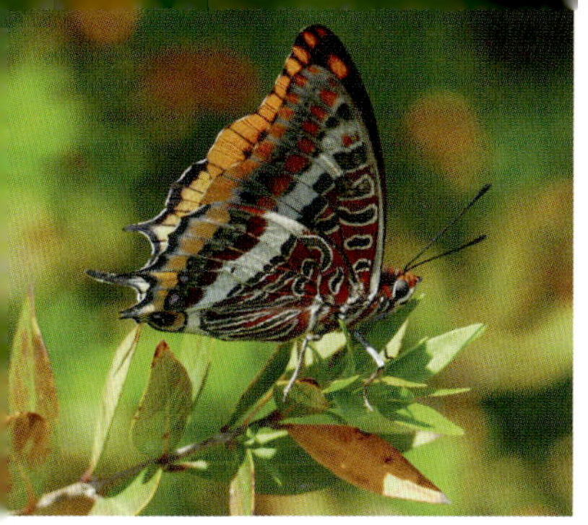
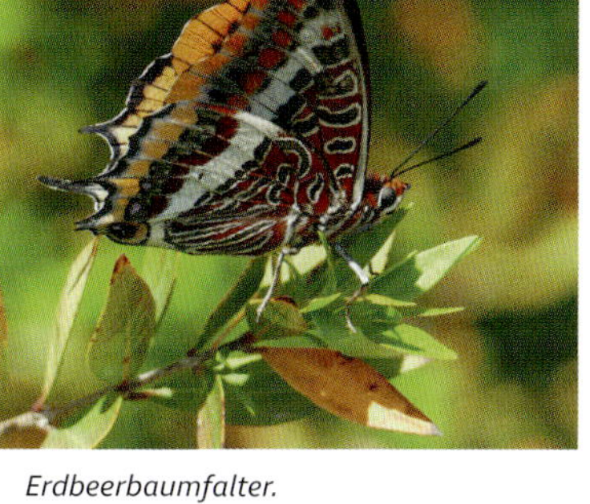

Erdbeerbaumfalter.

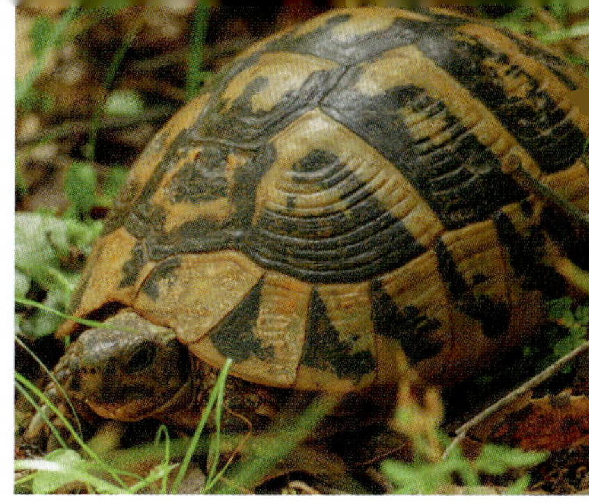

Griechische Landschildkröte.

Hausgeckos genannt. Diese nachtaktiven Kulturfolger leben gern in Gebäuden, wo sie sich als Insektenfresser nützlich machen. Ein Sympathieträger sind auch die Griechischen Landschildkröten. Mit etwas Glück kann man sie auf vielen Touren treffen, aber besonders groß sind die Chancen auf dem British Cemetary in Kérkyra (Tour 22). Etwas feuchter möchte es die seltene Europäische Sumpfschildkröte, der neuerdings auch noch die eingeschleppte amerikanische Schmuckschildkröte den schwindenden Lebensraum streitig macht. Ebenfalls rar ist die vom Aussterben bedrohte Unechte Karettschildkröte. An den Stränden Südkorfus legt sie in warmen Sommernächten ihre Eier ab. Tierschützer markieren diese Stellen, die man nicht betreten darf, denn wenn der Sand festgetreten ist, können sich die frisch geschlüpften Schildkröten nicht rechtzeitig an die Oberfläche graben. Auch Amphibien kann man auf vielen Wanderungen auf Korfu entdecken. In den glasklaren Quellen und Brunnen leben der Teichmolch und der Makedonische Kammmolch, aber nicht alle Larven, die man manchmal zu Tausenden in einem Bach oder Teich sehen kann, stammen von ihnen. Auch die Kaulquappen von Erd- und Wechselkröte sowie mehreren Froscharten tragen zu diesem Schauspiel bei.

Apropos Schauspiel: An warmen Abenden im Mai erfreut das Leuchten der Glühwürmchen nicht nur romantische Naturen. Die grünlichen Lichtsignale der Leuchtkäfer blitzen ungefähr im Sekundentakt auf und manchmal blinken alle gleichzeitig, was noch eindrucksvoller wirkt. Bei Tag sehen die rot-schwarzen, länglichen Käfer dagegen unscheinbar aus, während die über 70 Schmetterlingsarten auf der Insel erst bei Sonnenlicht ihre Pracht entfalten. Neben den gut bekannten Tagpfauenaugen und Admiralen fallen die mit 9 cm Flügelspannweite sehr großen Erdbeerbaumfalter auf, die hier reichlich Erdbeerbäume für ihre Raupen finden. Zu den schönsten Arten gehören auch der bläulich schimmernde Kleine Eisvogel, der vierfarbig gezeichnete Osterluzeifalter sowie der Segelfalter, der dem Schwalbenschwanz ähnelt und sich gern auf Berggipfeln zeigt.

REISE-INFORMATIONEN

An- und Abreise

Korfu kann man per Fähre mit dem Auto oder dem Zug erreichen oder ein Flugzeug nehmen. Das Angebot an Flügen ist gestiegen, sodass man die Insel immer früher im Jahr auch per Direktflug erreicht, aber bei einem ca. zweistündigen Flug z. B. von Frankfurt am Main aus werden pro Person ca. 1.110 CO_2-Äquivalente ausgestoßen, während es bei der Anreise mit Bahn und Fähre nur ca. 126 sind. Kaum schlechter steht die Kombination Fernbus und Fähre da. Selbst mit dem PKW plus Fähre kommt der CO_2-Äquivalente-Rechner nur auf 520 (bei zwei Personen im Auto; hat man noch zwei Kinder dabei, sind es nur noch 350 pro Person), siehe Broschüre »Klimaschutz auf der Mittelstrecke«, wirsindanderswo.de/artikel/klimaschonende-anreise-in-den-urlaub.

Entscheidet man sich für die Anreise via Fähre, kommen mehrere Häfen in Italien infrage: Venedig, Ancona, Bari und Brindisi. Je nachdem wie weit südlich der Abfahrtshafen gelegen ist, verkürzt sich die Überfahrtzeit, die von Venedig aus ca. 25 Stunden, von Ancona aus ca. 19 und von Bari bzw. Brindisi aus ca. 9 bzw. 8 Stunden beträgt. Direktverbindungen nach Korfu sind in der Nebensaison zwar selten verfügbar, aber der griechische Festlandhafen Igoumenítsa wird rund ums Jahr angefahren und von dort verkehren täglich mehrere Fähren nach Kérkyra (Korfu-Stadt) und nach Lefkímmi an der Südspitze Korfus (Fahrtzeit ca. 1 Stunde). Abgesehen von einem Reisebüro sind

In der Hauptsaison gibt es von Italien aus Direktfähren nach Korfu.

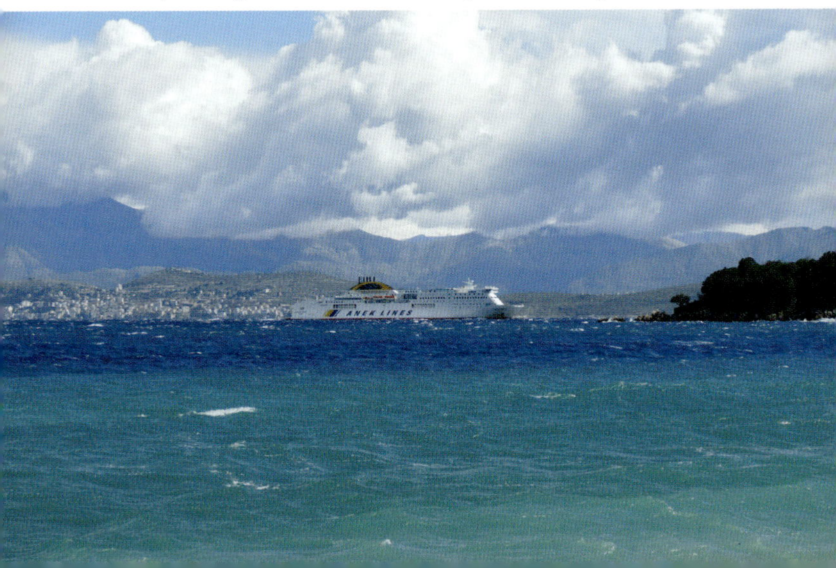

spezialisierte Internetportale die einfachste Art, die Fährfahrt zu buchen, beispielsweise goferry.de, directferries.de oder faehren.net.
Fernbusse zu den Fährhäfen findet man auf checkmybus.de und bei flixbus.de.
Für die Anreise mit der Bahn empfehlen sich spezialisierte Reisebüros wie gleisnost.de oder kopfbahnhof.info. Alternativ kann man selbst eine Verbindung suchen, z. B. auf rome2rio.com/de, und bei den Bahnbetreibern buchen. Leider können die besonders vorteilhaften Nachtzüge und auch italienische Verbindungen nicht immer bequem auf bahn.de gebucht werden. Dann nutzt man die Seiten der Österreichischen Bahn ÖBB (oebb.at) und die deutschsprachigen Seiten der italienischen trenitalia (trenitalia.com/de.html).
Entscheidet man sich für das Flugzeug, gibt es zahlreiche Buchungsportale wie fluege.de oder opodo.de. Ob Direktflug oder Inlandslinie von Athen oder Thessaloniki aus: Alle kommen am Flughafen Ioánnis Kapodístrias in Kérkyra an, von wo man per Taxi oder Linienbus in die Innenstadt oder zum Busbahnhof gelangt.

Touristen-Informationen

Die erste Anlaufstelle für Reisen nach Griechenland ist die Griechische Zentrale für Fremdenverkehr (GFZ, griechisch: EOT). Viele Fragen werden bereits auf ihrer Webseite (visitgreece.com.de) beantwortet (leider nur auf Englisch), aber man kann die Direktion für Deutschland auch per Telefon (+49 69 257827-0) oder per Post erreichen: Holzgraben 31, 60313 Frankfurt a. M.
Gleiches gilt für Österreich: Griechische Fremdenverkehrszentrale, Fichtegasse 2/26, 1010 Wien, Tel. +43 1 5125317.
Gezielte Informationen zu Korfu finden sich auf der Webseite visit.corfu.gr. Daneben ist Korfus Fremdenverkehrsbüro auch per Mail (info@corfu.gov.gr) oder telefonisch erreichbar (+30 26613 62700).

Telefonfalle

Vorsicht beim Telefonieren – und bei Smartphone-Nutzung auch beim Internetsurfen – in Nordostkorfu! Durch die Nähe zum albanischen Festland passiert es leider schnell, dass sich das Telefon bei einem albanischen Anbieter einklinkt, und bevor man es bemerkt hat, ist das Guthaben aufgebraucht oder eine unangenehm hohe Rechnung entstanden, denn in Albanien gelten nicht die EU-Tarife. Wir empfehlen daher, das Handy manuell auf einen griechischen Provider einzustellen und/oder beim Wandern in dieser Region sicherheitshalber vorübergehend den Flugmodus zu wählen.

ÖPNV

Fast jede der in diesem Wanderführer vorgestellten Touren kann mit öffentlichen Verkehrsmitteln erreicht werden. In der jeweils vorangestellten

Kurzinfo nennen wir die Buslinien, die zum Zeitpunkt unserer Recherche den Startpunkt anfuhren, und wie oft am Tag sie in etwa verkehren. Aber nicht jeder Ort ist gut angeschlossen und mancher am Wochenende gar nicht per ÖPNV erreichbar, was eine gute Planung bzw. Zeitmanagement erfordert. Die Fahrpläne sind im Internet zu finden (s. u.). Wenn man den ÖPNV ausgiebig nutzen möchte, empfiehlt es sich, eine Unterkunft in Kérkyra zu buchen, denn nur von der Inselhauptstadt aus werden sämtliche Regionen bedient. Tickets kann man ganz unkompliziert im Bus kaufen, muss aber bar bezahlen. Schwieriger ist es manchmal, die Bushaltestelle zu finden, da sie in einigen, vor allem abgelegenen Orten nur am ausgehängten Fahrplan (in Größe DIN A4) zu erkennen ist.
Die Überlandfahrten werden von den Green Buses durchgeführt, aber die Busse sind keineswegs immer grün lackiert: greenbuses.gr, Info-Telefon: +30 26610 28900.
In Kérkyra selbst und im Umland sind dagegen die Stadtbuslinien (Corfu City Bus) unterwegs, auch Blaue Busse genannt: astikoktelkerkyras.gr/de/, Info-Telefon: +30 26610 31595.
Manchmal ist ein Taxi die einfachste Lösung, aber man sollte immer vorab den Preis aushandeln. Generell sind die Preise für Taxifahrten auf Korfu relativ hoch. Wenn es vor Ort mehrere Anbieter gibt, kann es sich daher lohnen, mehrere Angebote einzuholen.
Korfus bewohnte Nachbarinseln sind alle durch ganzjährigen Fährbetrieb angeschlossen, sofern Wetter und Seegang es erlauben. Die Abfahrthäfen und möglichen Fährlinien finden sich jeweils direkt bei der entsprechenden Tour.

Sicherheit

Korfu ist ein ausgesprochen sicheres Reisegebiet. Wie überall sollte man jedoch keine Wertsachen im geparkten Auto zurücklassen und in dichtem Gedränge darauf achten, es Taschendieben möglichst schwer zu machen.

Zeit

Korfu befindet sich in einer anderen Zeitzone als Deutschland. Dort gilt die Osteuropäische Zeit (OEZ), es ist also immer eine Stunde später als in Mitteleuropa, auch während der Sommerzeit.

Sprache

Auf den Ionischen Inseln ist Griechisch die Amtssprache, aber zumindest in den touristisch geprägten Orten kommt man mit Englisch gut zurecht. Überraschend viele Griechen sprechen sogar Deutsch. Je ländlicher die Umgebung, desto hilfreicher sind jedoch ein paar Worte Griechisch. Außerdem freuen sich die Einheimischen, wenn man ihnen und ihrer Kultur den Respekt erweist, zumindest ein paar kleine Floskeln in der Landessprache zu erlernen.

Griechisch gehört zwar zu den indoeuropäischen Sprachen, ist jedoch weiter von Deutsch entfernt als andere germanische (bspw. Englisch) und auch romanische Sprachen wie Französisch. Hinzu kommt, dass es für einige Buchstaben des griechischen Alphabets keine lautgleiche Entsprechung im lateinischen Alphabet gibt. Wir können hier keinen Sprachführer ersetzen, möchten aber zumindest die wichtigsten Unterschiede nennen und das griechische Alphabet vorstellen:

EINIGE WORTE GRIECHISCH FÜR UNTERWEGS

kaliméra	guten Morgen / guten Tag
kalispéra	guten Abend
jássass (Sie), jássu (Du)	Hallo (und auch) Tschüss
chérete	Auf Wiedersehen
adío	Tschüss
ne	ja
óchi	nein
efcharistó	danke
parakaló	bitte
jámass	Prost, Zum Wohl
signómi	Entschuldigung
thélo ...	ich möchte / will ...
pou íne ...	Wo ist ...?
endáxi	Okay / In Ordnung
vounó	Berg
jéfira	Brücke
kástro	Burg
leoforío	Bus
chorió	Dorf
fotiá	Feuer
nisí	Insel
eklisía	Kirche
monastíri	Kloster
thálassa	Meer
monopáti	Pfad
kalderími	gepflasterter Pfad
paralía	Strand
drómos	Straße / Weg
neró	Wasser
limáni	Hafen
taverna	Taverne
epeígon	Notfall
éna, dío, tría	1, 2, 3
téssera, pénte, éxi	4, 5, 6
eftá, ochtó, ennéa	7, 8, 9
déka, ekató, chília	10, 100, 1000

Das griechische Alphabet und die deutsche Entsprechung

Α, α	álfa	a
Β, β	víta	v
Γ, γ	gámma	g bzw. j
Δ, δ	délta	d (weiches »th«)
Ε, έ	épsilon	e
Ζ, ζ	zíta	s
Η, η	íta	i
Θ, θ	thíta	th (»th«)
Ι, ι	ióta	i
Κ, κ	káppa	k
Λ, λ	lámda	l
Μ, μ	mi	m
Ν, ν	ni	n
Ξ, ξ	xi	x
Ο, ο	ómikron	o
Π, π	pi	p
Ρ, ρ	ro	r
Σ, σ	sígma	ss
Τ, τ	taf	t
Υ, υ	ýpsilon	i
Φ, φ	fi	f
Χ, χ	chi	ch
Ψ, ψ	psi	ps
Ω, ω	oméga	o

Hinweise zur Aussprache

oi, ei	i
ai	e
ou	u
th	»th« wie in »thing« (engl.)
d	»th« wie in »the« (engl.)
g vor e, u, i	j (z. B. Ágios also »ájos«)
g	Mischung aus g und ch

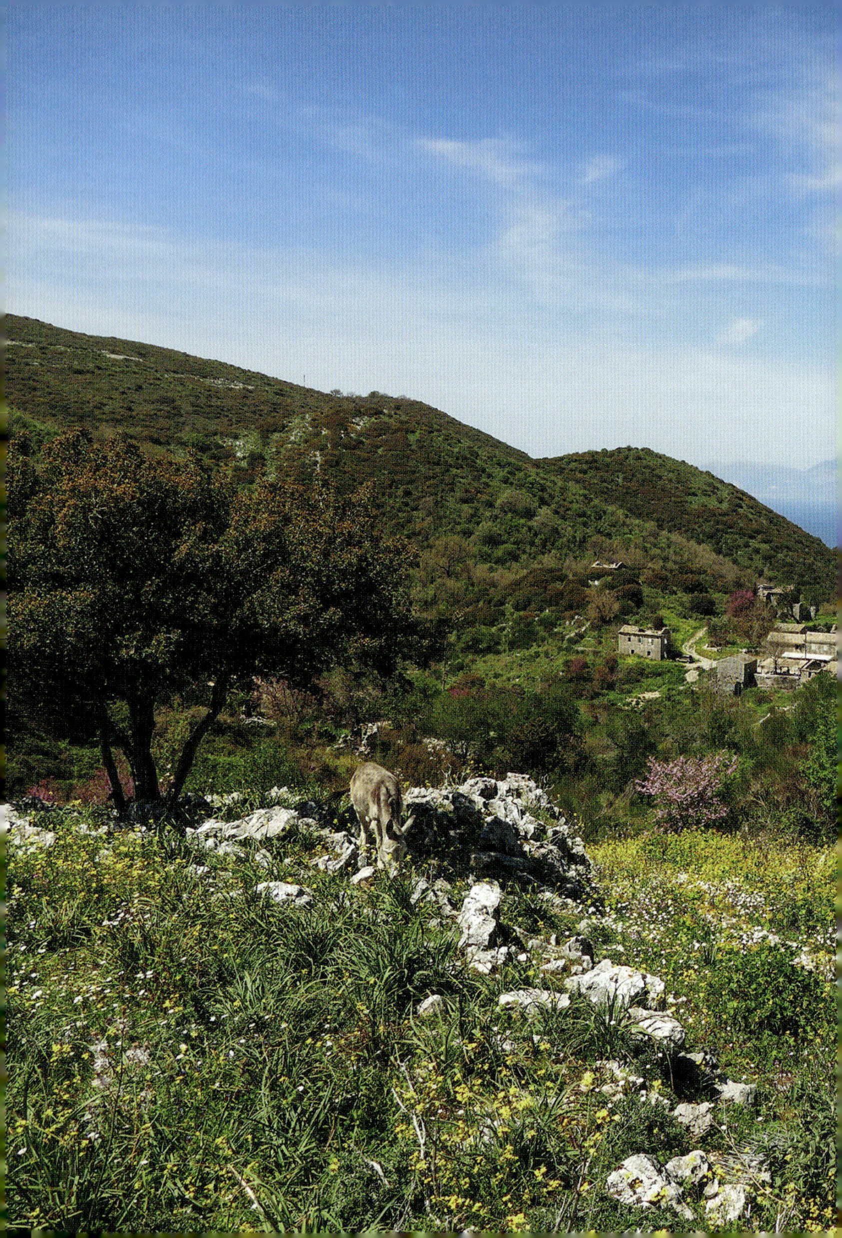

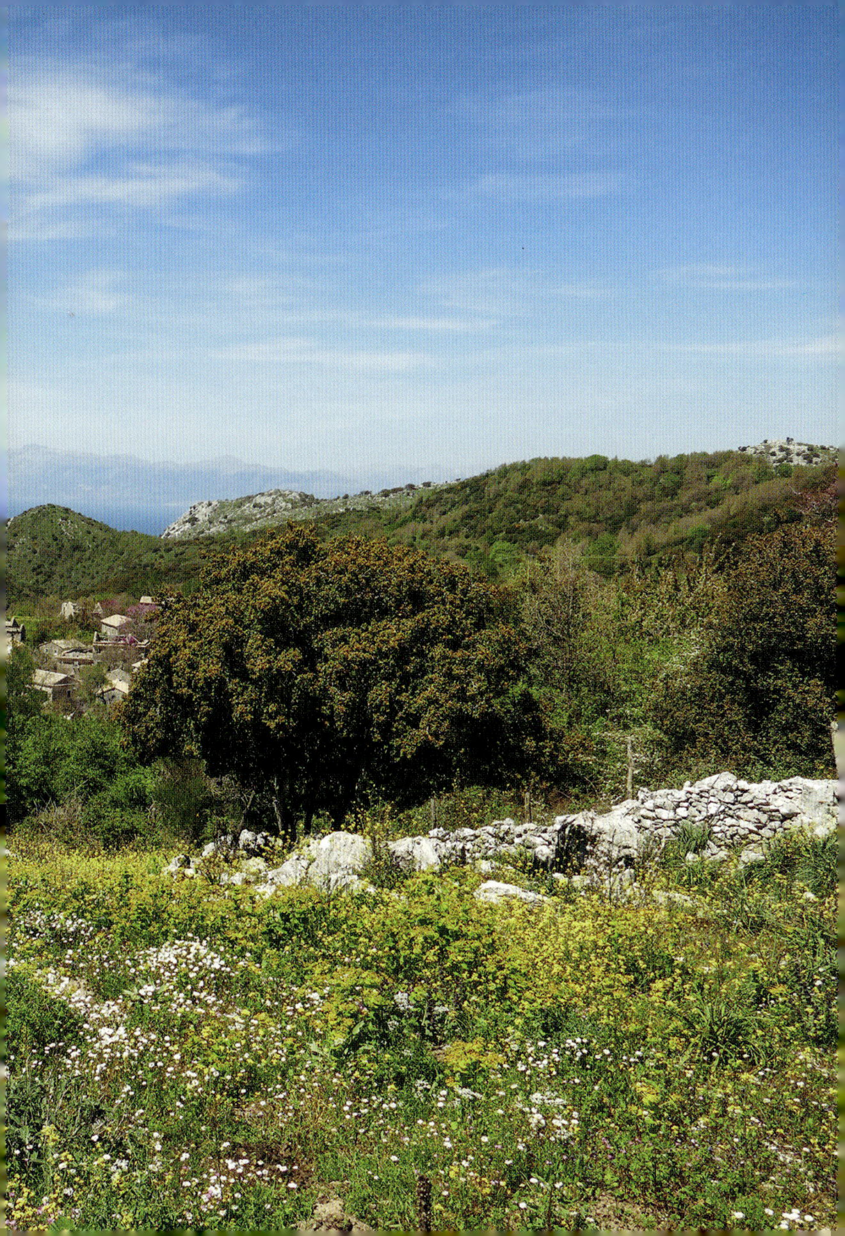

↗ 280 m | ↘ 280 m | 11.6 km

1 Sidári und Kap Drástis

3.30 h

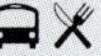

Auf bequemen Wegen zu Korfus beliebtestem Fotomotiv

Durch einsame Olivenhaine und den lebhaften Touristenort Sidári führt diese Tour zur bekannten, »Canal d'Amour« genannten Höhle, die Mutige auf der Suche nach der großen Liebe durchschwimmen. Von dort geht es hoch über dem Meer zum Kap Drástis, dem nordwestlichsten Zipfel der Insel. Kaum ein anderer Ort Korfus ziert so viele Bücher und Urlaubsprospekte wie diese von türkisblauem Wasser umgebenen Lehm- und Sandsteinklippen.

Ausgangspunkt: Parkplatz am Logas Beach (26 m, N39.7872, E19.6668). Der Strand (»Beach«) ist in Perouládes ausgeschildert.
ÖPNV: Bushaltestelle in Perouládes: Linie A1 »Corfu – Agios Stefanos« (Mo. bis Fr. ca. 4x tgl., Sa. ca. 3x tgl.); Bushaltestelle in Sidári: Linien A2 »Corfu – Sidari« (Mo. bis Sa. ca. 9x tgl., So. ca. 5x tgl.) und S5 »Sidari – Kassiopi« (in den Sommermonaten ca. 4x tgl.).
Anforderungen: Fast ausschließlich breite, einfach zu begehende Wege.
Einkehr: Zahlreiche Möglichkeiten in Sidári; weitere Lokale am Ausgangspunkt.
Tipps: (1) Unterwegs gibt es mehrmals Gelegenheit für Badepausen. Zwar führt auch am Ausgangspunkt eine Treppe zum Meer hinab, doch dieser (oft überspülte) Strand ist nicht zum Baden geeignet. Er lohnt sich aber aufgrund der Aussicht auf die Klippen. (2) In der kleinen Bucht am Kap Drástis werden im Sommer manchmal Bootstouren angeboten.

Vom Parkplatz am Ortsrand von **Perouládes** ❶ gehen wir an der Straße zurück und folgen der Querstraße nach rechts. An der nächsten Querstraße wenden wir uns nach links und erreichen schließlich einen Kreisel. Hier halten wir uns geradeaus, um nach ca. 150 m an der ersten Möglichkeit links abzubiegen. Allmählich verlassen wir die von großen Gärten umgebenen Häuser und kleinen Farmen. Nach knapp 200 m wählen wir den ersten Schotterweg rechts bergan. Der im weiteren Verlauf betonierte Weg führt uns in die Olivenhaine und auf eine Passhöhe hinauf, wo wir die Kreuzung geradeaus überqueren und den Schotterweg talwärts nehmen. Wir ignorieren den ersten Abzweig nach rechts und die erste Möglichkeit, um links abzubiegen, und schwenken bald darauf mit dem Weg in einer Spitzkehre links hinab. Wir folgen dem gewundenen Wegverlauf, bis er an einem Querweg endet, der uns rechts zu einer Asphaltstraße bringt. Hier wenden wir uns nach links, gehen die Straße entlang und kommen bereits an

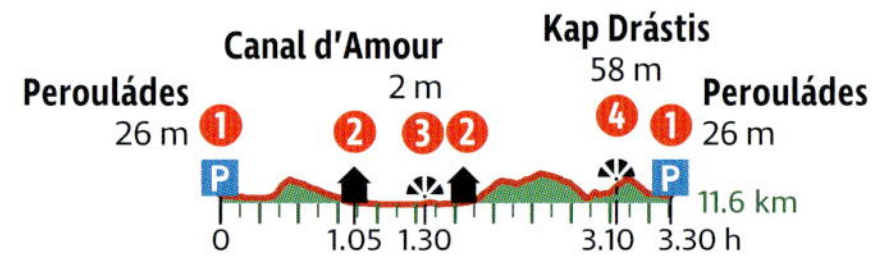

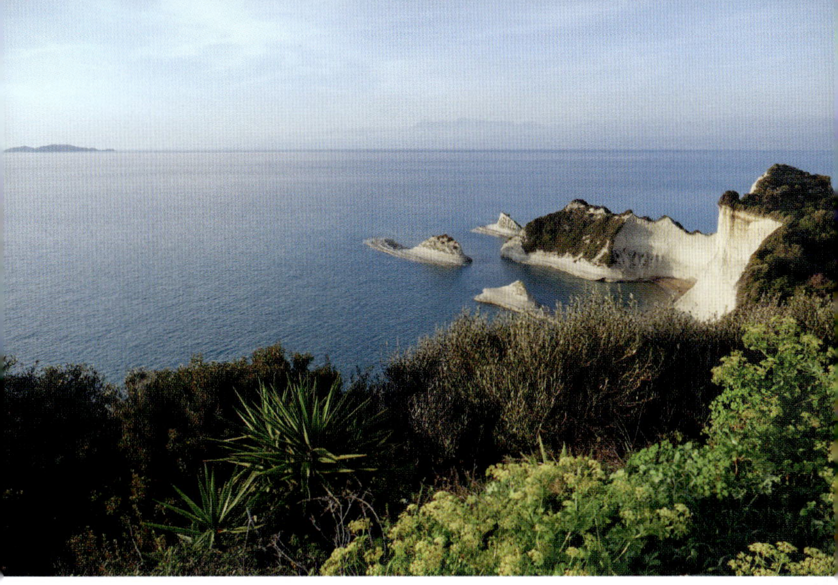

Am Kap Drástis, dem nordwestlichen Ende Korfus, hat man in der zweiten Tageshälfte das beste (Foto-)Licht.

der **Orchard Taverna** ❷ vorbei, zu der wir später zurückkehren. Die Straße endet an einem Strand in Sidári, auf dem wir links abbiegen, um ihn bei erster Gelegenheit auf einen gepflasterten Weg links zu verlassen. Diesem Weg folgen wir bis zu seinem Ende und halten uns rechts, weiter am Meer entlang, an Bars und Restaurants vorbei und stoßen erneut auf einen gepflasterten Weg. An dessen Ende halten wir uns links weiter oberhalb des Wassers und sehen in der Bucht rechts den Eingang des **Canal d'Amour** ❸. Leider ist die Höhle nicht mehr das sagenumwobene Original, denn es fiel der Erosion zum Opfer, aber die Legende lebt mit einer neuen Höhle als Schauplatz weiter.
Wir gehen geradeaus weiter und durchqueren über mehrere kleine Treppen die Terrassen eines Lokals, um auf die Anhöhe dahinter zu gelangen. Oben haben wir zur Rechten Blick aufs Meer und die Insel Eríkoussa, bevor wir den unbefestigten Weg links hinab nehmen. Er endet an einer Betonauffahrt, die wir hinuntergehen, um der Straße geradeaus zu folgen. An der Querstraße wenden wir uns nach rechts und kehren die ca. 500 m zur **Orchard Taverna** ❷ zurück. Kurz bevor wir sie erreichen, schwenken wir jedoch rechts in den Fahrweg ein. Er führt direkt auf ein dunkelrotes Haus zu, vor dem wir links abbiegen. An der Gabelung halten wir uns rechts, ebenso an der nächsten. Oben an der Kreuzung wenden wir uns mit dem Haupt-

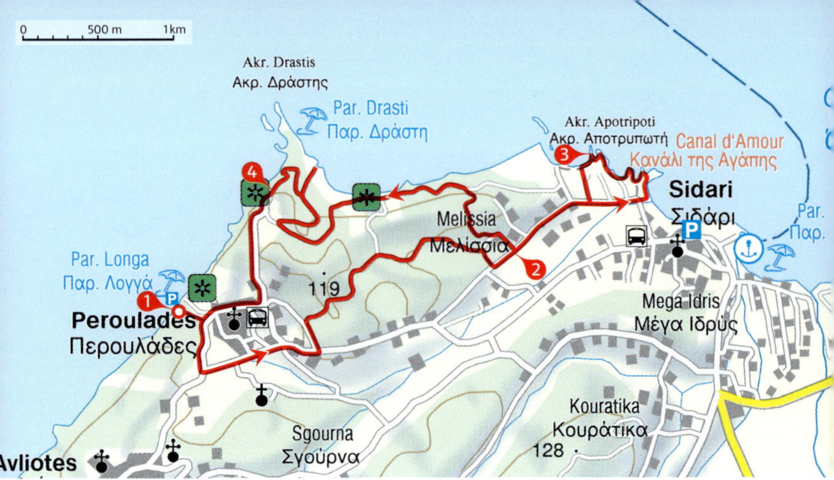

weg wieder nach rechts. Bald schwenkt er links hinauf und stur folgen wir nun diesem Hauptweg in die Hügel hinauf, bis wir die Mobilfunkmasten erreichen. Bevor wir geradeaus weiterwandern, können wir zur Rechten die Inseln Eríkoussa und Othoní sowie das Kap Drástis bewundern. Erneut folgen wir stets dem Hauptweg parallel zur Küste, bis wir ihn nach ca. 1 km am ersten Abzweig scharf (!) rechts hinab verlassen (wenn Sie die Asphaltstraße erreichen, haben Sie den Abzweig um ca. 100 m verpasst). Der sich zum Pfad wandelnde Weg endet an einem kleinen Graben, den wir übersteigen, um auf den Querweg dahinter zu gelangen.
Unsere Tour führt auf dem Querweg links hinauf, aber zunächst machen wir einen Abstecher rechts in die kleine Bucht hinab. Anschließend folgen wir dem gewundenen Fahrweg bergan, am Zaun vorbei, der das sich in Privatbesitz befindliche Kap versperrt. Auf dem Weg nach oben erreichen wir nach zwei Haarnadelkurven einen Aussichtspunkt (der Weg ist hier stark verbreitert), an dem wir den schönsten Blick zurück auf **Kap Drástis** 4 haben – mit der beeindruckenden Kulisse der albanischen Berge im Hintergrund. Vorsicht an der abbruchgefährdeten Kante! Oben geht der Weg in eine Asphaltstraße über, der wir geradeaus folgen. Sogleich können wir rechter Hand im Olivenhain noch einen Abstecher machen, wo wir einen imposanten Blick auf noch höhere Steilklippen haben. Auch hier bitte Vorsicht an der Kante, es geht senkrecht hinunter! Nun führt uns die Straße an der Kirche vorbei in den alten Dorfkern von Perouládes hinab, wo wir der Querstraße nach rechts folgen. Schließlich biegen wir vor dem roten Haus rechts ab und gehen geradeaus zum **Parkplatz** 1 zurück.

Auch südlich von Kap Drástis ragen steile Klippen auf.

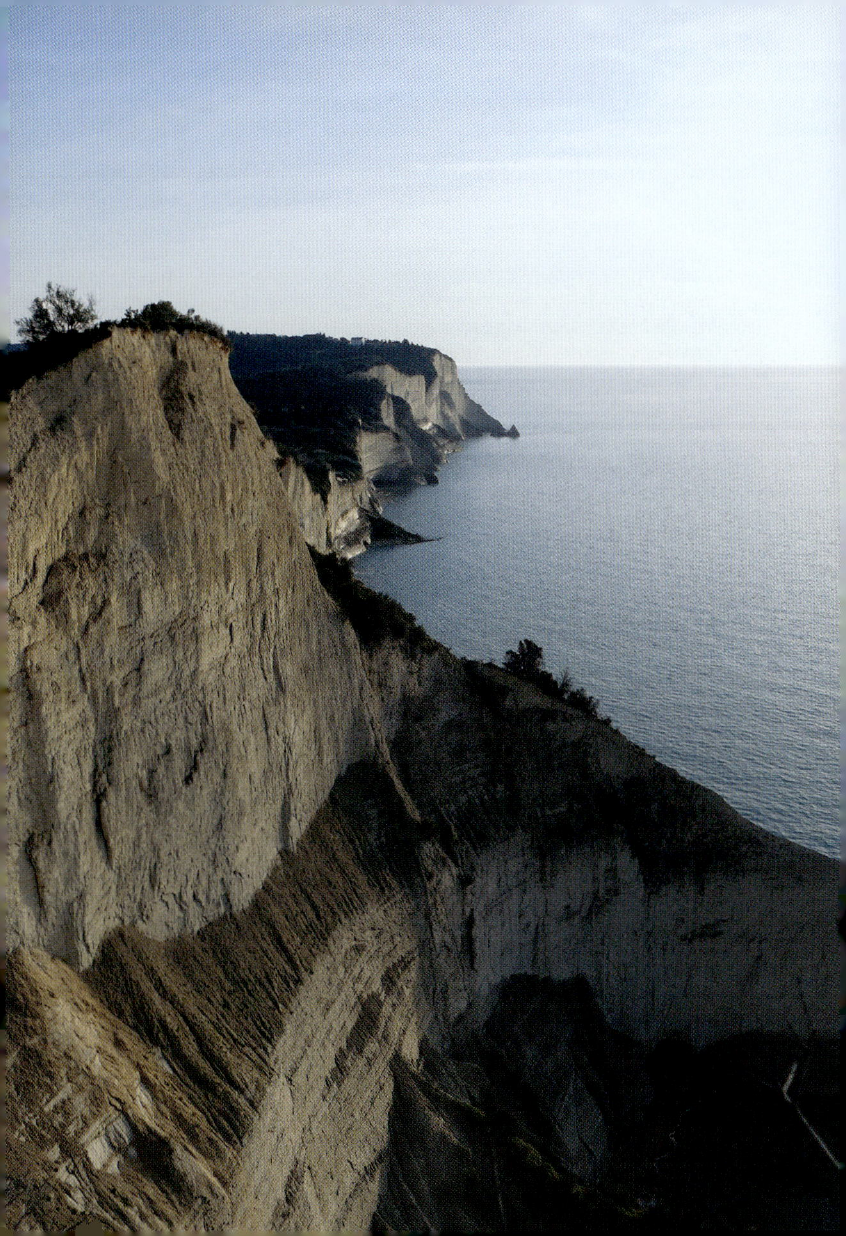

↗ 390 m | ↘ 390 m | 16.3 km

5.15 h

2 Rund um Aríllas

Kleine Kirchen, hohe Klippen und ursprüngliches Hinterland

Diese abwechslungsreiche Tour führt uns an einem Bach entlang zu schattigen Olivenhainen, in denen uns das 1000-jährige Kloster Ypsilí Theotókou und Kapellen mit schöner Aussicht erwarten. Wir besuchen den breiten Strand von Ágios Stéfanos, der zu einer Badepause einlädt, und wandern hoch über der Steilküste des Kaps Kavokefalí, wo der deutsche Archäologe Wilhelm Dörpfeld den Palast des Phäakenkönigs Alkynoos aus der Odysseus-Sage suchte. Mit wunderbarem Blick auf die vorgelagerten Inseln kehren wir nach Aríllas zurück.

Ausgangspunkt: Mole am Strand von Aríllas (1 m, N39.7433, E19.6484), dort auch Parken entlang der Strandpromenade möglich.
ÖPNV: Bushaltestelle in Aríllas: Linie A6 »Corfu – Afionas – Aríllas« (Mo. bis Fr. ca. 2x tgl.); Bushaltestelle in Ágios Stéfanos: Linie A1 »Corfu – Agios Stefanos« (Mo. bis Fr. ca. 4x tgl., Sa. ca. 3x tgl.).
Anforderungen: Überwiegend einfache Wege, aber auch steinige Abschnitte und zwei Bachquerungen, die etwas mehr Aufmerksamkeit erfordern.
Einkehr: Mehrere Lokale in Ágios Stéfanos; weitere Einkehrmöglichkeiten in Aríllas.
Tipps: (1) Das Kloster Ypsilí ist nur sonntags zugänglich (ca. 8–12 Uhr). (2) Aríllas ist Korfus Mekka für Yoga, Meditation u. ä. Aktivitäten (greencorfu.com/meditation-in-arillas-corfu). (3) In Aríllas ist die kleine Brauerei »Corfu Beer« ansässig, die auch besichtigt werden kann (corfubeer.com/en/).

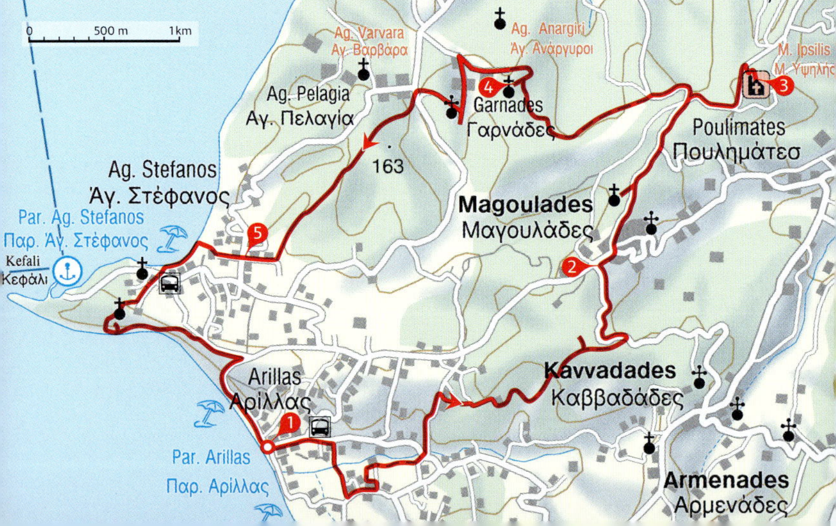

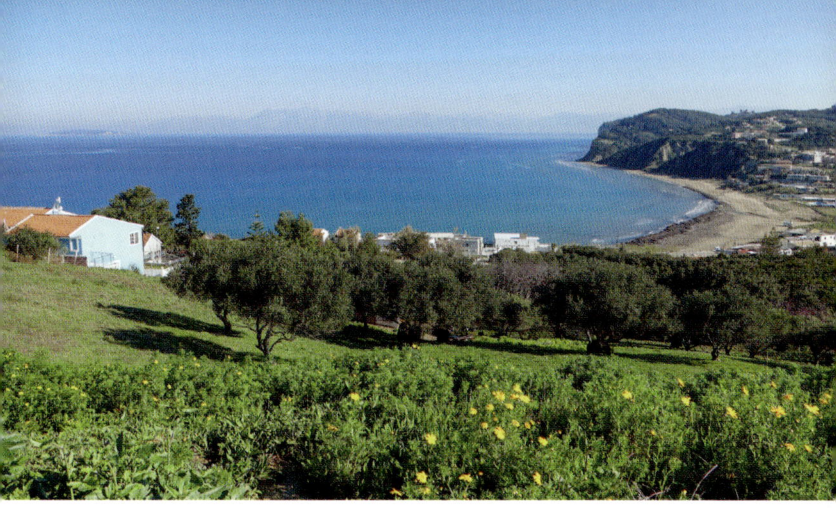

Die Bucht von Ágios Stéfanos.

Mit der Mole am Strand von **Aríllas 1** im Rücken nehmen wir die Straße geradeaus (Schild: Corfu). Nach einer Weile passieren wir die Taverne Brouklis, dann das Medical Centre. Etwa 100 m nach dem Medical Centre biegen wir rechts ab auf den Pfad über die Wiese (Markierung: roter Pfeil). Rote Pfeile und Balken markieren den Aríllas-Trail, an dem wir uns vorerst orientieren. Er führt uns durch einen Schilfstreifen und auf einem improvisierten Steg über einen Bach. Wir folgen dem Wegverlauf, bis wir auf eine Asphaltstraße stoßen, in die wir nach links einschwenken. Nach ca. 200 m wenden wir uns direkt hinter der Casa Campos nach links. Der Fahrweg endet vor einem Firmentor und wir gehen kurz nach links, dann am Zaun entlang nach rechts. An der nächsten Zaunecke halten wir uns halb rechts, um dem Schilfrand bzw. bald dem Bachufer zu folgen. Erneut queren wir den Bach und gehen am anderen Ufer nach rechts. Vorsichtig kreuzen wir eine Straße und wählen dahinter das Sträßchen halb links hinauf. Es endet schließlich an einer Querstraße, die uns rechts hinauf und bald an den letzten Häusern vorüberführt. Nun verläuft sie abwärts, geht in einen Feldweg über, quert den Talgrund und wo der Weg sich gabelt, halten wir uns links hinauf (nicht rechts durch das Tor!). Durch Olivenhaine geht es stetig bergan. Der Weg wird stellenweise zum Pfad und wenn wir uns umsehen, haben wir einen immer besseren Blick auf die Inseln vor der Küste.

Oben erreichen wir einen Querweg, auf dem unsere Tour später rechts hinab weiterführt. Zunächst machen wir jedoch einen Abstecher von ca. 100 m links hinauf, um links Meerblick und zur Rechten herrliche Sicht auf das Dorf Magouládes und die Bergkulisse bis nach Albanien zu genießen.

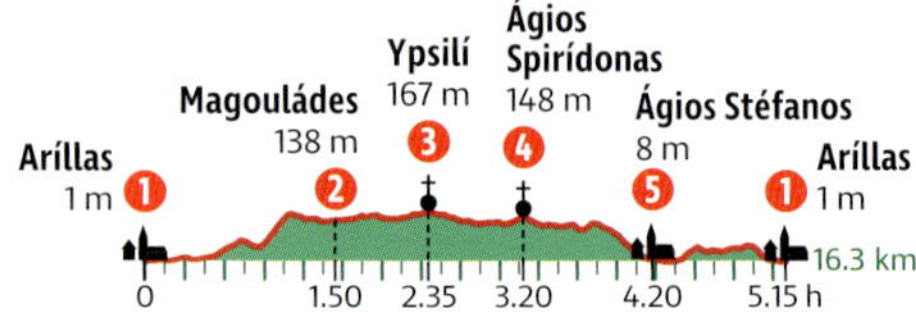

Der schließlich betonierte Weg talwärts mündet in eine Asphaltstraße, in die wir links einschwenken. Sie führt uns an eine T-Kreuzung in **Magouládes** ❷, an der wir rechts abbiegen und damit den rot markierten Aríllas-Trail verlassen. Nach ca. 150 m nehmen wir die erste Straße links hinauf und kommen durch Wald. Rechts blicken wir über die Dorfkirche hinweg auf das ferne Pantokrátormassiv. Etwa am höchsten Punkt der Straße machen wir scharf links einen kurzen Abstecher zu einer Kapelle mit Aussicht, bevor wir dem Straßenverlauf weiter folgen. Nach weiteren ca. 700 m nimmt unsere Rundwanderung den abzweigenden Weg scharf links hinunter, wer jedoch das Kloster besuchen möchte, geht mit uns bis zum Ende der Asphaltstraße weiter (nicht rechts zum European Youth Center abbiegen!), wendet sich dort rechts hinauf und steht an der Pforte des von außen wenig sehenswerten, etwas heruntergekommen wirkenden **Klosters Ypsilí** ❸. Innen erweist es sich als großer Gebäudekomplex, der auch eine prunkvoll ausgestattete Kirche mit jahrhundertealten Ikonen und Reliquien umfasst. Zurück auf unserer Rundtour wandern wir weiter durch Olivenhaine und gehen geradeaus über die erste Kreuzung hinauf. Schließlich erreichen wir eine zweite, an der wir rechts abbiegen. Der Weg führt leicht abwärts und wir verlassen ihn sogleich an der Gabelung links hinauf. Im Oliven-

Die Insel Karavi (»Schiff«) soll das von Poseidon versteinerte Schiff des Odysseus sein.

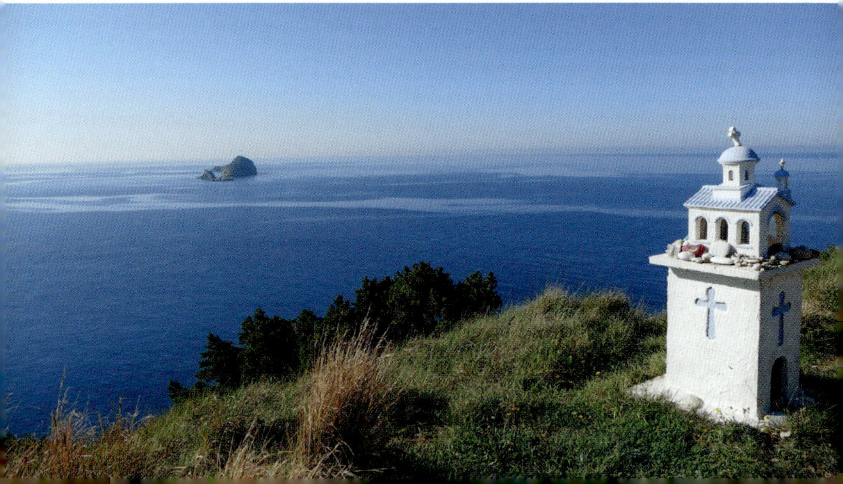

hain verzweigt sich der neue Weg etwas unscheinbar erneut und wieder gehen wir links bergan. Der teils etwas eingewachsene Pfad endet an einem Querweg, dem wir später rechts hinab folgen. Zunächst wenden wir uns jedoch links hinauf (nicht scharf links!) und erreichen die Kapelle **Ágios Spirídonas** 4, wo uns bei den Glocken eine Bank mit schönem Fernblick erwartet. Anschließend führt uns der Weg talwärts und an der Kreuzung bei einem Haus halten wir uns geradeaus. Der Weg wird zum Sträßchen, passiert weitere Häuser. Wir biegen bei erster Gelegenheit (vor einem kleinen Gebäude) links ab. Wir folgen der Straße durch den kleinen Ort. Wo sie uns in einer Spitzkehre rechts hinauf bringt, können wir zuvor geradeaus einen kurzen Abstecher zu einer weiteren Kapelle mit Sitzbänken und Toilette machen.

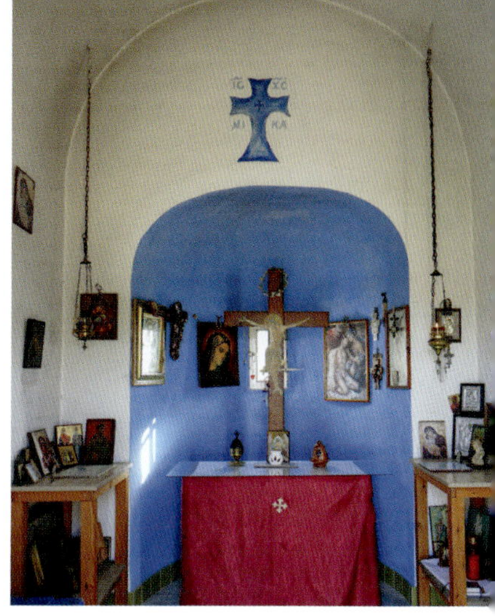

Meist geöffnet: die Kapelle beim Kap Kavokefalí.

Wir überwinden eine Anhöhe und folgen dem Sträßchen talwärts zu einer Kreuzung, an der wir den Weg halb links hinauf wählen. Hinter einer weiteren Anhöhe geht es eine ganze Weile bergab, bis unser Weg an der Kurve eines Querwegs endet. Hier wenden wir uns nach rechts, kreuzen die Hauptstraße von **Ágios Stéfanos** 5 und gehen geradeaus weiter. Vor dem Hotel Athina halten wir uns rechts, am Hotel vorbei über den Parkplatz und an der Pool Bar vorüber zum Strand hinab, wo wir links abbiegen. Am Ende des Strands nehmen wir die Straße bergan, wenden uns oben an der Querstraße nach links und verlassen sie sogleich scharf rechts hinauf. An der Gabelung halten wir uns rechts auf der nun ebenen Straße, die am Ortsrand zum unbefestigten Weg wird. Bald geht es erneut aufwärts. Wir kommen oberhalb des Kaps Kavokefalí an einem turmartigen Haus vorüber, das im Zweiten Weltkrieg als Beobachtungsstation des italienischen Militärs errichtet wurde. Dann passieren wir eine hübsche Miniaturkapelle und wenige Meter weiter können wir links einen sehr kurzen Abstecher zu einer ähnlichen, jedoch viel größeren Kapelle machen. Oberhalb der Steilklippen überschreiten wir schließlich den höchsten Punkt dieses Panoramawegs und halten uns rechts hinab auf den Ort zu. An der betonierten Kreuzung direkt vor einem Haus biegen wir scharf rechts hinunter ab. Der unbefestigte Weg führt uns außerorts, bis er am Ortsrand auf eine Straße stößt, der wir geradeaus zum **Ausgangspunkt** 1 folgen.

↗ 290 m | ↘ 290 m | 5.7 km

3 Die Zwillingsbucht bei Afiónas

2.30 h

Fantastische Ausblicke an einem der schönsten Plätze Korfus

Jeder, der einmal die Doppelbucht von Pórto Timóni und den oberhalb gelegenen Aussichtspunkt besucht hat, gerät ins Schwärmen. Während wir unten im türkisblauen Wasser baden können, bietet sich uns oben herausragende Sicht über die Diapontischen Inseln und Korfus Küste. Außerdem besuchen wir eine sagenumwobene Höhlenkapelle und das malerische Dorf Afiónas, das zu den ältesten der Insel gehört.

Ausgangspunkt: Nordende des Strands von Ágios Geórgios (2 m, N39.7225, E19.6666), dort auch Parken entlang der Strandpromenade.
ÖPNV: Bushaltestelle in Ágios Geórgios: Linie A7 »Corfu – Agios Georgios (Pagon)« (Mo. bis Fr. ca. 4x tgl., Sa. ca. 2x tgl.); Bushaltestelle in Afiónas: Linie A6 »Corfu – Afionas« (Mo. bis Fr. ca. 2x tgl.).
Anforderungen: Etwa zwei Drittel steinige Pfade, die teils steil und bei Nässe rutschig, da lehmig sind. Der anfängliche Weg über die Steine kann den Einsatz der Hände erfordern.
Einkehr: Mehrere, meist saisonale Möglichkeiten in Afiónas und Ágios Geórgios.
Tipp: Die beliebte Doppelbucht ist in der Hauptsaison schnell überfüllt. Wer es einsamer mag, sollte sie früh morgens oder in der Nebensaison besuchen.

Am Nordende des Strands bei **Ágios Geórgios** ❶ suchen wir uns links einen Weg über die Steinbrocken am Wasser entlang. Nach ca. 250 m nehmen wir den Pfad rechts hinauf. Er schlängelt sich am Hang aufwärts, bis wir das erste Haus und eine Aussichtsbank erreichen. Hier folgen wir dem Pfad nach links (Schild: To Porto Timoni Beach). Der steinige Panoramaweg führt parallel zur Küste bergab. Den Abzweig rechts hinauf ignorieren wir und kommen an den Resten einer mittelalterlichen Befestigungsanlage vorbei. Wo der Pfad eine scharfe Linkskurve macht, gehen wir zunächst ein paar Schritte geradeaus und haben den ersten schönen Blick auf die Zwillingsbucht, bevor wir ihm weiter abwärts folgen. Unten verläuft er zwischen den Buchten hindurch, die **Pórto Timóni** ❷ genannt werden, da sie einst als Hafen dienten. Danach machen wir links einen kurzen Abstecher zu einem Felsentor.

Zurück auf dem Hauptpfad biegen wir bald darauf links hinauf ab, können zuvor aber geradeaus zu einer dritten Badebucht gehen. Schließlich erreichen wir am Ende des Pfads die kleine Höhlenkapelle **Ágios Stylianós** ❸. Angeblich hat eine Ikone des Schutzpatrons den Standort selbst bestimmt, denn ein Hirte auf der Suche nach einem verlorenen Schaf soll sie hier gefunden haben und als sie in die Kirche von Afiónas

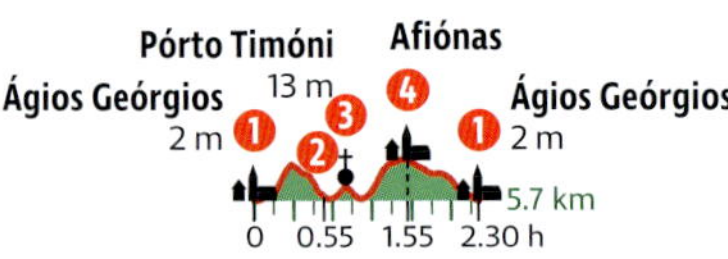

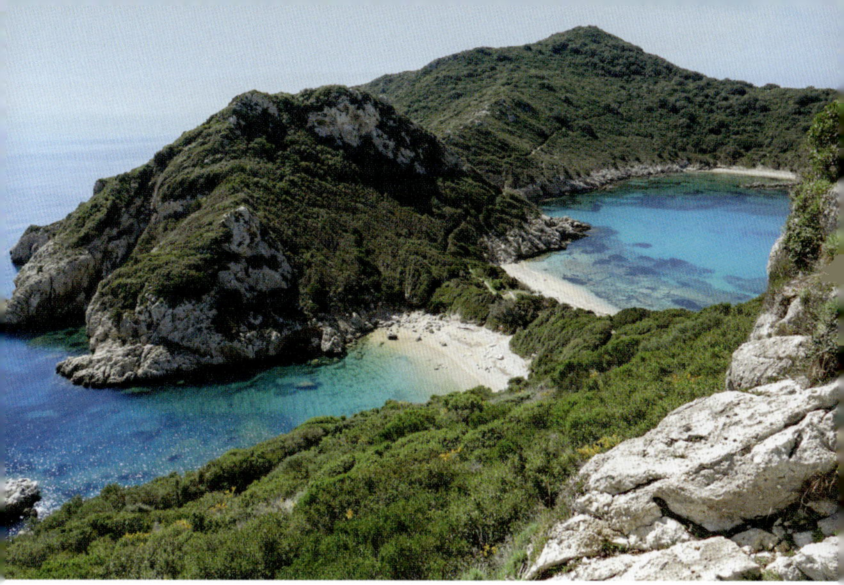

Die Zwillingsbucht Pórto Timóni war im Mittelalter ein beliebter Hafen.

gebracht wurde, verschwand sie und tauchte hier wieder auf. Nun kehren wir auf bekanntem Weg zurück, steigen an unserem ersten Aussichtspunkt auf die Doppelbucht vorbei wieder hinauf und nehmen nun den steilen Abzweig bergan, den wir auf dem Hinweg ausgelassen haben. Der lehmige, ausgewaschene Pfad führt uns oben zum sogenannten Sunset Viewpoint, der mit einem Kreuz und Fahnen geschmückt ist. Auf mehreren Bänken kann man hier den Sonnenuntergang mit grandiosem Panorama genießen. Unsere Tour verläuft geradeaus am Kreuz vorbei. Sogleich gabelt sich der betonierte Weg und wir halten uns links. Eine gepflasterte Gasse führt uns geradewegs zur Kirche von **Afiónas** 4 mit einem ausgestellten Torpedo. Vor der Kirche nehmen wir die Hauptstraße links hinunter, um nach ca. 600 m in die erste Straße rechts abzubiegen (Schild: Ágios Geórgios Beach 0.8). Sie führt uns zum Ausgangspunkt in **Ágios Geórgios** 1 zurück.

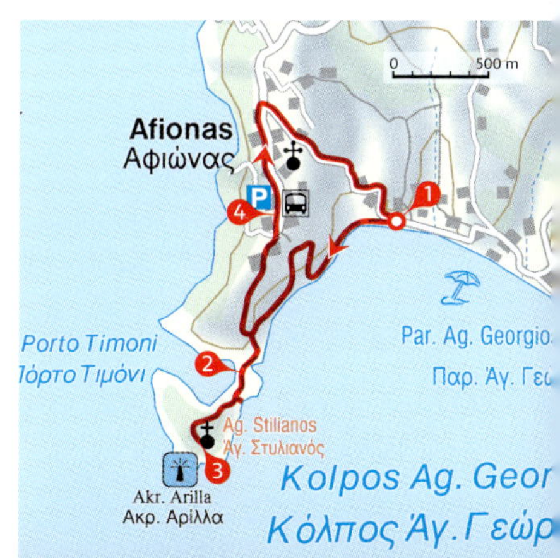

TOP

4

↗ 460 m | ↘ 460 m | 14.4 km

Von Ágios Geórgios zur Burgruine Angelókastro

4.45 h

Fantastische Aussicht auf Panoramawegen und auf der byzantinischen Festung

Aus einer der schönsten Buchten Korfus steigen wir auf alten Wegen mit herrlicher Sicht zu den malerischen Bergdörfern Makrádes und Kríni hinauf. Bald taucht die Ruine Angelókastro wie ein Adlerhorst auf einem steilen Felsen vor uns auf. Von dort oben haben wir grandiosen Blick über die benachbarten Buchten und Inseln und das tiefblaue Meer. Auf dem Rückweg erkunden wir die engen Gassen und kleinen Läden Krinis, bevor wir zum Strand von Ágios Geórgios zurückkehren.

Ausgangspunkt: Südliches Ende des Strandes von Ágios Geórgios (3 m, N39.7165, E19.6807), dort auch Parken entlang der Strandpromenade.
ÖPNV: Bushaltestelle in Ágios Geórgios: Linie A7 »Corfu – Agios Georgios (Pagon)« (Mo. bis Fr. ca. 4x tgl., Sa. ca. 2x tgl.).
Anforderungen: Fast ausschließlich bequeme Wege, aber auch ein paar steinige Abschnitte, die etwas mehr Aufmerksamkeit erfordern.
Einkehr: Saisonal geöffnete Einkehrmöglichkeiten in Makrádes und Kríni sowie in Ágios Geórgios.
Tipps: (1) Im Sommerhalbjahr zahlt man für die Burgruine von Mi. bis Mo. wenige Euro Eintritt. Außerhalb der »Öffnungszeiten« und im Winterhalbjahr ist sie kostenlos frei zugänglich. (2) Wer morgens zeitig losgeht, hat beim Aufstieg noch Schatten und das schönste Licht für Panoramafotos der Bucht. (3) An den Straßenrändern öffnen in der Saison zahlreiche Stände, an denen einheimische Produkte verkauft werden.

Die Festung Angelókastro trotzte jedem Angriff und konnte nie eingenommen werden.

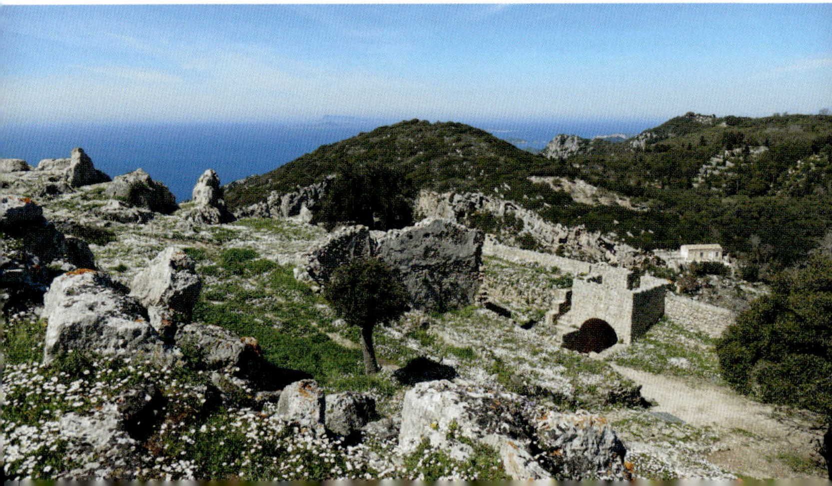

Am Südende des Strands von **Ágios Geórgios** 1 nehmen wir den oberhalb gelegenen Weg weiter am Meer entlang. Nachdem wir ihm um eine Kurve landeinwärts gefolgt sind, gehen wir geradeaus über die Kreuzung (gelbe Markierung). Der Weg verläuft jetzt durch Wald und Olivenhaine gewunden weiter parallel zur Küste. Nach ca. 1,5 km führt uns der nun betonierte Hauptweg in einer Linkskurve bergauf. Wir stoßen auf einen Querweg, in den wir links hinauf einschwenken (blau-weiße Markierung). Nach einer Weile erreichen wir einen mit Steinmännchen und gelber »CT«-Markierung gekennzeichneten Abzweig, in den wir scharf rechts abbiegen. Der steinige Panoramaweg bringt uns in Serpentinen bergan und bietet dabei immer weitere Aussicht über die Bucht von Ágios Geórgios hinaus. Oben angekommen geht der Weg bald in eine Asphaltstraße über, die wir am ersten **Abzweig** 2 nach links hinauf verlassen. Wir durchqueren mit alten Mauern terrassierte Olivenhaine und biegen bei erster Gelegenheit ab auf den betonierten Weg rechts hinunter. Nachdem wir auf der linken Wegseite eine eingestürzte Zisterne passiert haben, in der Goldfische und im Frühling Kaulquappen schwimmen, führt uns der Weg nach **Makrádes** 3 hinauf, wo er an einem Querweg endet.

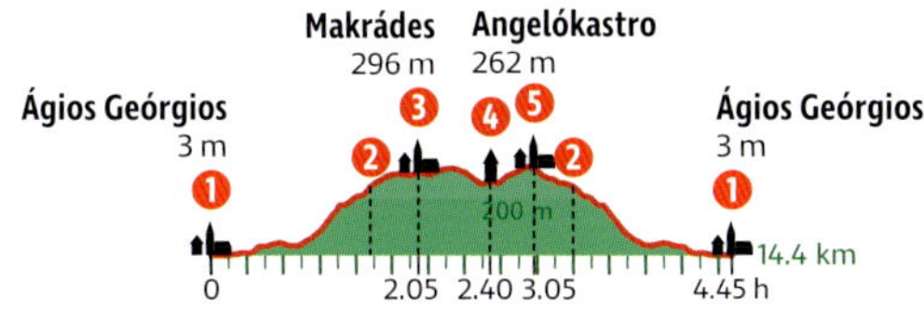

Hier wenden wir uns nach links und folgen der Gasse, bis sie an einer gepflasterten Gabelung endet. Wir halten uns rechts und gehen immer geradeaus, zunächst an der Kirche, dann am Café Veatriki und der Taverne Tomateli vorbei. Danach wählen wir an der Kreuzung den schmalen Betonweg geradeaus. Beim letzten Haus geht er in einen Pfad über und endet an einer Asphaltstraße, der wir rechts bergauf folgen. Sie führt uns nach Kríni hinein, wo wir sogleich den ersten Abzweig scharf links hinauf nehmen. Bald gabelt sich das Sträßchen und wir halten uns bergan geradeaus. Nachdem wir zwischen Friedhof und Kirche hindurchgegangen sind, wählen wir an der Gabelung den Weg links hinab, an der Friedhofsmauer entlang, und an der T-Kreuzung schwenken wir links hinunter in die Querstraße ein. Kurz darauf kommt erstmals die beeindruckend gelegene Burgruine in Sicht. Die Straße endet zu Füßen des Burgbergs beim Tickethäuschen und wir steigen zum **Angelókastro** 4 hinauf, das seine Ursprünge in einer frühchristlichen Kirche hat und wohl im 7. Jh. erstmals zur Festung ausgebaut wurde. Innerhalb der Burg, die einst westlichster Außenposten des byzantinischen Kaiserreichs und später unter venezianischer Herrschaft ein Bollwerk gegen Piraten und Belagerungen durch die Osmanen war, findet sich auch eine kleine Höhlenkirche (die Treppen ganz links bei der Außenmauer hinunter).

Von Angelókastro aus haben wir Blick auf Paleokastrítsa und das bekannte Kloster (Tour 18).

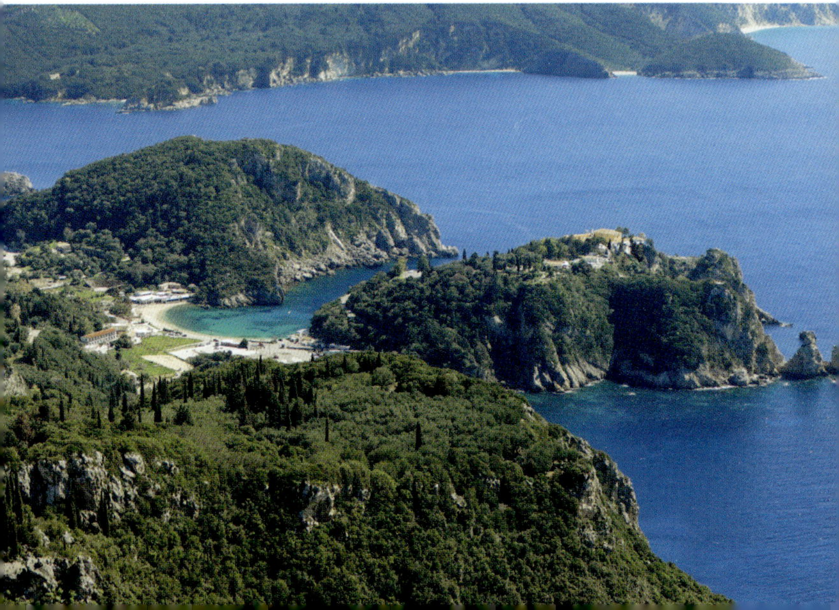

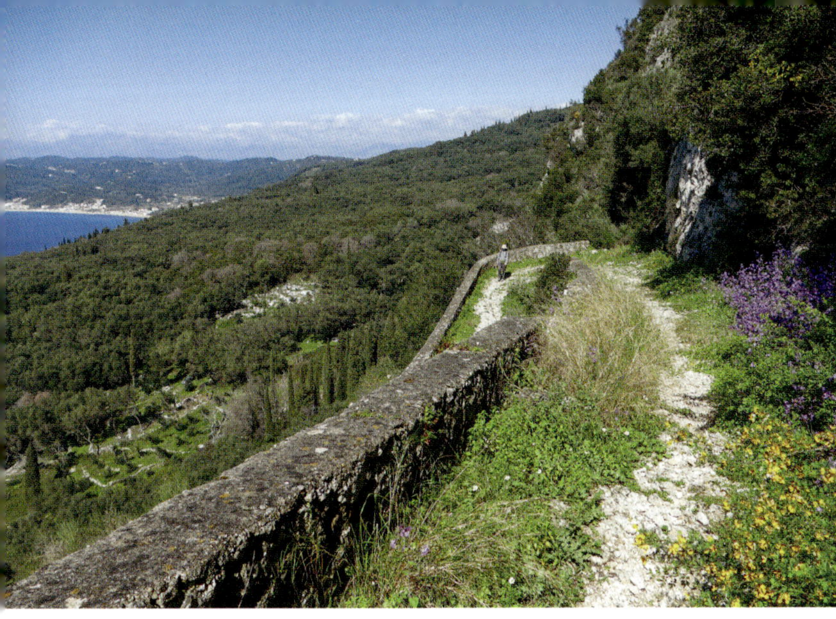

Traumhafte Ausblicke bietet der gewundene alte Eselspfad.

Nach der Besichtigung gehen wir wieder zum Straßenende hinab und nehmen den Pfad rechts neben der Zufahrt der Taverne (beim Wasserhahn). Er bringt uns zu einem Querweg hinauf, dem wir nach links in die Olivenhaine folgen. An der Kreuzung biegen wir rechts bergauf ab und genießen oben noch einmal einen herrlichen Blick auf Angelókastro. An der Gabelung halten wir uns links und am Ortsrand nehmen wir den abzweigenden Betonweg rechts hinauf. Der Weg führt – nun schmal und unbetoniert – zwischen Mauern in den Ortskern und geht in eine Gasse über, die sich schließlich vor einem rosa gestrichenen Haus gabelt. Hier wenden wir uns rechts zur Hauptstraße hinab, der wir nach links zum kleinen Dorfplatz von **Kríni** 5 folgen.

In der Mitte lädt ein schattenspendender Baum zur Rast ein, vor dem wir uns links halten und sogleich in die schmale Gasse geradeaus wandern (gelbe Markierung). Wo rechts ein Fahrweg bergab führt, verlassen wir die gepflasterte Gasse und folgen der Corfu-Trail-Markierung (»CT«) talwärts. Am Ende des Wegs schwenken wir links hinunter in den Querweg ein (gelbe Markierung). Er führt uns als Asphaltsträßchen zum Serpentinenweg, den wir bereits heraufgekommen sind (Schild: Pathway to the Beach). Diesem folgen wir nun abwärts und kehren auf bekanntem Weg zum **Ausgangspunkt** 1 zurück.

↗ 380 m | ↘ 380 m | 10.1 km

5 Rundwanderung bei Nímfes

3.30 h

Zwei gegensätzliche Klöster, eine Heilquelle und ein mythischer Wasserfall

Der Name des Dorfes Nímfes leitet sich von den Nymphen ab, die – je nach Legende – unter dem Wasserfall tanzen oder in den Bächen baden sollen. Wasser gibt es in diesem Tal jedenfalls reichlich, und wir folgen nicht nur den Spuren der Nymphen, sondern besuchen auch eine Klosterruine, eine Eremitenhöhle und das abgeschiedene Kloster Agía Triáda.

Ausgangspunkt: Großer Dorfplatz an den Quellen von Nímfes (187 m, N39.7560, E19.7873), dort auch Parken am Rand des Platzes.
ÖPNV: Bushaltestelle in Nímfes: Linie A17 »Corfu – Nimfes« (Mo. bis Fr. ca. 2x tgl.).
Anforderungen: Überwiegend befestigte Wege, aber auch Pfade, die lehmig und bei Nässe rutschig sind, sowie mehrere Bachquerungen und ein mit Seil gesicherter, ca. 4 m hoher Abstieg über einen Felsen. Daher bewegt sich der Schwierigkeitsgrad an der Grenze zur Einstufung »schwarz«. Eine Umgehung des Felsens findet sich jedoch in der Wegbeschreibung (»Variante«).
Einkehr: Unterwegs keine; mehrere Lokale in Nímfes.
Tipps: (1) Der Wasserfall ist nur im Frühjahr und nach Regenfällen absolut sehenswert. Im Sommer fließt kaum Wasser, dafür sind die Bachquerungen deutlich einfacher. (2) Das Quellwasser am Dorfplatz wird als Trinkwasser ausgelobt.

Wir verlassen den Dorfplatz von **Nímfes** 1 an den Quellen vorbei und gehen an der Straße entlang, um die abzweigende Betonstraße links hinauf zu nehmen (gelbgrün-weiße Markierung, Schild: Agia Triada). Direkt beim ersten Haus biegen wir scharf links in die schmale Gasse ab (gleiche Markierung), deren gewundenem Verlauf wir – teils über Stufen – aufwärts folgen. Vor dem letzten, rot gestrichenen Haus verlassen wir die Stufen auf den Pfad nach links (blaue Markierung). Er verläuft bergan, schwenkt nach rechts und wenige Meter weiter zweigt links ein Pfad ab, der uns zum Glockenturm hinaufbringt (blaue Markierung). Dieser Markierung folgen wir bis auf Weiteres. Sie führt uns am Turm vorbei und durch einen Olivenhain, an dessen oberem Ende der Pfad in einen breiteren Weg, der bergan führt, übergeht. Wo er endet, wenden wir uns auf dem Querweg nach links. Auch dieser mündet in einen Querweg, auf dem wir dieses Mal nach rechts gehen. An der betonierten Gabelung halten wir uns rechts hinab und an der folgenden links hinauf. Der abschnittsweise betonierte Wegverlauf führt uns durch die Olivenhaine immer weiter aufwärts und

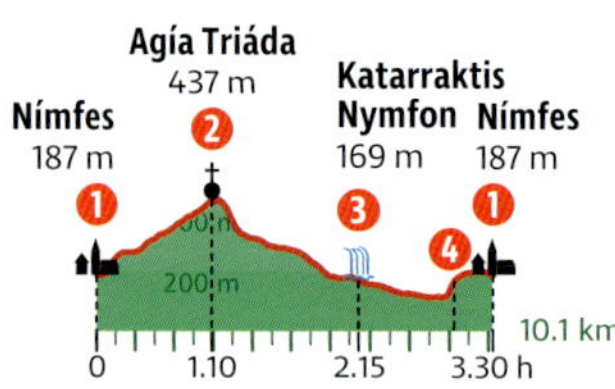

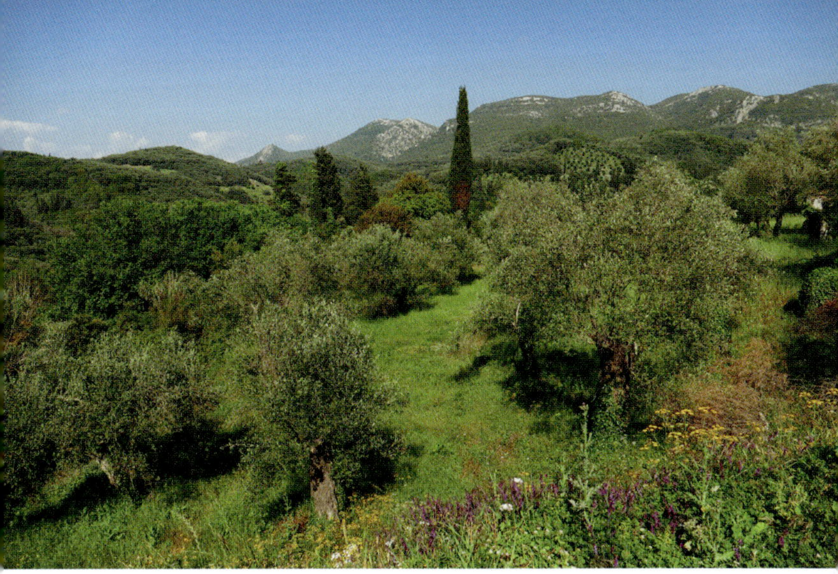

Olivenhaine sind auch in der Umgebung von Nímfes allgegenwärtig.

zur Linken öffnet sich mehr und mehr der Blick auf die Bergdörfer an den Westhängen des Pantokrátormassivs und das albanische Festland. Schließlich mündet der Weg in einen Querweg, in den wir scharf links hinauf einschwenken (hier kann die Markierung fehlen, sie taucht aber bald wieder auf). Nun müssen wir zwischen einer blauen und einer weiß-blauen Markierung unterscheiden, denn wir ignorieren den blau markierten Abzweig rechts hinunter und gehen weiter bergan (weiß-blaue Markierung). Wer jedoch die Variante bevorzugt, kehrt später zu dieser Abzweigung zurück.
Auf der Haupttour wählen wir kurz darauf den breiten Weg halb links. Er führt uns auf den Klosterberg, wo wir noch vor dem ersten Gebäude einen Abstecher nach links zu einem Aussichtspunkt machen können. Bei unserem letzten Besuch war das dortige Holzkreuz jedoch beschädigt und die Aussicht weitgehend zugewachsen. Oben beim Kloster **Agía Triáda** 2, das im 14. Jh. gegründet wurde, ist das Tor meist geschlossen. Davor finden wir jedoch Sitzgelegenheiten zum Rasten und mehr Ausblick, bevor wir links am Kloster vorbeigehen und dahinter den deutlich sichtbaren Pfad talwärts nehmen (ohne Markierung).
Variante: Wer die Kletterstelle umgehen will, kehrt stattdessen zum blau markierten Abzweig zurück, biegt hier scharf links ab und folgt dem teilweise stark ausgewaschenen Weg bis dahin, wo von links das Seil über den Felsen herabhängt.

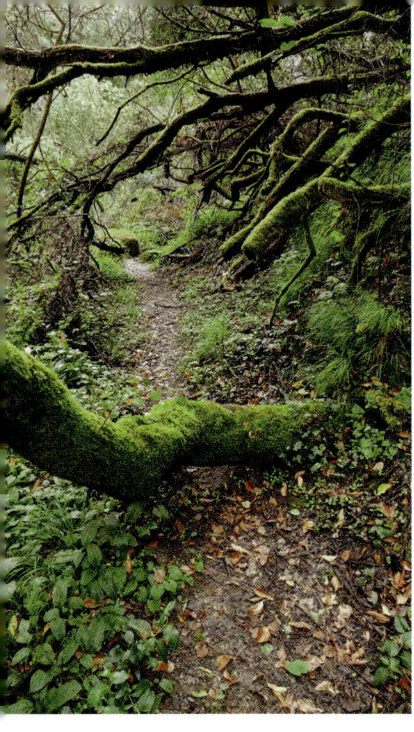

Verwunschen wirkender Pfad am Bach.

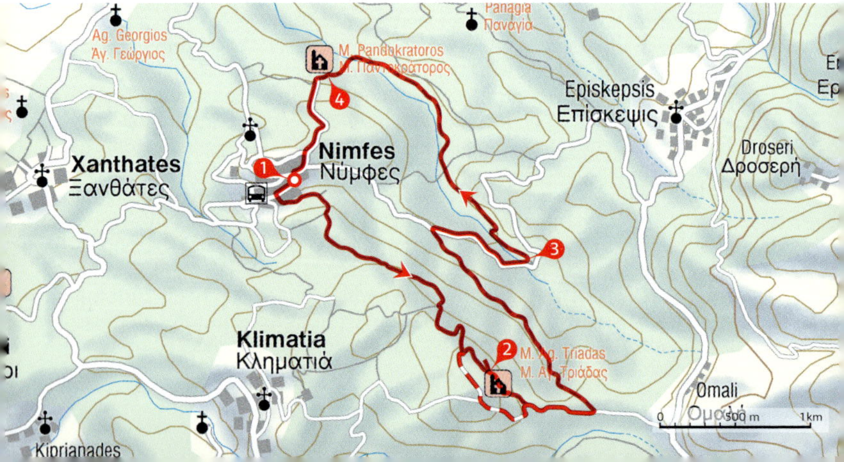

Der Pfad der Hauptroute hinter dem Kloster bietet uns weiten Blick und endet an besagtem Felsen, über den wir mithilfe eines Seils hinuntersteigen. Dem ausgewaschenen Querweg folgen wir nun links hinab und orientieren uns vorerst wieder an der blauen Markierung. Schließlich erreichen wir ein Asphaltsträßchen, in das wir scharf links abbiegen. Es verläuft auf und ab durch Olivenhaine. Nach einer Weile verliert sich der Asphalt, aber bald darauf ist der Weg stattdessen betoniert. Wir kommen an einem Wasserbassin vorbei, in dem wir mit etwas Glück Frösche, Molche und sogar Schlangen beobachten können. Dann mündet der Weg in ein weiteres Sträßchen, dem wir scharf rechts hinab folgen. Nach ca. 800 m verlassen wir es auf den Pfad links hinunter (Schild: ΚΑΤΑΡΑΚΤΕΣ ΜΟΝΟΠΑΤΙ). Hier geht es steil über Stufen zum **Katarraktis Nymfon** **3**, dem Wasserfall von Nímfes, hinab. Unten bei der Bank führt unsere Tour nach links, der Wasserfall befindet sich jedoch rechts. Leider wurde die Schlucht früher als wilde Müllkippe missbraucht, aber der Schönheit des eigentlichen Katarakts tut das zum Glück keinen Abbruch.

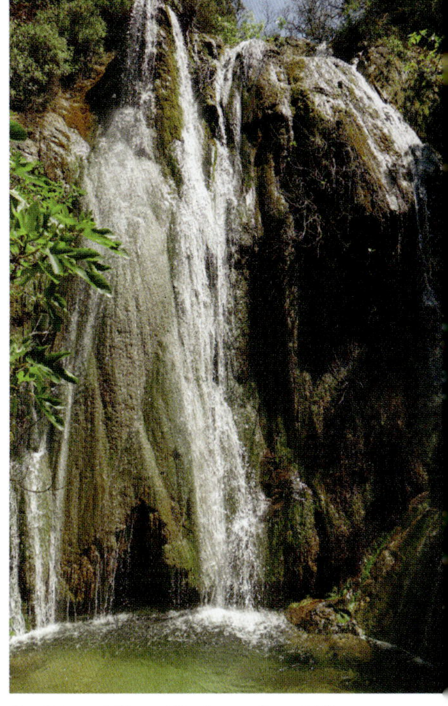

Der Wasserfall von Nímfes nach ergiebigem Regen.

Die Markierung weist uns nun einen anspruchsvollen Pfad am Ufer entlang, der vor allem bei Nässe glitschig ist und mehrfach den Bach quert. Nach einer Weile verlässt er den Urwald am Ufer und geht schließlich in einen Weg durch Olivenhaine über. Wir stoßen auf einen Querweg, auf dem wir halb rechts gehen (nicht rechts hinauf!). Ohne Markierung überqueren wir den Bach und wenden uns dahinter nach links. Nach ca. 800 m verlassen wir den Weg auf dem Pfad links hinunter (gelbgrün-weiße Markierung). Unten nutzen wir eine Furt mit Trittsteinen durch den Bach und folgen gleich darauf dem Querweg nach rechts. Nach ca. 200 m biegen wir auf den Pfad links hinauf ab. In Serpentinen geht es stramm bergan und bevor wir die oben zwischen den Bäumen sichtbar werdende Kirche erreichen, halten wir uns links (blaue Markierung) zum etwas unscheinbaren **Askitário** ❹, der Höhlenkapelle des Einsiedlers Artemios Paisios. Schon im 5. Jh. setzte er vom Festland über, weil er hier als Mönch leben wollte, und als seine Eltern kamen, um ihn zurückzuholen, schaufelte er sich ein Grab, legte sich hinein und wurde unter einem herabstürzenden Felsen verschüttet. Wenn wir nun dem markierten Pfad weiter bergauf folgen, erreichen wir die verlassene Klosteranlage Pantokrátoras, die auf ein von Paisios' Eltern zu seinem Gedenken gegründetes Vorgängerkloster zurückgehen soll. Die große Olivenmühle samt Presse im Untergeschoss des Nebengebäudes ist auf jeden Fall einen Blick wert, ebenso das schöne Kirchenportal. Dann gehen wir auf dem breiten Weg mit den Kirchenruinen zur Rechten zur Friedhofskapelle hinauf, wo wir uns an der Straße nach links wenden (gelbgrün-weiße Markierung). Nach einer Weile mündet sie in eine Querstraße, die uns links hinab zurück zum Dorfplatz von **Nímfes** ❶ führt.

↗ 490 m | ↘ 490 m | 13.2 km

6 Von Acharávi nach Láfki

4.30 h

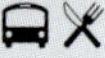

Auf schönen alten Pfaden in die Berge hinauf

Durch Olivenhaine und dschungelartigen Wald wandern wir zu urigen kleinen Dörfern, romantischen Ruinen und wunderbaren Ausblicken auf die Vorberge des Pantokrátors. Neben den zum Teil schon in der Antike genutzten Pfaden können wir im Frühling viele Orchideen entdecken und in den Wäldern aus Eichen und Zypressen streifen scheue Ziegen frei umher.

Ausgangspunkt: Volkskundemuseum (ΜΟΥΣΕΙΟ) am westlichen Ortsrand von Acharávi (9 m, N39.7890, E19.8096), dort auch Parken am Straßenrand.
ÖPNV: Bushaltestelle in Acharávi: Linie A3 »Corfu – Roda/Acharavi« (Mo. bis Fr. ca. 9x tgl.), Linie S5 »Sidari – Kassiopi« (in den Sommermonaten ca. 4x tgl.).
Anforderungen: Etwa zur Hälfte Pfade, die im Anstieg teils sehr steil und insgesamt steinig sind und bei Nässe rutschig werden.
Einkehr: Taverna Nefeli in Láfki; zahlreiche Lokale in Acharávi.

Tipps: (1) Das Volkskundemuseum hatte zuletzt leider nur noch auf telefonische Voranmeldung geöffnet, auch wenn auf der Internetseite anderes stand (museum-acharavi.com). (2) Auf der Straßenseite gegenüber des Museums befindet sich die Ausgrabungsstätte eines römischen Bades, die jedoch ebenfalls keine offiziellen Öffnungszeiten (mehr) hat. (3) Acharávis kilometerlanger Strand lädt zum Baden ein. (4) Am 27. Juli findet in Ágios Pandeleímon alljährlich ein großes Fest zum Namenstag des Heiligen statt.

Mit dem Museum in **Acharávi** ❶ im Rücken wenden wir uns nach links und gehen ca. 700 m an der Straße entlang, bis wir einen Kreisel erreichen. Hier biegen wir rechts ab (Schild: Old village). Wo sich die Straße gabelt, halten wir uns rechts (Schild: Strogili). Die Straße führt uns aus dem Ort in den Eichenwald. Nach einer Weile passieren wir zwei Gebäude und etwa 200 m weiter nehmen wir den links abzweigenden Weg in die Olivenhaine. Nach nur ca. 200 m verlassen wir den Weg auf den Abzweig zur Rechten, zwischen zwei Eisenpfosten hindurch (für Fahrzeuge kann der Weg mit einer Kette gesperrt sein). Linker Hand tauchen an einem Baum blaue Schilder mit Pfeilen und den Nummern 3 und 4 auf. Hier nehmen wir den Trampel-

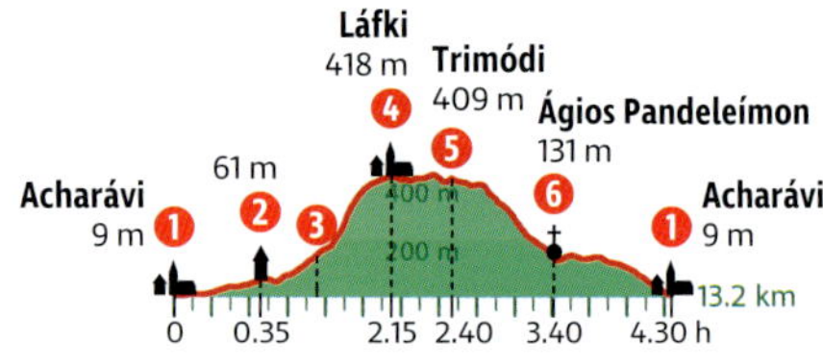

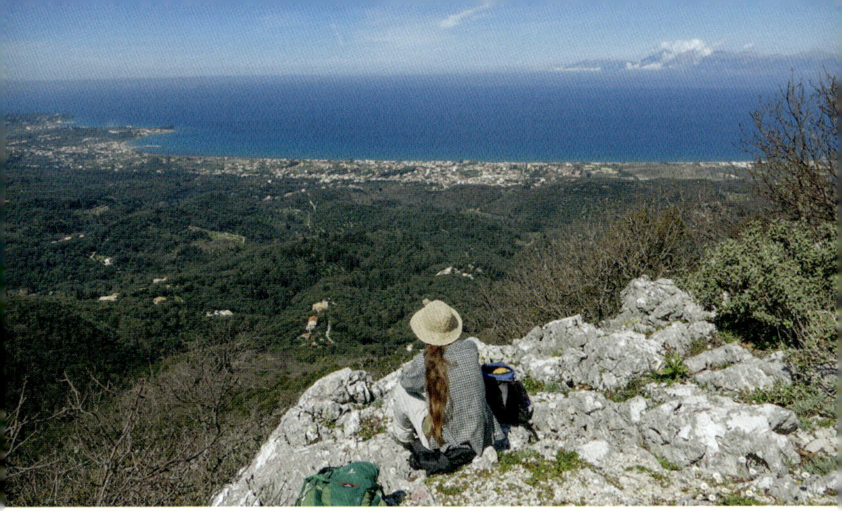

Zwischen Láfki und Trimódi bietet sich ein schöner Blick über die Nordküste Korfus.

pfad rechts die Böschung hinunter und hinter dem Bachbett bergauf. Der Pfad endet an einem Querweg, dem wir nach rechts folgen. Auch er mündet in einen Querweg, in den wir rechts einschwenken, um nach nur ca. 30 m auf den Pfad links hinauf abzubiegen (blaue Markierung). Wir erreichen die überwucherte Ruine des mittelalterlichen **Dándolo-Turms 2**, an der wir links vorbei hinaufgehen. Er war einst Herrenhaus einer venezianischen Adelsfamilie. Dahinter halten wir uns rechts an der Kirche Agía Pan-

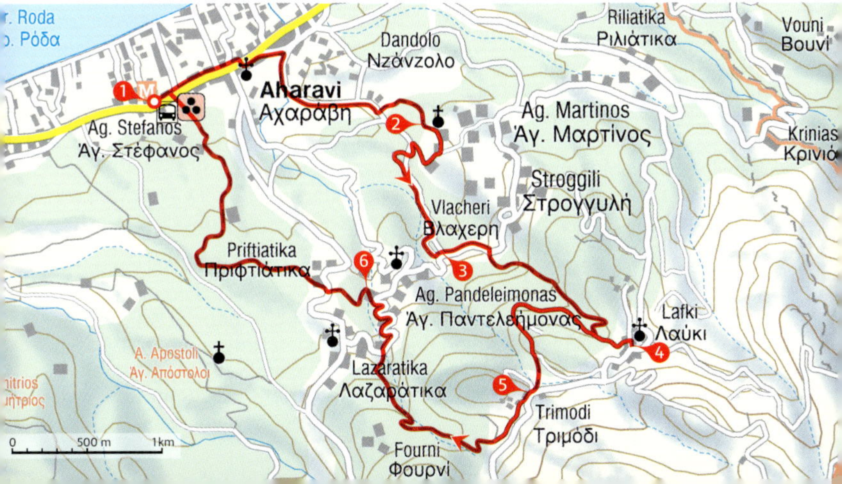

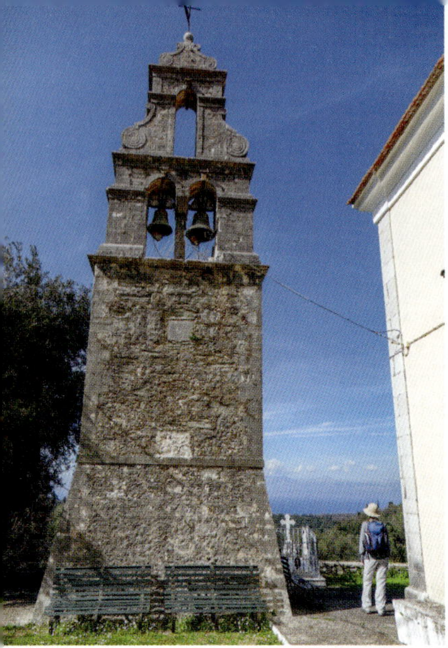

Typisch korfiotischer Glockenturm der Kirche von Ágios Pandeleímon.

deleimona vorüber und wenden uns oben am Querweg nach rechts. Er stößt auf eine schmale Straße, auf der wir rechts hinabgehen. Wir verlassen sie auf den zweiten Abzweig nach links – direkt nach einer Furt hinauf – und folgen dem Wegverlauf, bis wir auf ein weiteres Sträßchen stoßen. Hier wenden wir uns nach links und steigen bald stramm bergan. Schließlich gelangen wir an eine **Querstraße** **3**, in die wir links hinauf abbiegen. Am Ortsausgang einer kleinen Siedlung passieren wir einen Mauerrest auf der rechten Wegseite und verlassen nun am Ende des Olivenhains (direkt vor dem dichten Waldrand) die Straße auf den unscheinbaren Trampelpfad rechts. Er führt uns in den Wald und recht steil immer weiter bergan. Ab und an weisen uns blaue Markierungen die Richtung. Am oberen Ende des Trampelpfads folgen wir dem breiten Weg links hinauf. Er bringt uns zu einem Querweg, auf dem unsere Tour später scharf rechts weiterführt. Doch zunächst wenden wir uns nach links, um einen Abstecher zur Taverne zu machen: Unser Weg stößt im Dorf auf eine Straße, an der wir rechts in den Ortskern gehen, wo sich die Taverne gegenüber der Kirche von **Láfki** **4** befindet. Das Dorf muss über 700 Jahre alt sein, denn 1347 beteiligten sich seine Einwohner am Bau des Klosters auf dem Gipfel des Pantokrátors.

Zurück auf der Tour orientieren wir uns vorerst an den blauen Markierungen des Wanderwegs »10« und folgen dem bald wieder bergan führenden Wegverlauf. Nach einer Weile gibt der Wald den Blick aufs Meer und dahinter auf die Berge Albaniens frei. Auf dem höchsten Punkt erreichen wir einen freien Platz mit herrlicher Panoramasicht über die Nordküste Korfus. Etwa 230 m nach diesem Aussichtspunkt nehmen wir den leicht zu übersehenden Pfad rechts hinab (blaue Markierung auf der linken Wegseite). Er endet an einem Schotterweg, in den wir links hinauf einschwenken. Wo der Weg auf eine Querstraße stößt, biegen wir rechts ab, in den Ort **Trimódi** **5**, verlassen die Straße jedoch schon nach dem ersten Haus auf den Abzweig rechts hinunter und folgen beim nächsten Haus dem Wegverlauf links hinab. Wir ignorieren weitere Abzweige und bald geht es stetig talwärts. Nun wird der Weg immer weniger als Fahrweg genutzt und führt uns schließlich als Pfad über uraltes Pflaster in Spitzkehren bergab. Unten an der schmalen Straße folgen wir ihr nach rechts um die Kurve und kurz darauf in Serpentinen durch Olivenhaine und in den Ort hinein.

Dort verlassen wir in der letzten scharfen Rechtskurve die Straße auf den Weg geradeaus und biegen sogleich auf den Pfad rechts ab. Nach wenigen Metern wenden wir uns vor dem Haus links hinab, steigen die Stufen hinunter und wo sie sich gabeln, halten wir uns links. Wir folgen dem Geländer, dann dem Wegverlauf und gelangen zur Kirche des Dorfes **Ágios Pandeleímon** 6. Hier führt unsere Tour auf dem Pfad zur Linken weiter, aber wir können vorher durch das Tor zur Rechten einen Abstecher auf den Kirchhof machen, wo uns eine schöne Aussicht und schattige Sitzgelegenheiten erwarten. Unser Pfad endet an einem Querweg, der sogleich rechts in ein Sträßchen mündet, in das wir rechts einschwenken, um sogleich in den Weg nach links abzubiegen (blaue Markierung »4«). Wir folgen dem blau markierten Wegverlauf, überschreiten eine letzte Anhöhe und haben links Blick auf die Berge mit dem Dorf Epískepsi. Es geht bergab und wir stoßen auf einen Querweg, auf dem wir nach rechts gehen, so auch an der folgenden Gabelung, vorbei an der Ruine eines Gehöfts. In den Querweg schwenken wir links hinab ein und unten an der Hauptstraße gehen wir links zum **Ausgangspunkt** 1 zurück.

Malerisch liegt das Dorf Epískepsi am Fuß der Berge.

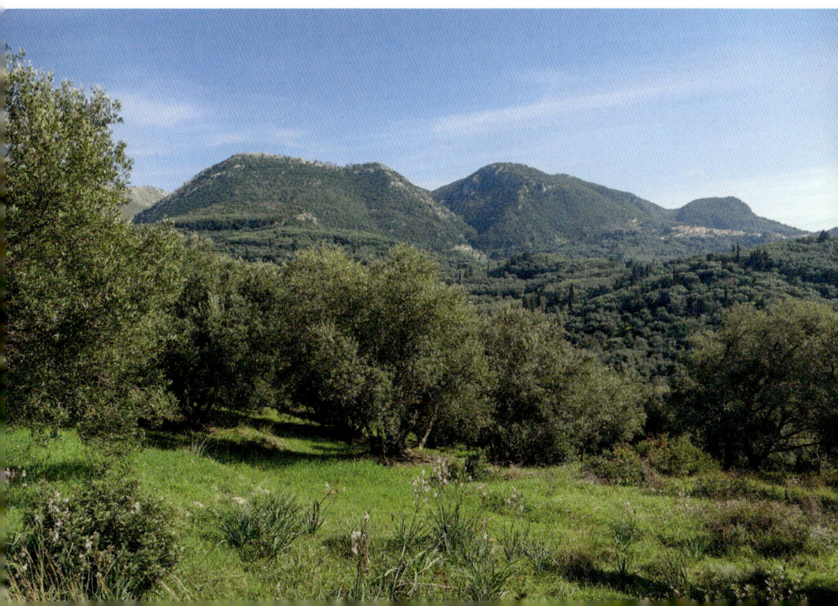

↗ 40 m | ↘ 40 m | 4.6 km

7 Entlang der Küste zum Kap Ekateríni

1.30 h

Felsküste und Strand, Meer und Lagune – hier treffen sich die Gegensätze

Mit einem Kies- und zwei Sandstränden bietet sich diese Tour für Badepausen an. Dazwischen präsentiert sich das Nordkap Korfus als abgeschiedene, felsige Küste, die nahezu naturbelassen ist. Auf dem Rückweg erkunden wir die Ruinen eines der größten Klöster Korfus, zu dem neben der mit Fresken geschmückten Kirche auch eine Ölmühle gehörte. Außerdem werfen wir von zwei Seiten Blicke auf die unter Naturschutz stehende Antinióti-Lagune, in deren Feuchtbiotopen seltene Tiere und Pflanzen gedeihen.

Ausgangspunkt: Kirche von Ágios Spyrídon (1 m, N39.8153, E19.8620). Parken beim Strand nahe der Kirche.
ÖPNV: Bushaltestelle »Ágios Spyrídon« an der Landstraße: Linie S5 »Sidari – Kassiopi« (in den Sommermonaten ca. 4x tgl.).
Anforderungen: Der Hinweg an der Küste entlang führt über zerklüftetes Gestein und ist daher sehr uneben und teils scharfkantig.
Einkehr: Unterwegs keine; mehrere Lokale in Ágios Spyrídon.
Hinweis: Die Klosterruine ist baufällig und daher mit der gebotenen Vorsicht zu betreten.

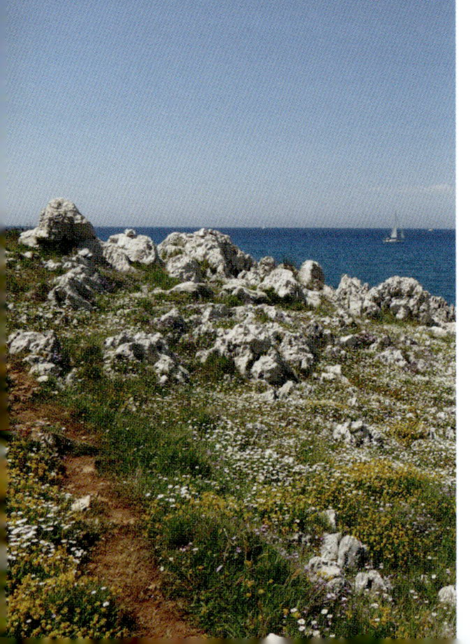

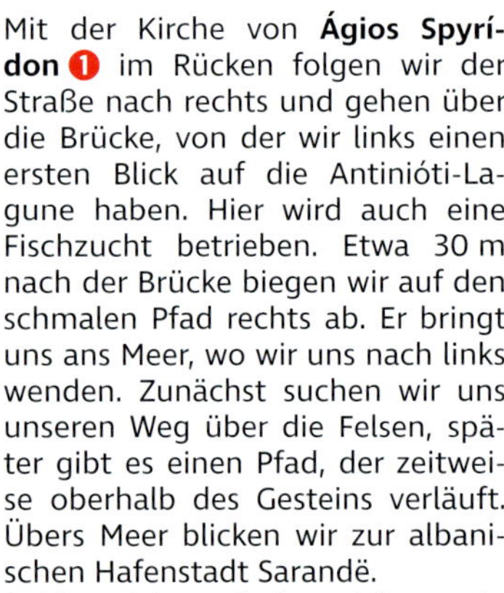

Mit der Kirche von **Ágios Spyrídon** ❶ im Rücken folgen wir der Straße nach rechts und gehen über die Brücke, von der wir links einen ersten Blick auf die Antinióti-Lagune haben. Hier wird auch eine Fischzucht betrieben. Etwa 30 m nach der Brücke biegen wir auf den schmalen Pfad rechts ab. Er bringt uns ans Meer, wo wir uns nach links wenden. Zunächst suchen wir uns unseren Weg über die Felsen, später gibt es einen Pfad, der zeitweise oberhalb des Gesteins verläuft. Übers Meer blicken wir zur albanischen Hafenstadt Sarandë.
Bald erreichen wir den schönen, abgelegenen Sandstrand **Gialiskári** ❷, der zum Verweilen einlädt. An sei-

Schmale Pfade mit herrlicher Aussicht an Korfus Nordkap.

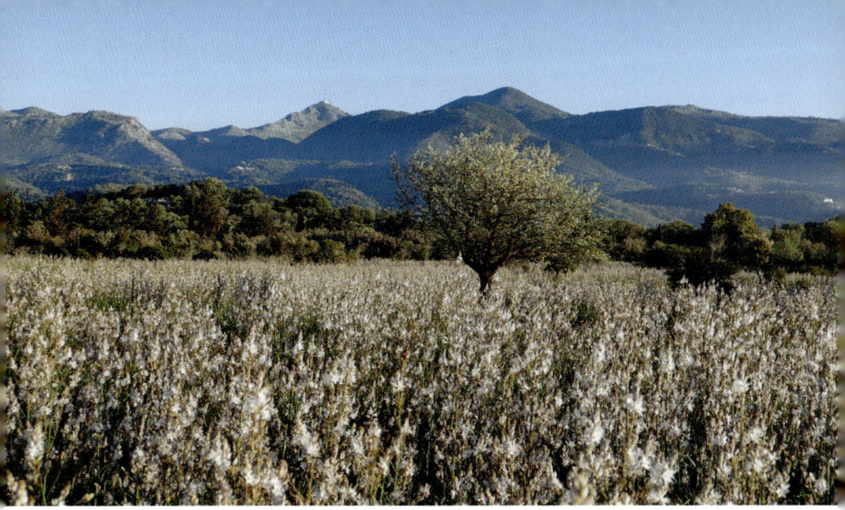

Im Frühling blüht ein Meer aus Affodill zu Füßen des Pantokrátorgebirges.

nem Ende folgen wir dem Pfad oberhalb der Felsen weiter parallel zur Küste (blaue Markierungen) um das Kap herum. Schließlich passieren wir ein Seezeichen auf einem Metallgestell. Kurz darauf gabelt sich der Pfad und wir halten uns rechts. Wir kommen an einem Kiesstrand vorbei, wo sich der Pfad zum Weg verbreitert. Nun ist es nicht mehr weit, bis er vor dem zweiten Zufluss der Lagune landeinwärts biegt und wir eine Brücke erreichen. Unsere Tour führt hier auf dem Pfad zur Linken weiter (blauer Pfeil), aber zuvor können wir von der Brücke aus noch einen Blick auf weitere Teile der Lagune und die Berghänge dahinter werfen. An der Pfadkreuzung verläuft unsere Tour geradeaus, doch zuerst machen wir links einen Abstecher zur Ruine des **Moní Agía Ekateríni** ❸. Es wurde zwar erst 1713 gegründet, die Apsis beweist jedoch, dass die Kirche selbst wesentlich älter und byzantinischen Ursprungs ist. Anschließend folgen wir dem rasch zum Weg werdenden Pfad durch Eukalyptuswald. Er mündet am Waldrand in einen Schotterweg, der uns immer geradeaus zum Strand und zur Kirche von **Ágios Spyrídon** ❶ zurückbringt.

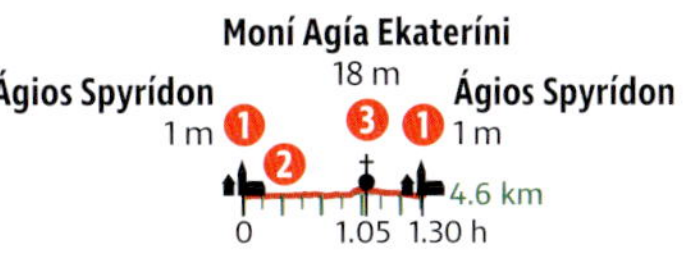

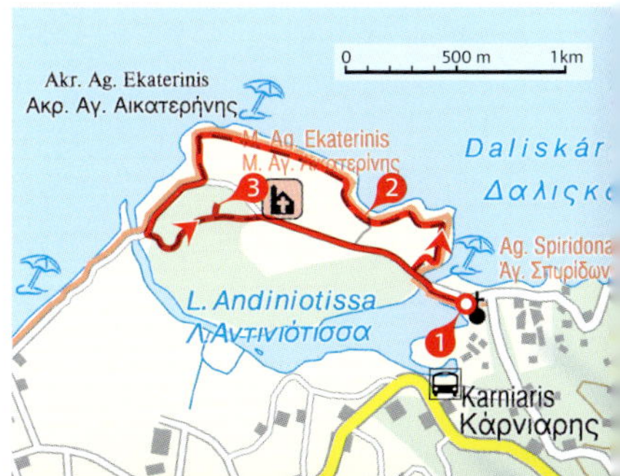

↗ 440 m | ↘ 440 m | 10.5 km

8 Von Kriniás nach Paliá Períthia

4.00 h

Wildromantischer Wald und weiter Blick am Fuß des Pantokrátors

Von Kriniás steigen wir auf dem Corfu Trail durch eine felsige, bewaldete Schlucht bergan, um auf dem Höhenrücken zwischen Farn und alten Eichen das um 1960 verlassene Bergdorf Paliá Períthia zu erreichen, das seine Wurzeln bereits in der Antike hat. Noch immer gibt es hier mit Efeu überwucherte Ruinen zu entdecken, doch immer mehr Häuser werden renoviert und so vor dem Verfall gerettet. Für den Rückweg wählen wir einen Panoramaweg, der uns das Dorf und später die Küste von oben sehen lässt.

Ausgangspunkt: Hydrant am südwestlichen Ortsrand von Kriniás (157 m, N39.7869, E19.8552), gegenüber des Hydranten eine Parkmöglichkeit am Straßenrand.
ÖPNV: Keine Anbindung.
Anforderungen: Überwiegend bequeme Wege und Pfade, aber auch steinige und kurze sehr abschüssige und daher rutschige Passagen.
Einkehr: Mehrere Lokale in Paliá Períthia.
Tipp: (1) Diese Wanderung lässt sich in Paliá Períthia sehr gut mit der Besteigung des Pantokrátors, des höchsten Gipfels von Korfu, verbinden, die wir als Tour 9 beschreiben. (2) Ágios Iakovos Persis, die Kirche am Ortseingang von Paliá Períthia (wo die Asphaltstraße endet), wartet innen mit Fresken aus dem 12. Jh. auf.
Hinweis: Einige Passagen dieser Tour waren von den Bränden im Sommer 2023 betroffen, daher können auf diesen Abschnitten Markierungen fehlen!

Antennenmasten markieren den Pantokrátor, den höchsten Gipfel Korfus.

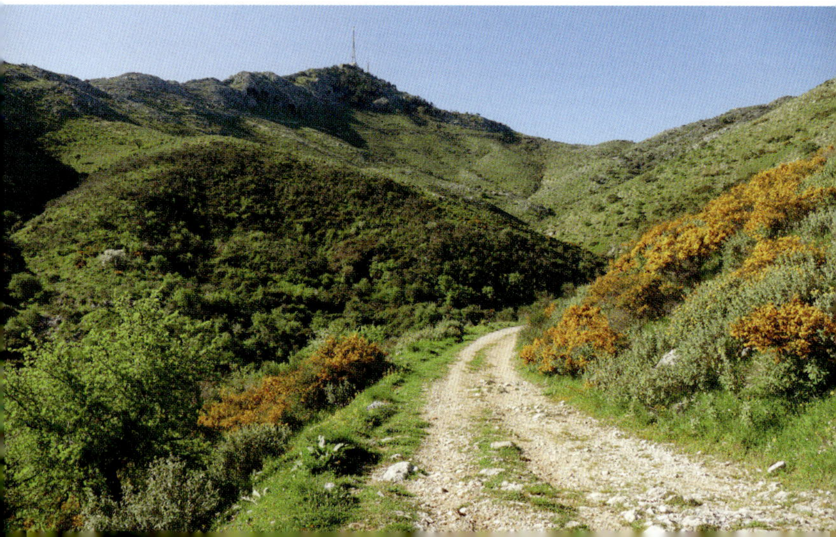

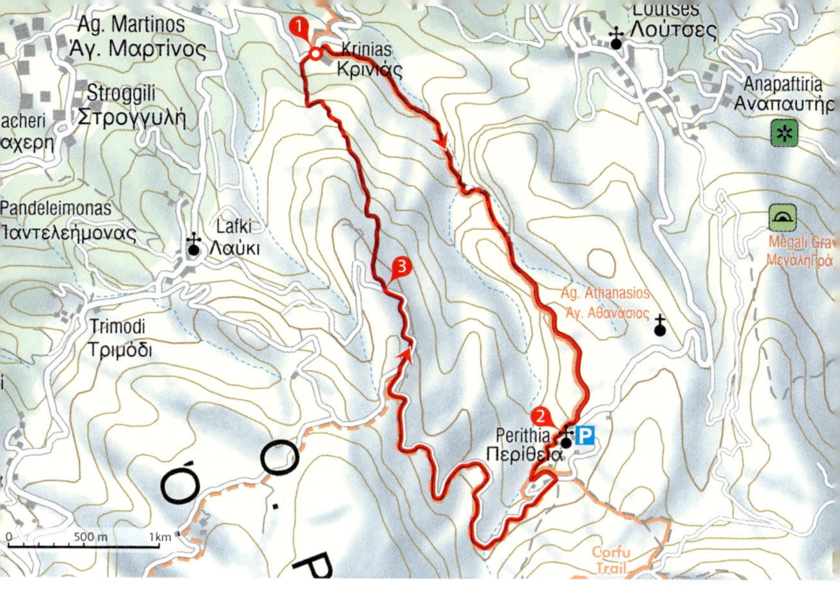

Vom Hydranten am südwestlichen Ortsrand von **Kriniás** ❶ aus gehen wir an der Straße nach links in den Ort, wo wir sogleich den Abzweig rechts hinauf nehmen (Markierung: orange-rote Pfeile, gelbgrün-weiße Balken). An den orange-roten Pfeilen, Punkten und Marathonläufern des Kássios-Días-Trails orientieren wir uns auf der gesamten Tour, aber in Paliá Períthia müssen wir aufpassen, da auch Pfade mit dieser Markierung zum Pantokrátor hinauf abzweigen! Nun folgen wir jedoch erst einmal dem gewundenen Betonweg zwischen den Häusern bergan und aus dem Ort hinaus. Er führt uns durch alte Olivenhaine und wo er sich gabelt, halten wir uns rechts hinauf. Am Waldrand beim Wegweiser geht er in einen mehrfach markierten Pfad über. Dieser verläuft in Serpentinen aufwärts und folgt dabei einer Schlucht, die immer enger wird. Mit Moos überzogene Felsen geben dem Wald eine märchenhafte Note. Schließlich lassen wir ihn unter uns zurück und bekommen Sicht aufs Meer, bevor es auf dem Höhenrücken erneut durch Eichenwald geht. Dann stoßen wir auf einen Weg, dem wir geradeaus folgen, und kurz darauf öffnet sich der Blick auf den Gipfel des Pantokrátors mit dem Sendemast über dem Kloster.
Bald nähern wir uns dem alten Dorf Paliá Períthia und unser Weg mündet am Ortsrand in eine rustikale Straße. Auf ihr setzen wir unsere Richtung fort, um sie sogleich auf den Weg geradeaus zu verlassen, zwischen zwei Häusern hindurch. Wir gehen durch ein altes Portal und dahinter vor der Ruine nach links. Der Weg führt uns wieder in den Ortskern, wo wir links

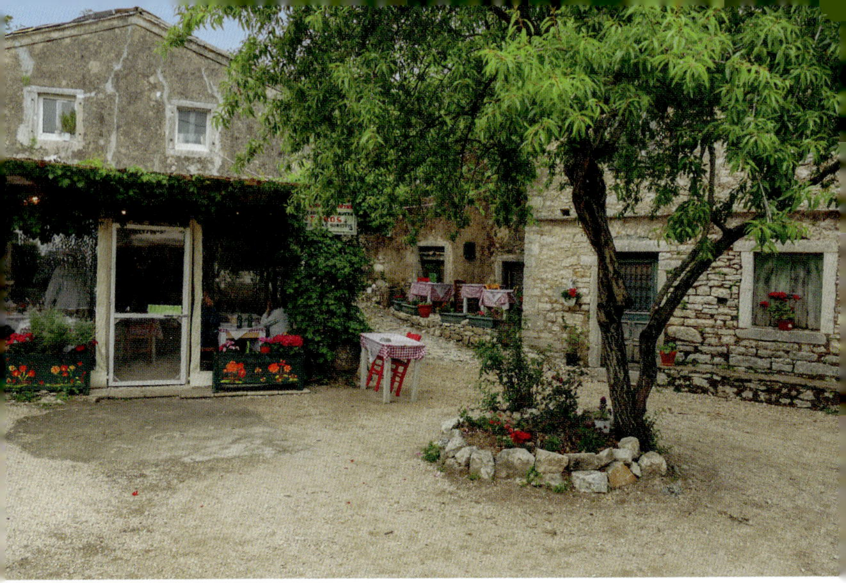

Am einst verwaisten Dorfplatz von Paliá Períthia haben wieder Tavernen eröffnet.

den von Tavernen umgebenen Dorfplatz von **Paliá Períthia** ❷ erreichen. Ihn überqueren wir geradeaus und nehmen die Gasse rechts hinab. Unten halten wir uns rechts, an der Kirche vorbei. Der mit altem Pflaster befestigte Weg verläuft bergauf an einer weiteren Kirche vorüber und an einer Ruine zur Linken, dann biegen wir rechts ab. Wir passieren weitere Ruinen und den Garten des Imkers. Oben an der Gabelung wenden wir uns nach links. Der Weg führt uns aufwärts aus dem Dorf und am Querweg gehen wir nach rechts. An der nächsten Gabelung halten wir uns links hinauf, dann folgen wir für längere Zeit dem Wegverlauf. Durch offenes, von Felsen, Ginster und falschem Salbei dominiertes Gelände gewinnen wir an Höhe und blicken bald auf Paliá Períthia hinunter. Nach einer Weile kommen die albanischen Berge und dann das Meer in Sicht. Schließlich erreichen wir einen Sendemast bei **Áno Loústra** ❸ und biegen hier rechts auf den Pfad ab. Die Markierung weist uns links des Masts vorbei und wir tauchen in Erdbeerbaumwald ein. Unser Pfad schlängelt sich stetig abwärts und bietet nur noch selten Ausblick. Nach einer steileren Passage stoßen wir auf eine Straße, die uns rechts hinunter zum **Ausgangspunkt** ❶ zurückbringt.

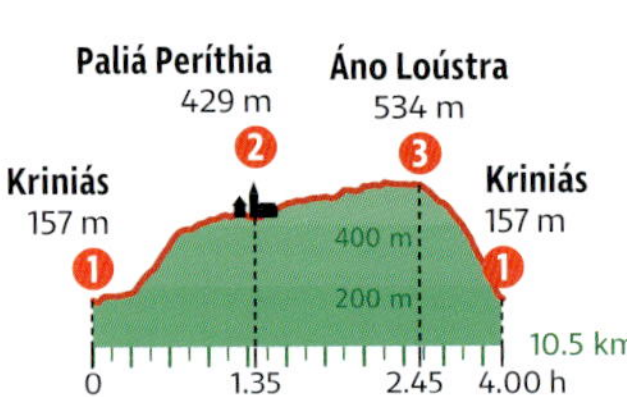

↗ 470 m | ↘ 470 m | 7.5 km

3.30 h

Von Paliá Períthia auf den Pantokrátor, 911 m

9

Über den felsigen Nordgrat zum Gipfel

Einst war Paliá Períthia ein wohlhabender Ort, doch im letzten Jahrhundert wanderten die Bewohner in die Küstenregionen oder ins Ausland ab und die in venezianischem Stil errichteten Häuser verfielen. Mittlerweile hat sich das denkmalgeschützte Dorf mit seinen Ruinen und kleinen Kirchen zu einem beliebten Ausflugsziel gemausert und dient uns als malerischer Talort für den Aufstieg zum grandiosen Ausblick von Korfus höchstem Punkt.

Ausgangspunkt: Großer Parkplatz am Ortseingang von Paliá Períthia (437 m, N39.7651, E19.8761).
ÖPNV: Keine Anbindung.
Anforderungen: Fast ausschließlich Bergpfade, die teils steil sind. Etwas Schwindelfreiheit ist erforderlich.
Einkehr: Saisonales Café auf dem Pantokrátor; mehrere Lokale in Paliá Períthia.
Tipps: (1) Diese Wanderung lässt sich sehr gut mit Tour 8 verbinden und bietet dann zusätzlich schöne Pfade durch korfiotischen Urwald. (2) Ágios Iakovos Persis, die Kirche am Ortseingang von Paliá Períthia (wo die Asphaltstraße endet), wartet innen mit Fresken aus dem 12. Jh. auf. (3) Lokal erzeugten Honig können wir beim Imker Siriotis in Paliá Períthia erwerben.
Hinweis: Einige Passagen dieser Tour waren von den Bränden im Sommer 2023 betroffen, daher können auf diesen Abschnitten Markierungen fehlen!

Wir gehen vom Parkplatz in **Paliá Períthia** ❶ auf der Zufahrtsstraße zurück und biegen direkt vor der Kirche rechts auf den Schotterweg ab. Schon bald haben wir schöne Sicht über das Dorf bis zum Meer. Wir lassen die letzten Häuser hinter uns und nach einer Rechtskurve nehmen wir den Pfad links bergauf (gelbe Corfu-Trail-, gelbgrün-weiße CMT- und orange-rote Kássios-Días-Trail-Markierung). Wir folgen dem markierten Hauptpfad, bis wir schließlich einen **Pass** ❷ mit einer überdachten Picknickbank erreichen. Hier schwenken wir in den Schotterweg nach rechts ein (gelb-

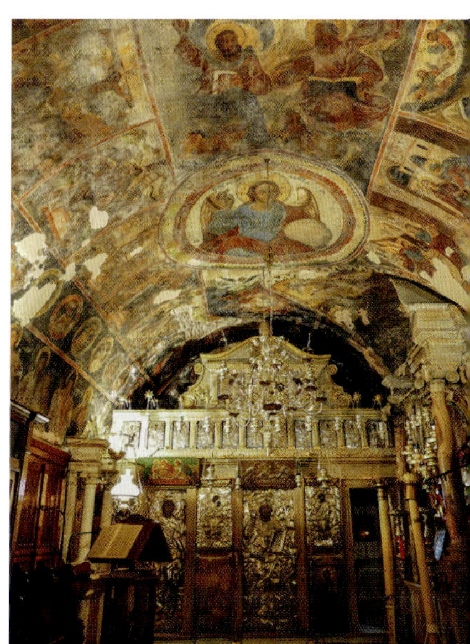

Im Innern der Klosterkirche auf dem Pantokrátor.

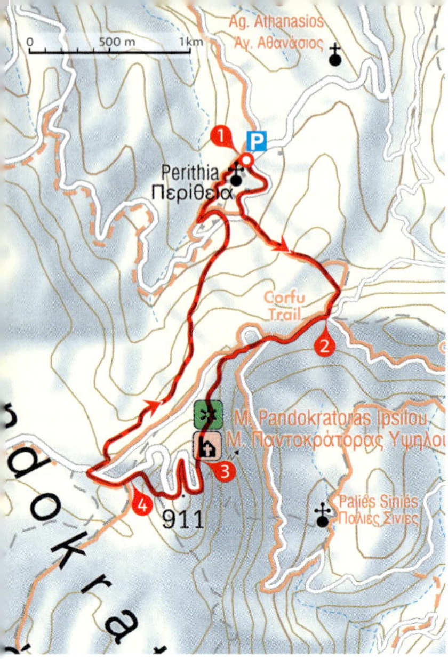

Einst war Paliá Períthia ein sicherer Zufluchtsort vor Malaria und Piraten.

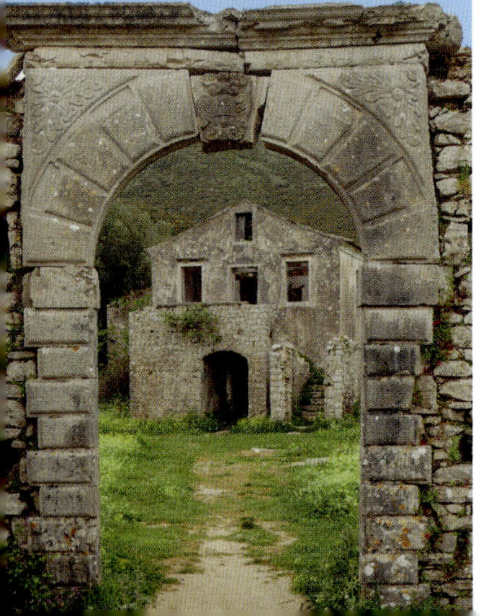

grün-weiße Markierung). Nach ca. 400 m ignorieren wir die links hinunter abzweigende Schotterpiste und wählen den Pfad links bergan – entgegen der Pfeilrichtung (orangerote Markierung). Hier müssen wir etwas aufpassen, da sich der steinige Untergrund je nach Jahreszeit unter üppigem Grün versteckt. Auch die Markierungen können dann etwas eingewachsen sein. Nach einer Weile führt der Pfad entlang einer niedrigen Mauer zur Rechten. Am Ende der Mauer führt ein Pfad rechts zum Schotterweg hinab und eine 35 ist auf einen Felsen aufgesprüht. Hier halten wir uns jedoch links hinauf und orientieren uns bis auf den Gipfel an der orange-roten Markierung. Zunächst hält sich unser Pfad noch parallel zur Schotterpiste, dann verläuft er – nun besser sichtbar – links bergauf. Allmählich wird er steiler und steiniger und mit jedem Schritt weitet sich der Panoramablick. Im Gipfelbereich sind einige Seile gespannt, die wir aber zum Aufstieg eher nicht benötigen. Oben vor der Klostermauer halten wir uns entsprechend der Markierung nach links und erreichen den Eingang des **Klosters Pantokrátoras** 3. Nun können wir einkehren und die Klosterkirche besichtigen, den »Mastenwald« der vielen Antennen aus der Nähe bestaunen oder einfach nur den großartigen Fernblick in alle Richtungen genießen.

Anschließend folgen wir zunächst der Straße bergab, verlassen sie aber schon nach der dritten Spitzkehre (gezählt ab dem Kloster) auf den steilen Pfad links hinunter (dunkelrote Markierung). Die Mar-

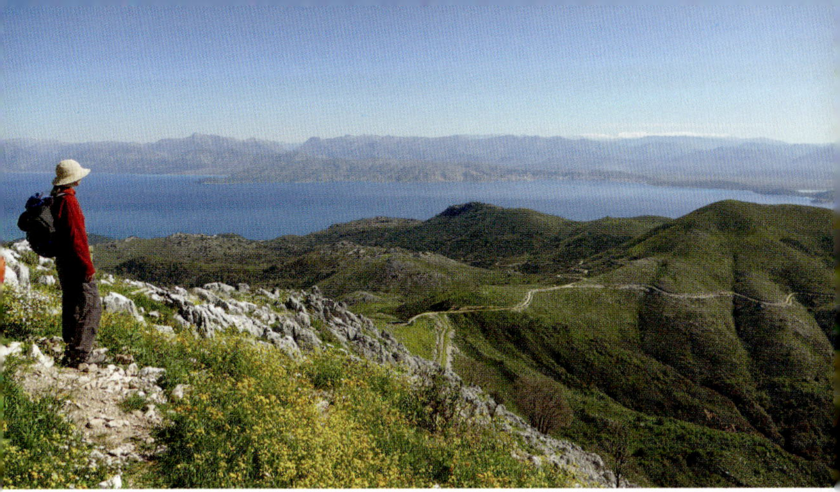

Der Gipfel des Pantokrátors bietet weite Panoramablicke.

kierungen sind etwas verblasst und entgegen unserer Marschrichtung angebracht, daher müssen wir genauer hinsehen. Vor dem Laubbaum gabelt sich der Pfad und wir halten uns links, ebenso an der nächsten Verzweigung, sodass uns der Pfad auch links an der großen Kiefer vorbeibringt. So erreichen wir den kleinen Wendeplatz am Ende eines bewachsenen Wegs. Hier wenden wir uns nach rechts (CMT- und orange-rote Markierung). Wir stoßen wieder auf die Straße, der wir links hinab folgen. Wir passieren eine große **Zisterne** 4 aus Beton, ignorieren die danach rechts abzweigende Schotterstraße und wählen stattdessen 50 m weiter den Pfad nach rechts (orange-rote Pfeile und Markierung). Wir überqueren eine Wiese und der Pfad führt uns entlang des Hangs abwärts. Schließlich kommt Paliá Períthia wieder in Sicht. Unten stoßen wir auf einen Querweg und wenden uns nach rechts, um sogleich links abzubiegen. An der Gabelung beim Imker halten wir uns rechts hinab und gelangen an eine weitere Verzweigung, deren Wege mit altem Pflaster befestigt sind. Hier gehen wir links hinunter, an mit Efeu überwucherten Ruinen vorbei. Am tiefsten Punkt passieren wir eine weitere Kirche und wenden uns an der folgenden Gabelung links hinauf. Wir überqueren den kleinen Dorfplatz mit etlichen Tavernen und halten uns links. Dahinter führt uns ein Schotterweg rechts aufwärts. Auch vor der Ruine gehen wir nach rechts und durch ein Portal, um dahinter geradeaus den **Parkplatz** 1 zu erreichen.

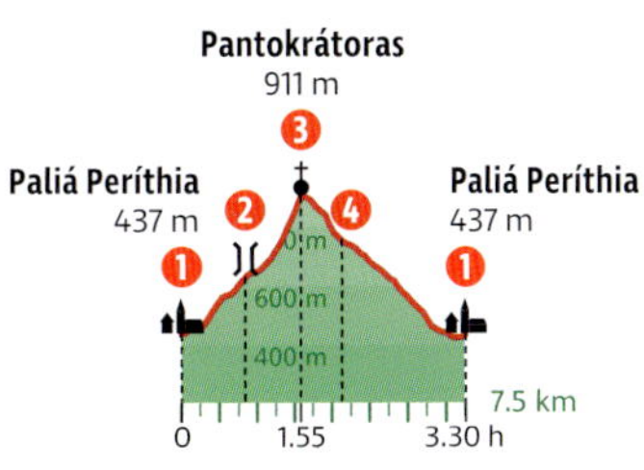

TOP 10

↗ 400 m | ↘ 400 m | 11.9 km

Von Strinílas auf den Pantokrátor, 911 m

4.00 h

Auf Hirtenpfaden zum Kloster hinauf

Vom alten Dorfplatz in Strinílas mit der Jahrhunderte alten Ulme steigen wir von Südwesten her durch die markante Karstlandschaft zum höchsten Gipfel Korfus hinauf. In den Senken begegnen uns auf den kleinen Wiesen Kühe, Schafe oder Ziegen. Dazwischen ragen teils kahle, teils bewaldete Felsriegel auf. Höhepunkt der Tour ist der Pantokrátor, auf dem wir fantastische Fernsicht genießen.

Ausgangspunkt: Dorfplatz mit dem großen Baum in Strinílas (675 m, N39.7438, E19.8373), dort und am Straßenrand auch Parkmöglichkeit.
ÖPNV: Keine Anbindung.
Anforderungen: Überwiegend Pfade, die oft sehr steinig, manchmal steil und bei Nässe rutschig sind. Aufgrund des unwegsamen Geländes sollte man die erforderliche Kondition nicht unterschätzen.
Einkehr: Saisonales Café auf dem Pantokrátor; Lokale in Strinílas.
Tipps: (1) Die Klosterkirche auf dem Pantokrátor wird am 6. August (und in den Tagen davor) von vielen Pilgern besucht, um das Fest der Verklärung Christi zu feiern. Sie hat keine festen Öffnungszeiten, ist in der Saison jedoch meist tagsüber zugänglich. (2) Auch das Kloster Panagía ton Drómon, bei dem die beiden Drachen über dem Kirchenportal besonders bemerkenswert sind, hat keine festen Öffnungszeiten.

Auf dem Dorfplatz von **Strinílas** ❶ gehen wir mit dem Baum im Rücken an der Straße nach links, um in die schmale Gasse links abzubiegen (Markierung: gegenläufige gelb-rote Pfeile). Die Pfeile gehören zur orange-roten Markierung des Kássios-Días-Trails, zu der auch orangefarbene Punkte und

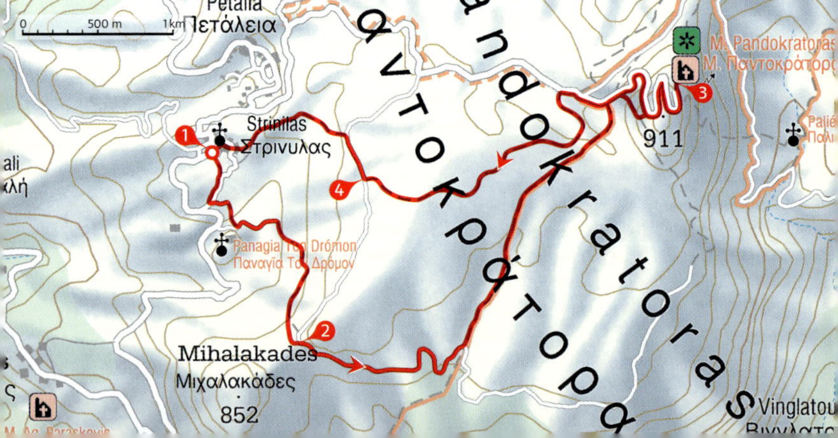

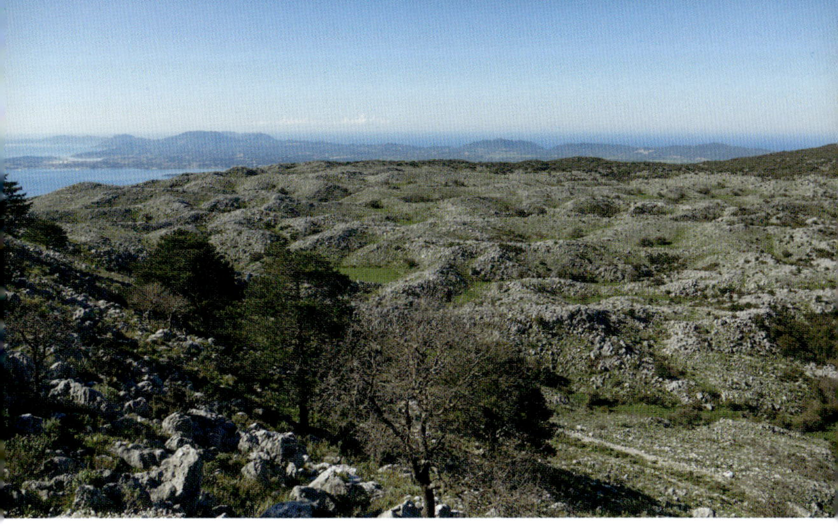

Eingestürzte Hohlräume, Dolinen genannt, prägen die Karstlandschaft südwestlich des Pantokrátorgipfels.

Striche sowie ein schwarzer Marathonläufer gehören. An ihr orientieren wir uns bis auf Weiteres. Die Gasse führt uns rasch bergan aus dem Ort, geht in einen Pfad über und endet an einem Querweg, in den wir links einschwenken. Sogleich mündet er in einen weiteren Querweg, dem wir rechts hinunter folgen. Auch an der Gabelung halten wir uns rechts hinab. Nach ca. 200 m verlassen wir den Weg auf den Pfad scharf links hinab und umrunden einen Solarpark. Der Pfad stößt auf einen Betonweg, an dem wir links hinaufgehen. Wir passieren zwei Abzweige nach rechts, die zum bereits sichtbaren Kloster Panagía ton Drómon führen, und können einen Abstecher machen, um es zu besuchen. Die um 800 n. Chr. erbaute Kirche ist eine der ältesten der Insel. Spätere Umbauten haben ebenso ihre Spuren hinterlassen wie Plünderungen und Verfall des einst bedeutenden Klosters, das erst 2010 von einem Priester wiederbelebt wurde.
Kurz darauf, in der Linkskurve, ignorieren wir den rechts abzweigenden Weg und nehmen stattdessen den sogleich folgenden Pfad nach rechts. Er verläuft mitten über die Wiesen und kann schwierig zu sehen sein, weshalb wir umso mehr auf die Markierung achten müssen. Wir übersteigen eine niedrige Mauer und wenden uns dahinter am Querpfad links hinauf (hier kommt zur orange-roten noch eine blaue Markierung hinzu). Über die nächste Wiese gehen wir halb links, dann ist der Pfad wieder gut sichtbar. Bald führt er uns bergan und wir kommen an alten Brunnen vorbei, in denen Molche leben. Nach einer Weile stößt von rechts noch eine dritte Mar-

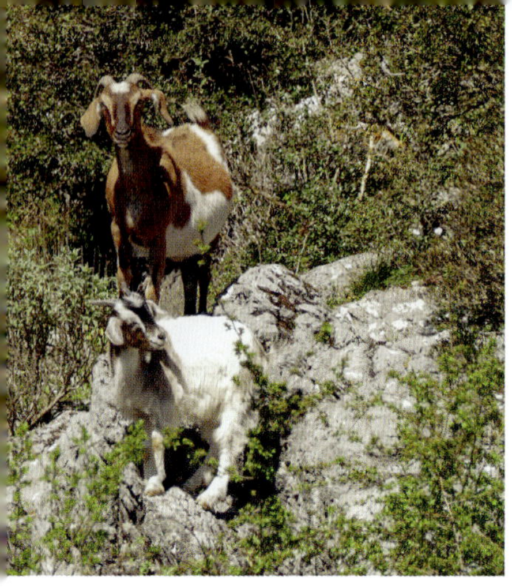

Ziegen streifen im Sommer frei durch die Berge.

kierung hinzu (gelbgrün-weiße Balken des CMT), dann erreichen wir die Hochebene und eine Lichtung. Hier biegen wir nach wenigen Schritten auf den Pfad links hinauf ab und entdecken bald auch wieder die blaue und die CMT-Markierung.

Oben endet er an einem geschotterten **Panoramaweg** ❷, dem wir nach rechts folgen. Er verläuft zunächst mit weiter Aussicht über die Küste, dann schwenkt er landeinwärts und bietet uns erstmals Blick auf den Pantokrátor mit den Antennenmasten. Wo der Weg in einer Spitzkehre nach rechts führt, nehmen wir den Pfad geradeaus (CMT- und gelbe Corfu-Trail-Markierung). Durch terrassiertes, mit Niederwald bewachsenes Gelände geht es allmählich aufwärts. Dann durchqueren wir die ersten Senken und müssen auf den Wiesen zeitweise wieder besonders auf die Markierung achten. Immer wieder kommt der Pantokrátor in Sicht. Schließlich erreichen wir eine Straße, der wir rechts hinauf folgen, um nach ca. 125 m auf den Pfad rechts abzubiegen (CMT- und Marathonmarkierung). Wir stoßen auf einen kleinen Wendeplatz am Ende eines entgegenkommenden, bewachsenen Wegs und wenden uns nach links, um den dunkelrot markierten Pfad hinaufzusteigen. Wir halten uns immer aufwärts, auch an der Gabelung beim Laubbaum rechts hinauf. Der Pfad endet an der Straße, der wir nun rechts bis auf den Gipfel folgen.

Oben können wir rechts einen Abstecher durch den »Antennenwald« machen, um an dessen Ende freie Sicht auf Kérkyra, weite Teile der bergigen Inselmitte und die Südspitze zu genießen, hinter der wir die Insel Paxós entdecken. Zum eigentlichen Gipfel mit dem **Kloster Pantokrátoras** ❸

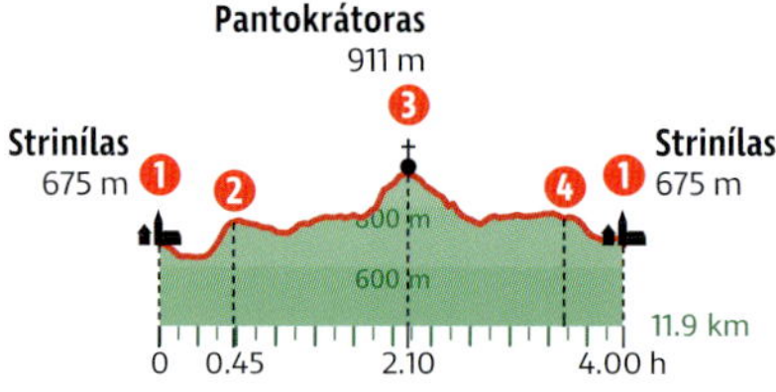

geht es links und wir haben dort begeisternden Blick auf die Bergketten und das Flussdelta im Nationalpark Butrint in Albanien sowie über Nordkorfu bis zu den Diapontischen Inseln. Auch die Klosterkirche mit Fresken aus dem 14. bis 18. Jh. und aufwendigem Silberschmuck sollte man nicht verpassen.
Nach unserer Gipfelrast nutzen wir die Straße für einen bequemen Abstieg und folgen ihr an einem weiteren Klostergelände und einer großen Betonzisterne vorbei. Dann zweigt rechts eine Schotterstraße ab und ca. 150 m weiter verlassen wir die Asphaltstraße auf den Pfad links hinunter (orange-rote Marathonmarkierung). An dieser Markierung orientieren wir uns bis zum Ende der Tour. Der Pfad führt zunächst über zwei Wiesen, dann gabelt er sich und wir halten uns rechts. Beweidete Wiesen und bewaldete Felsriegel wechseln sich ab. Schließlich stoßen wir auf einen unbefestigten Fahrweg, der uns links hinab zu einem **Schotterweg** ❹ bringt. Diesem folgen wir rechts bergan, überschreiten den höchsten Punkt und gehen kurz abwärts, um auf den ersten Pfad links hinunter abzubiegen (blaue und Marathonmarkierung). Er führt uns eine ganze Weile durch den niedrigen Hartlaubwald. Ab und an haben wir Blick über das Tal mit dem Kloster Panagía ton Drómon. Der Pfad endet am Ortsrand, wo wir auf dem betonierten Querweg nach rechts und auf dem nächsten Betonweg links hinabgehen. Am Fuß der Stufen halten wir uns rechts, die betonierte Gasse hinunter und die Stufen geradeaus hinab. Dann bringt uns die Treppe rechts zum **Dorfplatz** ❶ zurück.

In den Kratern der Dolinen finden sich Wiesen, die als Weiden genutzt werden.

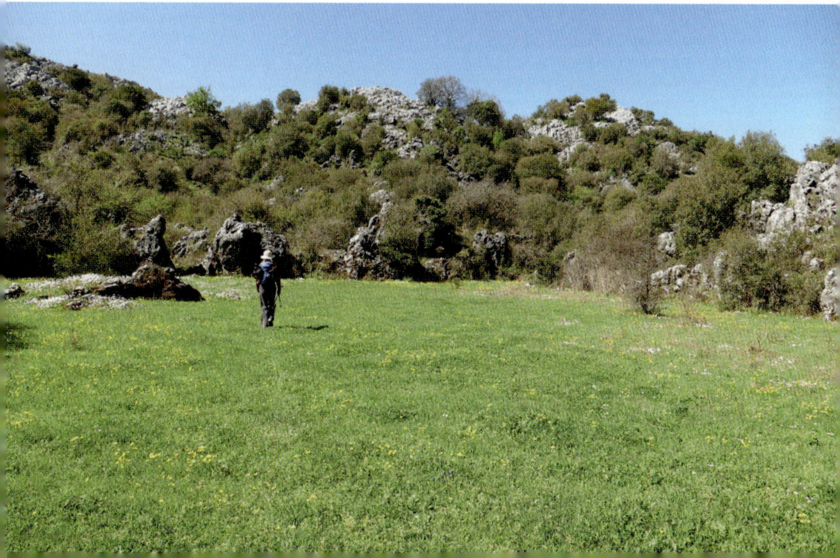

↗ 840 m | ↘ 840 m | 14.2 km

11 Von Pórta über Paliés Siniés auf den Pantokrátor, 911 m

6.15 h

Auf Pilgerpfaden zum höchsten Gipfel Korfus

Durch Eichenwälder und über karge Bergrücken führt diese Tour von Pórta aus zu den verlassenen, höher gelegenen Dörfern. Während die Ruinen des schon im 14. Jh. erwähnten Ortes Paliés Siniés im wuchernden Grün versinken, wird das winzige Méngoulas durch Zuzug und Renovierungen zu neuem Leben erweckt. Höhepunkt ist jedoch der phänomenale Fernblick auf dem alles überragenden Gipfel.

Ausgangspunkt: Kirche Ágia Varvara am westlichen Ortsrand von Pórta (386 m, N39.7506, E19.9128), dort auch Parkmöglichkeiten.
ÖPNV: Keine Anbindung.
Anforderungen: Überwiegend steinige Pfade, die abschnittsweise sehr steil oder abschüssig sind und daher Trittsicherheit erfordern. Wanderstöcke können hier hilfreich sein.
Einkehr: Saisonales Café auf dem Pantokrátor; saisonale Taverne The Old School in Pórta.
Tipp: Die Klosterkirche auf dem Pantokrátor wird am 6. August (und in den Tagen davor) von vielen Pilgern besucht, um das Fest der Verklärung Christi zu feiern. Sie hat keine festen Öffnungszeiten, ist in der Saison jedoch meist tagsüber zugänglich.
Varianten: Diese Tour ist vor allem konditionell sehr herausfordernd, bietet aber an zwei Stellen gute Möglichkeiten zum Abkürzen: (1) Von der Wiese ❸ führt uns der Fahrweg zu einem Gebäude und gabelt sich dort. Wir gehen links hinauf, folgen dem Wegverlauf für ca. 850 m und haben immer mehr Panoramablick. Schließlich sehen wir rechts unter uns bereits das Dörfchen Méngoulas und nehmen den schlecht sichtbaren, aber markierten Abzweig rechts, womit wir uns wieder auf der Tour befinden (insgesamt 2.15 h, 6.1 km und 270 m Auf- und Abstieg). (2) Der breite Weg verläuft zu Füßen des Pantokrátors und endet an einem Querweg. Hier biegen wir rechts ab, befinden uns wieder auf der Tour, folgen bis auf Weiteres erneut der orange-roten Markierung und erreichen bald darauf Wegpunkt ❻ (insgesamt 5.00 h, 11.8 km und 620 m Auf- und Abstieg).
Hinweis: Einige Passagen dieser Tour waren von den Bränden im Sommer 2023 betroffen, daher können auf diesen Abschnitten Markierungen fehlen!

Mit der Kirche von **Pórta** ❶ im Rücken gehen wir an der Straße nach links, an der Taverne vorbei und die Serpentinen hinunter bis zur schmalsten Stelle, wo auf der rechten Seite das Haus mit der Außentreppe steht. Vor diesem Haus wenden wir uns nach rechts ab (Schild: Public Path), am Mäuerchen entlang, und an dessen Ende nehmen wir den Pfad rechts hinab (orange-rote Markierungen). An diesen Markierungen, gelegentlich ergänzt um ein Schild mit einem Marathonläufer, orientieren wir uns bis auf Weiteres. Durch Wald geht es zunächst abwärts, dann bergauf und schließlich stoßen wir auf einen Schotterweg, den wir kreuzen, um über die Stufen halb links hinauf dem Pfad weiter zu folgen. Er geht in einen gepflasterten Weg über, entlang der Mauern eines Ferienresorts. Es handelt sich um die

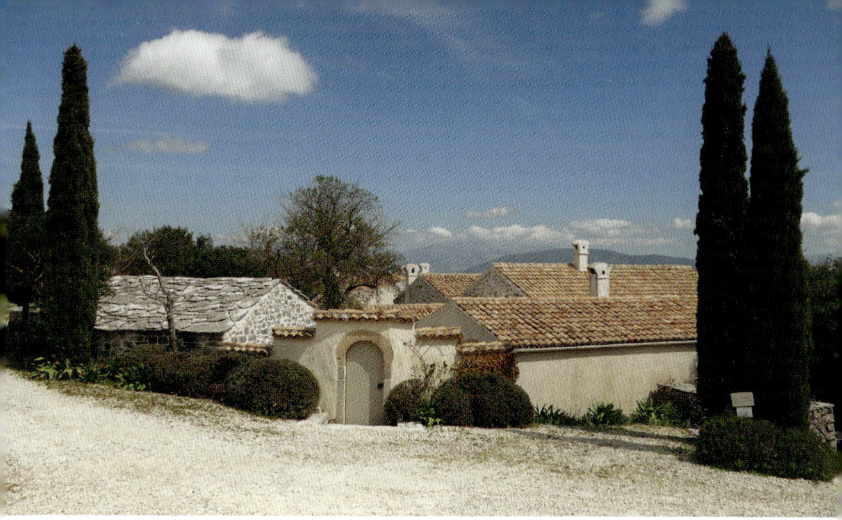

Das aufgegebene Dorf Rou wurde restauriert und dient nun als exklusive Feriensiedlung.

restaurierten Häuser des einstigen Dörfchens **Rou** ❷. Rasch wird der Weg zur Asphaltstraße und am Ende der Ferienanlage biegen wir links auf die Betonstraße ab. Sie führt uns an einigen Häusern vorbei aus dem Ort und wir verlassen die Straße nach ca. 70 m auf den Pfad rechts hinauf. Er kreuzt trockene Bachbetten und passiert einen alten gemauerten Brunnen. Es geht immer weiter – zunächst steil – bergan durch den schönen Eichenwald. Schließlich kreuzen wir einen Schotterweg, um dem Pfad weiter zu folgen. Er verläuft erneut bergauf und wir haben zur Linken Blick auf die ins Meer hinausragende Inselhauptstadt.

Auf der Anhöhe halten wir uns rechts und beim kleinen Betonbecken links hinab. Unten erreichen wir eine kleine **Wiese** ❸, an der rechts ein Fahrweg entlangführt. Unsere Haupttour nimmt hier den Pfad halb links hinab (Schild mit schwarzem Pfeil), während alle, die die kürzere **Variante 1** bevorzugen, dem Fahrweg geradeaus folgen. Eine ganze Weile geht es nun auf und ab durch die steinige und doch grüne, einsame Landschaft, dann haben wir erstmals Blick auf die restaurierte Kirche Ágios Theodóros und eingewachsene Ruinen. Der Pfad führt uns zu den Brunnen des einstigen Dorfs hinab, dort steigt er wieder an und wir folgen ihm beim letzten Brunnen

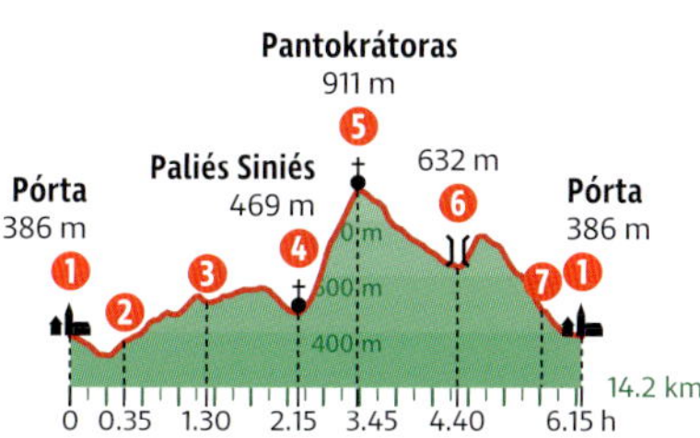

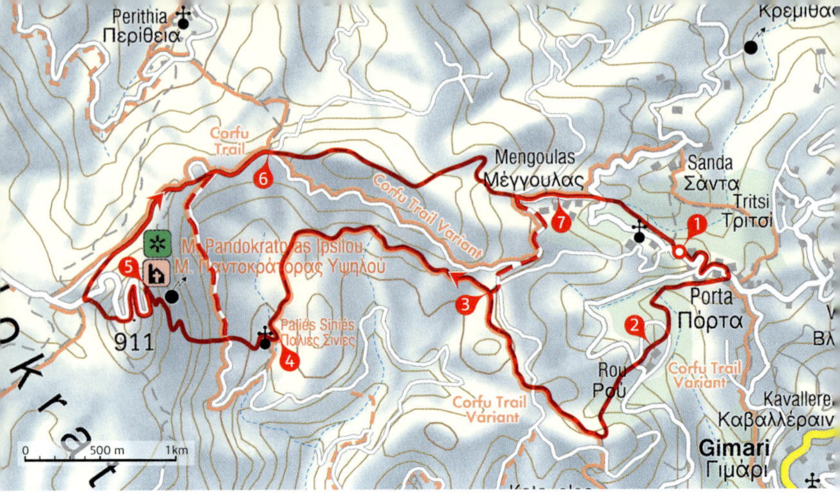

links bergauf. Vor dem frei stehenden großen Haus biegen wir rechts hinauf ab und kommen zunächst an der Kirche von **Paliés Siniés** ❹ und danach an der baufälligen Kapelle Ágios Geórgios vorbei, die immer noch Fresken und eine Ikonostase beherbergt. Weiter oben kreuzt der Pfad einen Schotterweg. Hier haben wir die Wahl: Wer **Variante 2** gehen möchte, schwenkt in den Weg rechts hinauf ein (ohne Markierung). Alle anderen setzen unsere Richtung auf dem markierten Pfad geradeaus bergan fort. Er führt uns über die Ostflanke auf den höchsten Punkt Korfus. Oben auf dem Gipfel des **Pantokrátors** ❺, 911 m, können wir links einen Abstecher zwischen den Antennen hindurch machen, um freien Blick auf Kérkyra und große Teile Süd- und Mittelkorfus zu bekommen, bevor wir rechts zum Kloster gehen, wo wir herrlichen Blick aufs albanische Festland sowie über Nordkorfu zu den Diapontischen Inseln genießen.

Nach unserer Rast nehmen wir zunächst die Straße bergab. Bereits nach der dritten Spitzkehre verlassen wir sie jedoch auf den steilen Pfad links hinunter (dunkelrote Markierung). Wer ihn sich nicht zutraut, geht einfach auf der Straße weiter. Die Markierungen sind schon etwas verblasst und entgegen unserer Marschrichtung angebracht, daher müssen wir etwas genauer hinsehen. Vor dem Laubbaum gabelt sich der Pfad und wir halten uns links, ebenso an der nächsten Gabelung, sodass uns der Pfad auch links an der großen Kiefer vorbeibringt. So erreichen wir den kleinen Wendeplatz am Ende eines bewachsenen Wegs. Hier wenden wir uns nach rechts (CMT- und Kássias-Días-Trail-Markierung). Wir stoßen wieder auf die Straße, der wir nur ca. 40 m links hinab folgen, dann biegen wir scharf rechts auf den Wiesenpfad ab und orientieren uns weiterhin am Kássias-Días-Trail. Er führt uns zu einem Schotterweg, in den wir nach rechts einschwenken.

Nach gut 600 m weist uns ein roter Pfeil über einer 35 nach rechts auf einen Wiesenweg. Dieser verläuft parallel zu einem etwas unterhalb gelegenen Schotterweg. Im Gras versteckte Steine machen ihn etwas anspruchsvoller. Schließlich mündet er in eine Gabelung, wir halten uns links und erreichen kurz darauf einen **Pass** 6, wo sich der Weg erneut verzweigt. Hier wählen wir jedoch den Pfad geradeaus hinauf. Oben auf dem Gipfel, der nur von einem Betonklotz markiert wird, empfängt uns schöner Panoramablick. Nur wenige Schritte weiter kommen wir an der Wetterstation vorbei und folgen unserem Pfad auf dem Bergrücken stetig bergab, wobei wir weiterhin die Aussicht genießen können. Nach weiten Schleifen abwärts gelangen wir schließlich oberhalb eines Dörfchens an einen Querweg, den wir kreuzen. Hier stößt von rechts die Variante 1 wieder zu uns und wir folgen den Markierungen in den Ort hinab. Über etliche abwärtsführende Stufen erreichen wir einen gepflasterten runden Platz in **Méngoulas** 7. Hier können wir zur Linken noch einen Blick auf eine alte Ölmühle werfen, bevor wir zur Rechten auf der Straße die Serpentine hinabgehen. Sogleich nach der Linkskurve biegen wir auf den Pfad rechts hinunter ab. Er endet an einer Straße, in die wir scharf rechts hinab einschwenken, um sie sofort wieder links auf einen Pfad talwärts zu verlassen. Er folgt einem tief eingeschnittenen Tal, steigt schließlich steil ins trockene Bachbett ab und auf der anderen Seite die Böschung wieder hinauf zu einem Querpfad. Die Markierung weist hier nach links, wir halten uns jedoch rechts bergan. Erst noch durch Wald, dann durch terrassierte Olivenhaine führt er uns zur Straße, die uns links zur Kirche von **Pórta** 1 zurückbringt.

Vom Gipfel des Pantokrátors haben wir herrliche Aussicht auf die Berge Albaniens.

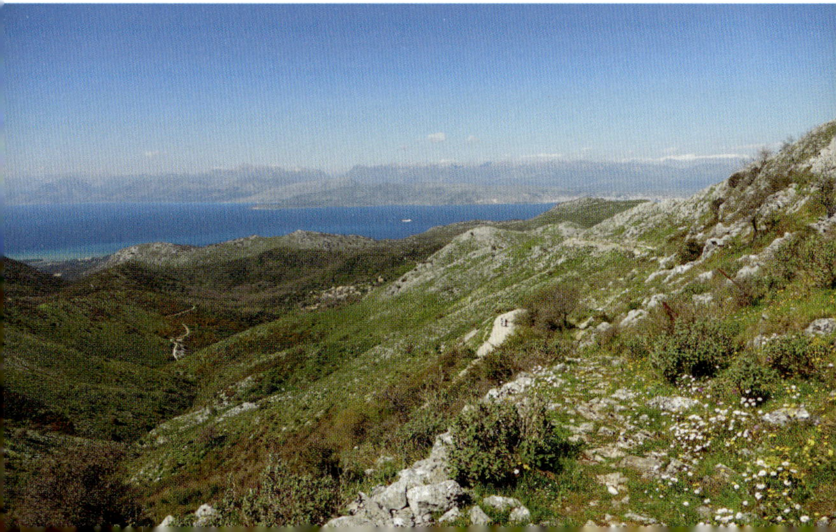

TOP

↗ 700 m | ↘ 700 m | 11.8 km

12 Von Kassiópi zur Loútses-Höhle

5.15 h

Auf einsamen Pfaden vom Meer in die Berge hinauf

Kassiópi gehört zu den schönsten Küstenorten auf der Insel. Den Zeus-Tempel, den einst Kaiser Nero besuchte, gibt es heute zwar nicht mehr zu sehen, aber die byzantinische Festungsruine und der Hafen verleihen dem Ort viel Flair. Von Kassiópis belebten Straßen geht es am weißen Kiesstrand von Imeroliá vorbei und ein schattiges Bachtal hinauf zu den steinigen, aber oft mit Blüten übersäten Bergwiesen. Die Loútses-Höhle beeindruckt durch Tropfsteine und ihre gewaltige Größe, während die schmalen Pfade uns mit herrlichen Ausblicken belohnen.

Ausgangspunkt: Bushaltestelle im Zentrum von Kassiópi (5 m, N39.7889, E19.9207). Parken auf dem nahe gelegenen Bezahlparkplatz (N39.7871, E19.9211) oder am östlichen Ortsrand gegenüber von WP 2 (N39.7875, E19.9123).
ÖPNV: Linien A4 »Corfu – Kassiopi« (Mo. bis Sa. ca. 10x tgl., So. ca. 4x tgl.), Linie A12 »Corfu – Perithia-Loutses« (Mo. bis Sa. ca. 4x tgl., So. ca. 2x tgl.), in den Sommermonaten auch Linie S5 »Sidari – Kassiopi« (ca. 4x tgl.) und S8 »Kassiopi – Paleokastritsa«.
Anforderungen: Überwiegend Pfade, die steinig und teils sehr steil sind. Dies gilt insbesondere für den schwierigen Abstieg zur Höhle. Vor allem im Frühsommer sind die Steine sowie etliche Markierungen im üppigen Grün versteckt, weshalb die eigentlich sehr gut markierte Tour dann mehr Aufmerksamkeit und Orientierungssinn erfordert.
Einkehr: Unterwegs keine; zahlreiche Lokale in Kassiópi.
Tipps: (1) Von Kassiópi aus werden Bootstouren zu abgelegenen Stränden und nach Kérkyra angeboten. (2) Am 8. Mai und 15. August finden in Kassiópi große traditionelle Kirchenfeste statt.
Hinweis: Durch die Tropfsteine ist der Boden in der Höhle stellenweise feucht und sehr rutschig. Stöcke können hier hilfreich sein.
Hinweis: Einige Passagen dieser Tour waren von den Bränden im Sommer 2023 betroffen, daher können auf diesen Abschnitten Markierungen fehlen!

Mit der Bushaltestelle von **Kassiópi** 1 im Rücken führt unsere Tour an der Straße nach rechts (scharf links geht es zum Hafen und zur Festung). An der Querstraße wenden wir uns nach rechts (Schild: Roda) und kommen an der Zufahrt zu einem ersten Strand vorbei. Kurz darauf können wir beim Schild »Imerolia Beach 0.1« einen kurzen Abstecher auf dem betonierten Pfad rechts hinunter machen, wo sich der Strand mit kristallklarem Wasser befindet. Unsere Tour führt jedoch an der Straße weiter und wir lassen den ersten Abzweig links hinauf aus, um erst bei dem Buswartehäuschen von **Imeroliá** 2 auf den Betonweg links abzubiegen (orange-rote Kássios-Días-Markierung). An dieser Markierung orientieren wir uns bis auf Weiteres. Bevor der Beton vor einigen Häusern endet, verlassen wir den Weg auf den Pfad links bergan (Schild: ΠΟΔΟΛΑΚΟΣ 1,6 km). Er verläuft parallel zu einem im Sommer meist trockenen Bach durch dschungelartigen Wald und zu-

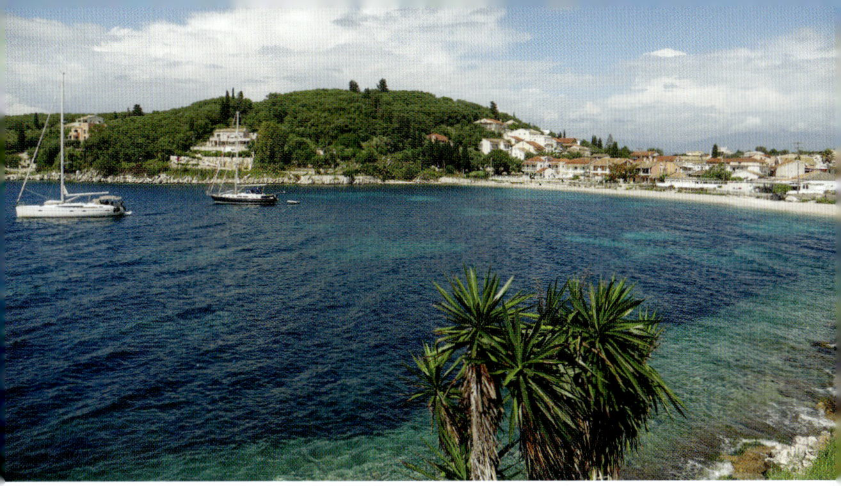

Kassiópi ist von Buchten mit malerisch weißen Stränden umgeben.

nehmend in Serpentinen bergauf. Schließlich geht es an der Trockensteinmauer eines Olivenhains entlang, an deren Ende wir auf einen Querweg stoßen. Hier folgen wir der Markierung nach links und gleich darauf an der Gabelung rechts hinauf. Der Weg endet vor einem der wenigen Häuser von **Podolákos** ❸ und wir wählen den Pfad nach rechts. Nach wenigen Schritten halten wir uns links und lassen uns nun von der Markierung stetig aufwärts leiten. Wir erreichen eine kleine, ebene Wiese und wenden uns nach rechts, wo uns die Markierung wieder nach links und weiter bergan weist. Wir passieren alte Eichen und von der Verwitterung geformte Steine, die an Menhire erinnern, und gelangen erneut an einen Querweg, in den wir nach rechts einschwenken. Er bietet uns Panoramablick auf Kassiópi, auf die Halbinsel Erimíti mit dem weißen Strand von Avláki und zum Festland hinüber. Nach gut 600 m verlassen wir den Weg in einer Rechtskurve auf den Pfad nach links. Hier kommt zur bisherigen Markierung noch eine blaue hinzu. Erneut geht es bergan, bis wir auf der Hochebene eine große Wiese erreichen. Diese Wiese überqueren wir der Länge nach geradeaus (Achtung, die blaue Markierung weist auf der Wiese nach links, aber wir folgen der orange-roten weiter!). Am Ende der Wiese öffnet sich halb links der riesige Krater, an dessen Grund uns die Höhle erwartet. Der markierte Pfad führt uns – an einer Stelle mit Halteseil – steil hinab und unten durch die imposante **Megáli**

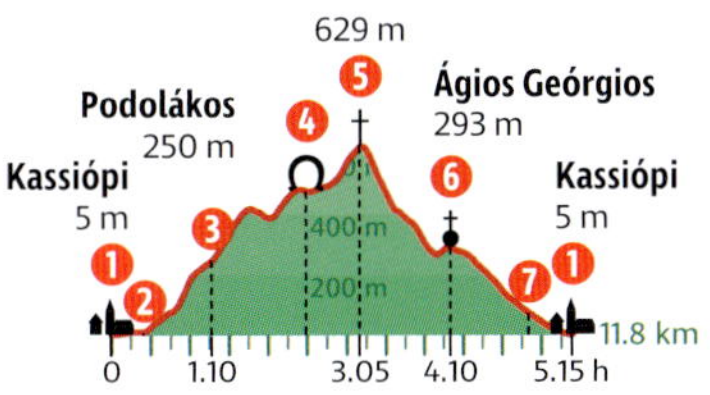

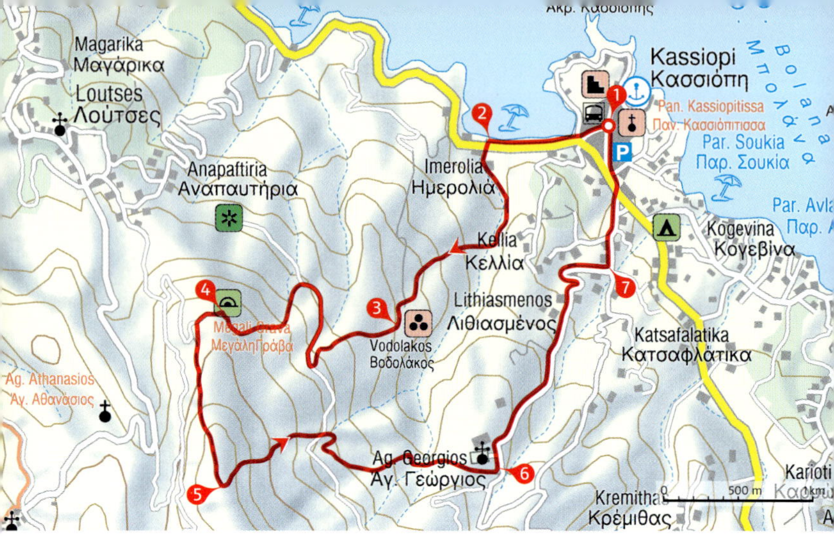

Gráva ❹. Die Schreie der hier brütenden Dohlen hallen von den Wänden wider und manchmal krächzt auch ein Rabe dazwischen.

Dann geht es auf etwas einfacherem Pfad wieder aus dem Krater hinauf und wir stoßen auf einen Betonweg, dem wir an zwei Aussichtsbänken vorbei folgen, um wenige Meter weiter bei der kleinen Parkbucht auf den markierten Pfad links abzubiegen. Er windet sich zunächst durch das Trockenmauergewirr lange aufgegebener Gärten hindurch, dann verläuft er am Hang weitgehend geradeaus und stetig bergan. Wir haben besten Blick auf den Gipfel des Pantokrátors, bis uns die Markierung kurz vor dem höchsten Punkt nach links weist. Wir erreichen den Grat und bevor wir dem Pfad weiter folgen, machen wir einen Abstecher zum wenige Meter zur Rechten gelegenen **Gipfel** ❺. Hier reicht der Blick bis zur Antinióti-Lagune am Nordende Korfus und zu den albanischen Hafenstädten Sarandë und Ksamil hinüber. Nun geht es über die Wiese hinunter und in Serpentinen zwischen den Eichen talwärts. Wir kreuzen einen Querweg und setzen die Tour auf dem markierten Pfad fort. Er führt zunächst weiter abwärts, dann eine ganze Weile eben am mit Eichen bestandenen Hang entlang.

Schließlich erreichen wir offeneres Gelände und dürfen die Stelle nicht verpassen, an der unser Pfad links hinunter schwenkt. Er verläuft jetzt wieder deutlich abwärts und nach einer Weile an der Ecke eines Friedhofs rechts vorbei. Wir passieren eine Ruine und am Querweg dahinter wenden wir uns nach links. Hier beginnt bei der Kirche **Ágios Geórgios** ❻ eine Betonstraße, der wir folgen. Sie mündet in eine Asphaltstraße, auf der wir abwärts gehen. Inmitten der Olivenhaine schwenkt die Straße bei einer Ruine Richtung Meer hinab und kurz nach der Kurve verabschieden wir uns von der orange-roten Markierung, denn sie weist auf den Pfad nach rechts, der jedoch leider vor dem Tor eines Privatgrundstücks als Sackgasse endet. Daher bleiben wir auf der Straße und wandern mit schönem Blick weiter talwärts. Durch ein Villenviertel führt sie uns zu einer Querstraße in **Tsíka** 7, wo wir links hinunter abbiegen (Schild: Kassiópi). Die nächste abzweigende Straße nach links ignorieren wir und stoßen auf die Durchgangsstraße, die wir vorsichtig überqueren, um ihr kurz nach links zu folgen und bei erster Gelegenheit halb rechts in den Ort zu gehen. Auf dieser Straße kommen wir am Bezahlparkplatz vorüber und erreichen kurz darauf den kleinen Platz mit der Bushaltestelle in **Kassiópi** 1.

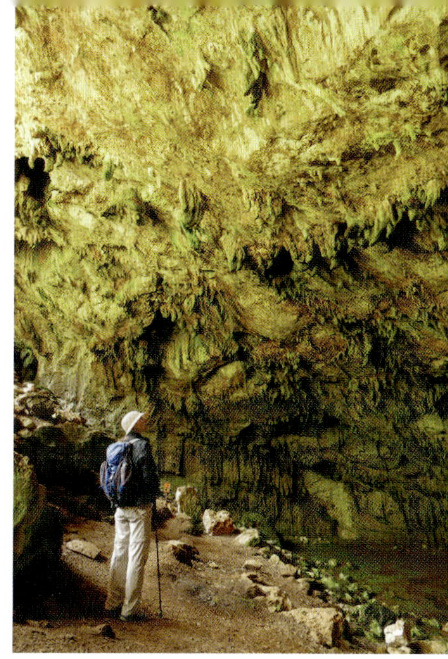

Die gewaltige Kuppel der Loútses-Höhle.

Nach der Höhle beeindruckt der einsame Gipfel durch einen fantastischen Rundumblick.

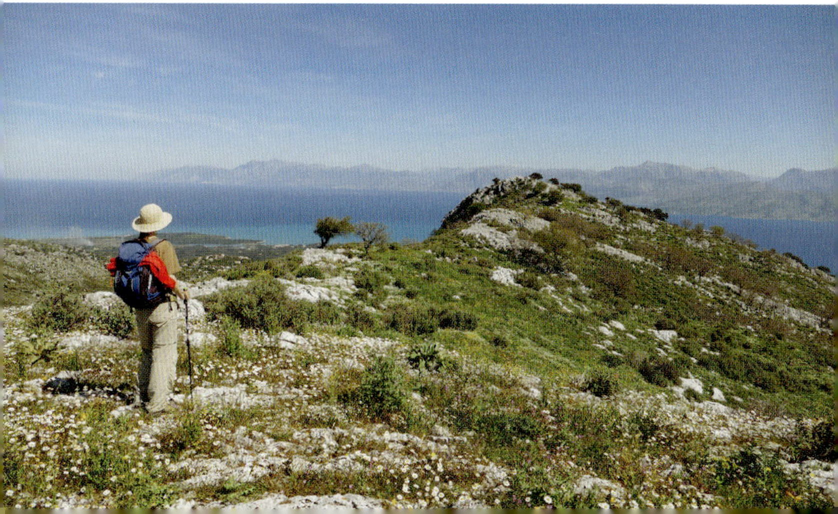

TOP

↗ 280 m | ↘ 280 m | 7.6 km

13 Auf der Halbinsel Erimíti

2.30 h

Glasklares Wasser in traumhaften (Bade-)Buchten und nahezu unberührte Natur

Auf der Halbinsel Erimíti wandern wir abwechselnd entlang der felsigen Küste und durch Wälder aus alten Erdbeerbäumen, zwischen die sich Eichen, Lorbeer- und Mastixsträucher mischen. Weiße Kiesstrände laden zu Badepausen ein, während wir an drei kleinen Binnenseen mit etwas Glück seltene Vögel entdecken können. Wildromantisch ist der Abstecher auf »Dschungelpfaden« zum felsigen Kap Psaromíta.

Ausgangspunkt: Strand Avláki (ausgeschildert als Avlaki Beach), etwa 2 km südöstlich von Kassiópi (4 m, N39.7792, E19.9417). Parkmöglichkeit direkt am Strand.
ÖPNV: Keine Anbindung.

Anforderungen: Fast ausschließlich steinige Pfade, die größtenteils einfach zu begehen sind.
Einkehr: Saisonale Einkehrmöglichkeiten in Ágios Stéfanos sowie am Ausgangspunkt.

Am Strand von **Avláki** ❶ nehmen wir bei der Infotafel »The Natural Wildlife of Erimiti« den Pfad auf der anderen Straßenseite in den Wald hinauf. Er ist mit orange-roten Markierungen sowie Schildern mit der Abbildung eines Marathonläufers versehen, an denen wir uns auf der gesamten Tour orientieren. Zunächst führt er durch einen Wald, in dem Baumheide, Erdbeerbäume und Eichen dominieren, überquert eine mit Farn bewachsene Lichtung und nach einem weiteren Waldstück halten wir uns am Rand der zweiten Lichtung nach rechts. An der Gabelung, an der die Marathonläufer-Schilder in beide Richtungen weisen, gehen wir links (Schildzusatz: »11 km«). Der Pfad endet an einem Querweg, in den wir links hinab einschwenken. Wo er nach ca. 200 m geradeaus einwächst, nehmen wir den ersten Abzweig scharf links. Dieser Pfad ist weniger markiert, aber gut sichtbar. Schließlich erreichen wir eine Straße, an der wir uns nach rechts wenden, um sogleich die Querstraße zu kreuzen und – etwas nach links versetzt – den Pfad geradeaus hinunter zu nehmen (Schild: Public Path). Er bietet uns zunächst schönen Blick, dann Schatten und endet an einem Betonweg, der uns links hinab zur Kehre einer Straße führt. Ihr folgen wir zum Meer hinab, nach **Ágios Stéfanos** ❷ hinein, wo wir direkt am Wasser links abbiegen, um am Kiesstrand entlangzugehen.

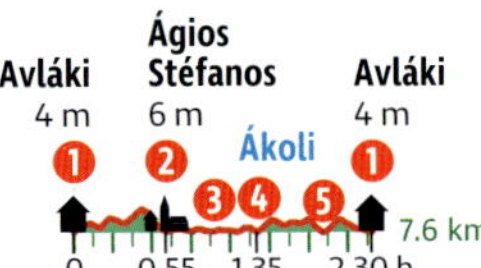

Am Ende des Strands nehmen wir den Pfad bergan, parallel zum Meer. Er eröffnet uns immer wieder schöne Aussicht auf die felsige Küste, deren Auf und Ab er folgt, an kleinen Buchten vorbei. Übers Meer hinweg haben wir Blick auf die zum Greifen nahe albanische Küste mit

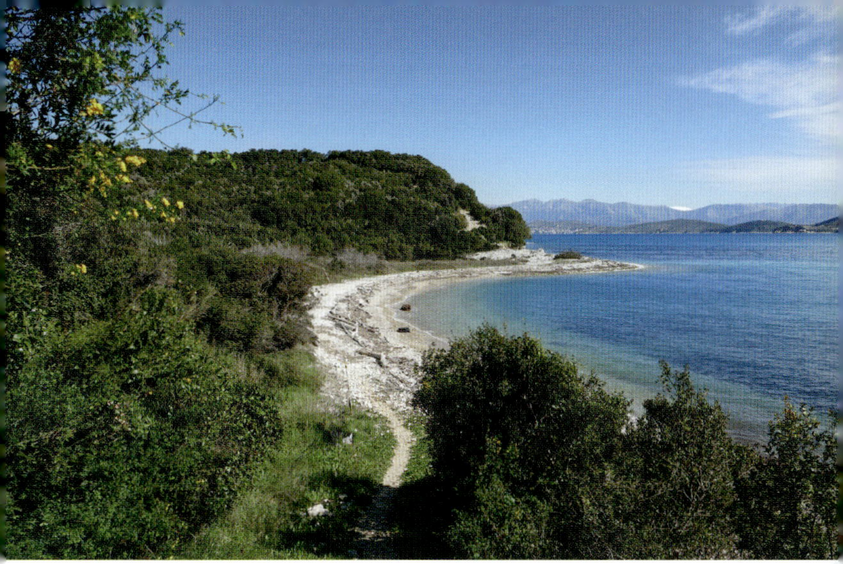

Schöne Buchten reihen sich aneinander: hier der Strand von Vromolímni.

ihren Hafenstädten und hohen Bergen. Wir kommen am etwas größeren Strand von **Korfobónia** ❸ vorbei und hinter der nächsten Anhöhe wartet bereits eine weitere kleine Bucht mit Strand. In der folgenden Badebucht verbirgt sich links hinter Binsengräsern und Gesträuch der See Vromolímni, den am Strandende nur ein Streifen Steine und Fels vom Meer trennt. Dahinter führt unser Weg einen Hang hinauf und oben verlassen wir ihn auf den schmaleren Abzweig nach rechts. Kurz darauf erreichen wir den besonders schönen Strand zwischen dem See **Ákoli** ❹ und dem Meer, über das wir zur Leuchtturminsel Peristeres hinübersehen können.

Kurz vor dem Ende der Bucht verläuft der markierte Pfad links hinauf. Schließlich stoßen wir auf einen Querweg und biegen rechts ab (Schild: To Aylaki). Nach ca. 50 m können Abenteuerlustige rechts auf eingewachsenem Pfad noch einen einsamen Kiesstrand besuchen (ca.

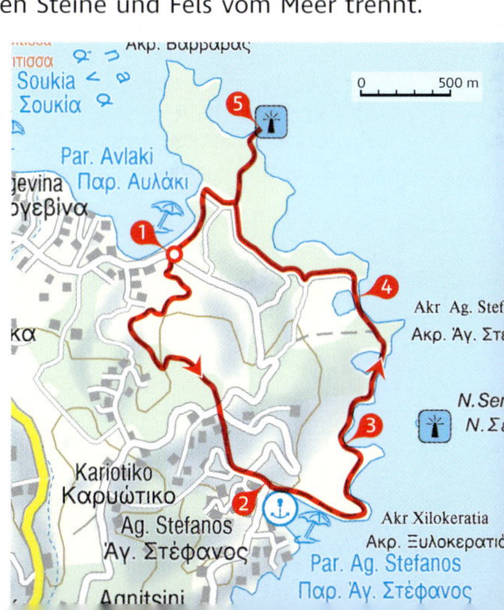

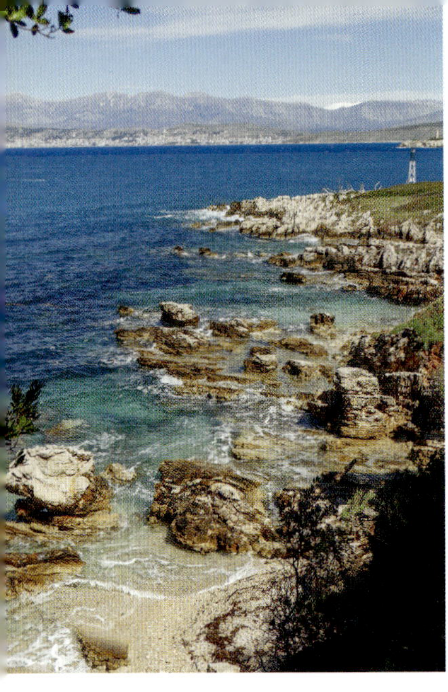

100 m einfache Strecke). Bald darauf schwenkt der markierte Hauptweg links hinab. Wir folgen ihm jedoch erst später und machen zunächst einen Abstecher von 600 m (einfache Strecke) auf dem Pfad geradeaus: Bergauf, dann bergab und stellenweise etwas eingewachsen führt er uns zum felsigen **Kap Psaromíta 5**, auf dem ein Seezeichen steht (Nicht den halsbrecherischen Abzweig steil links hinab nehmen, wo man unten Kiesstrand sieht, sondern geradeaus weiter, dann kommt das Kap in Sicht!). Auf demselben Pfad, er verläuft unter besonders hohen alten, mit Schlingpflanzen bewachsenen Erdbeerbäumen, kehren wir zurück und folgen nun dem Hauptweg an einer weiteren Bucht mit kleinem Strand vorbei. Schon kurz darauf erreichen wir wieder den großen weißen Kiesstrand von **Avláki 1**.

Oben: Ein Seezeichen am Kap Psaromíta.
Unten: Durch einen Urwald aus alten Erdbeerbäumen gelangen wir zum Kap.

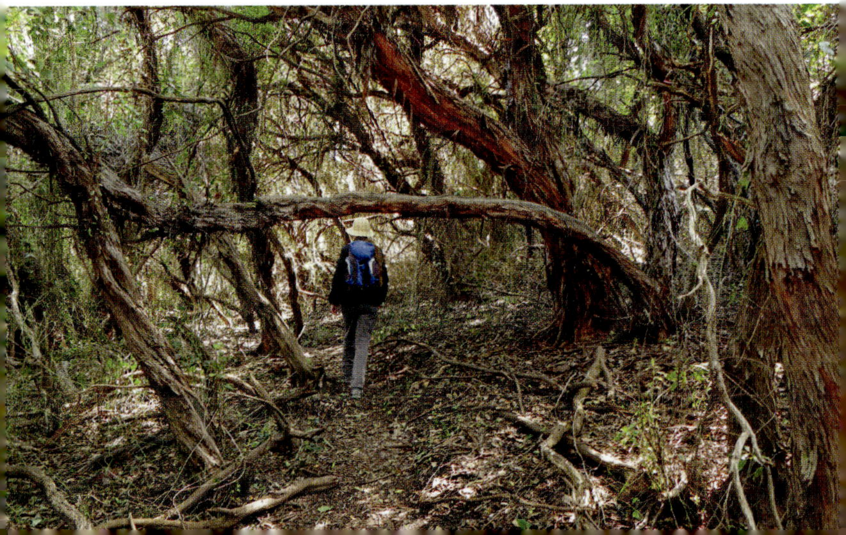

↗ 310 m | ↘ 400 m | 14.9 km

4.30 h

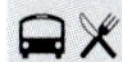

Von Kamináki nach Kassiópi

14

Malerische kleine Buchten und exklusive Luxusvillen an Korfus »Riviera«

Die felsige, oft steile Küste am Fuß des Pantokrátormassivs lockt mit kristallklarem Wasser an zahlreichen Kiesstränden, die zu Badepausen oder zum Besuch einer Taverne einladen. In die mit Olivenhainen und Laubwäldern bedeckten Hänge wurden in den vergangenen Jahren immer mehr Villen gebaut und der Boom reißt nicht ab. Umso mehr genießen wir die zweite Hälfte der Tour, wo uns unter anderem die noch unverfälschte Halbinsel Erimíti erwartet.

Ausgangspunkt: Bushaltestelle Kamináki, an der Hauptstraße entlang der Nordostküste (90 m, N39.7306, E19.9109), dort auch Parkbucht am Straßenrand. Es ist auch möglich, das Auto auf dem Bezahlparkplatz im Zentrum von Kassiópi abzustellen und mit dem Bus zum Ausgangspunkt der Wanderung zu fahren. Der Einstieg ist mit »Kamináki Beach« ausgeschildert.
ÖPNV: Linien A4 »Corfu – Kassiopi« (Mo. bis Sa. ca. 10x tgl., So. ca. 4x tgl.), A5 »Corfu – Barbati – Nisaki« (Mo. bis Sa. ca. 10x tgl., So. ca. 6x tgl.) und A12 »Corfu – Perithia – Loutses« (Mo. bis Sa. ca. 4x tgl., So. ca. 2x tgl.).
Ziel: Bushaltestelle im Ortszentrum von Kassiópi (N39.7889, E19.9207), zurück zum Ausgangspunkt mit den Linien A4 oder A12.
Anforderungen: Die Tour verläuft überwiegend auf Pfaden, die meist einfach zu begehen sind. Durch das ständige Auf und Ab sollte jedoch – gerade bei Hitze – die nötige Kondition nicht unterschätzt werden.
Einkehr: (Überwiegend saisonale) Einkehrmöglichkeiten in Kamináki, Krouzerí Beach, Agní, Kalámi, Kerasiá, Avláki und Kassiópi.

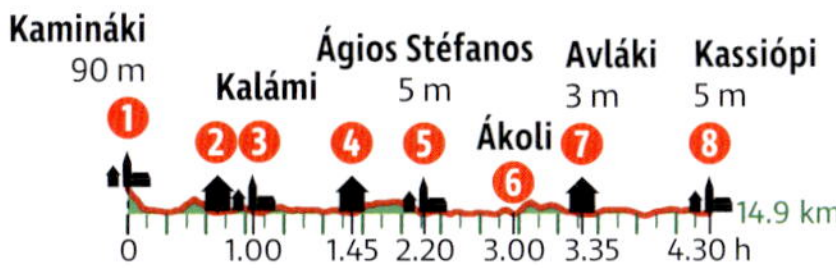

Bei der **Bushaltestelle Kamináki** ❶ nehmen wir die von der Hauptstraße abzweigende Straße (Schild: Kamináki Beach) und folgen ihr durch den Ort immer abwärts bis direkt auf den Strand, wo wir nach links gehen und am Ende des Strands auf dem Betonweg weiter. Er führt uns oberhalb der Felsen am Meer entlang zum Kiesstrand Krouzerí, auf dem wir bis zum überdachten Terrassenbereich des großen Hotels bleiben. Hier steigen wir die Stufen zur Terrasse und weiter zum Hotelgebäude hinauf, um direkt davor rechts abzubiegen. Über weitere Stufen erreichen wir einen gepflasterten Weg, der rasch in einen Pfad parallel zum Meer übergeht (Schild: Agni). Wir kommen an den Mauern erster Luxusanwesen vorüber, dann gabelt sich der Pfad und wir wählen die gemauerten Stufen links bergan (gelbe Corfu-

Trail-Markierung, die uns vorerst sporadisch den Weg weist). Die Treppe endet an einem Betonweg, in den wir rechts hinauf einschwenken. Oben gabelt er sich und wir halten uns links, um die Stufen links neben dem Tor hinaufzusteigen. Die Villenbesitzer sind verpflichtet, einen öffentlich zugänglichen Pfad entlang der Küste zu gewährleisten, doch zwischen hohen Mauern und Zäunen besitzt er nicht mehr den Charme früherer Zeiten. An der nächsten Gabelung gehen wir rechts hinunter und auf dem Pfad geradeaus weiter. Er endet an einer Tavernenterrasse, die wir überqueren (Schild: Pathway to the Beach), um am Strand von **Agní** ❷ weiterzugehen. Noch vor dem Strandende nehmen wir den Pfad halb links (Schild: Gialiskari Beach). Erneut geht es oberhalb der Felsen mit schönem Blick auf und ab, bis wir die nächste Bucht erreichen. Hier wenden wir uns am Strand noch vor der Kakteenhecke nach links und wenige Schritte weiter nach rechts, gelangen auf den Pfad zwischen den Zäunen und folgen ihm die Stufen hinauf.

Oben folgen wir dem Betonweg bergan zur Straße, in die wir rechts hinunter abbiegen. Am Ortsrand von **Kalámi** ❸ erreichen wir das White House, wo in den 1930er-Jahren der englische Schriftsteller Lawrence Durrell lebte. Die Familiengeschichte der Durrells wurde bereits mehrfach verfilmt, weshalb viele britische Touristen zum White House pilgern, das heute ein Restaurant und eine Ferienwohnung beherbergt. Unsere Tour führt direkt hinter dem Haus rechts auf dem schmalen Betonweg hinab und links weiter zum Strand, an dessen Ende wir schließlich die Treppe zur Straße hinauf nehmen. Der Straße folgen wir nach rechts, zunächst aufwärts. Dann neigt sie sich und wir halten uns an der Gabelung rechts hinab (Schild: Kouloura Beach). Unten können wir rechts einen Abstecher zum kleinen Hafen von Kouloúra machen, aber unsere Tour verläuft geradeaus (Schild: Chouchoulio 0.1) und über den Strand an einem riesigen Eukalyptusbaum vorbei. Kurz vor dem Strandende führt uns ein weiterer Pfad bergan (Schild: Kerasia Beach) auf einen der schönsten Abschnitte unserer Wanderung.

In der nächsten Bucht erwartet uns ein abgelegener Strand, in dessen Mitte bereits der Pfad abzweigt, der uns wieder aufwärts bringt. Wir kommen an einem etwas versteckt unterhalb des Pfads gelegenen Strand vorbei, dann erreichen wir die große Bucht von **Kerasiá** ❹ und sehen vor uns die bewaldete Halbinsel, auf der die Familie Rothschild ein Anwesen besitzt. Am Ende des Strands, bei der Taverne, stoßen wir auf eine Straße, der wir links hinauf folgen. Sie bringt uns an der unzugänglichen Halbinsel vorbei nach **Ágios Stéfanos** ❺ hinein, und wir verlassen sie dort, wo sie bei einer Taverne landeinwärts schwenkt, nach rechts auf den Strand. Wir gehen am Strand entlang und an seinem Ende wieder den Pfad bergan, parallel zum Meer. Auf diesem Abschnitt erreichen wir die nahezu unberührte Halbinsel Erimíti, die uns immer wieder mit schönen Aussichten verwöhnt. Wir kommen am etwas größeren Strand von Korfobónia vorbei und hinter der nächsten Anhöhe wartet eine weitere kleine Bucht. In der folgenden Bade-

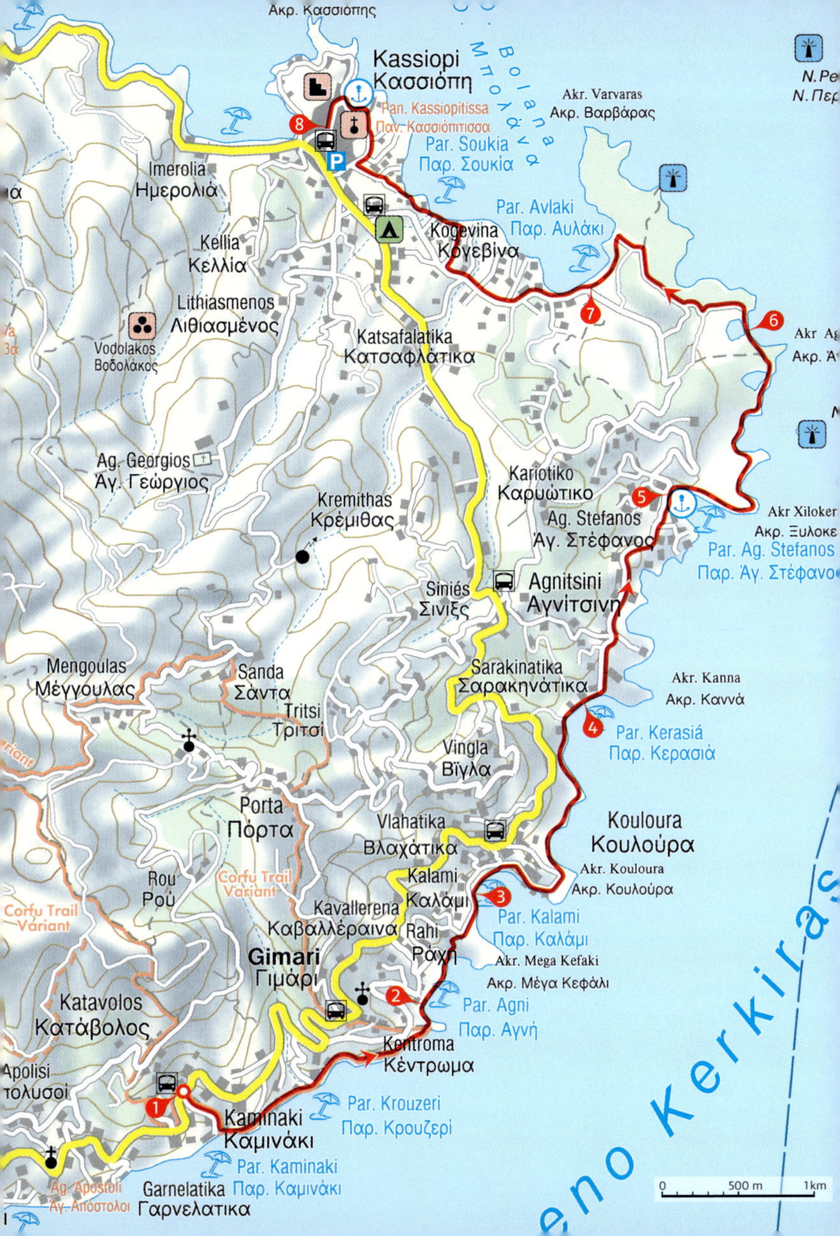

Akr. Kassiopis
Kassiopi
Κασσιόπη
Pan. Kassiopitissa
Παν. Κασσιοπίτισσα
Par. Soukia
Παρ. Σουκιά
Akr. Varvaras
Ακρ. Βαρβάρας
Par. Avlaki
Παρ. Αυλάκι
Imerolia
Ημερολιά
Kellia
Κελλιά
Kogevina
Κογεβίνα
Lithiasmenos
Λιθιασμένος
Vodolakos
Βοδολάκος
Katsafalatika
Κατσαφλάτικα
Ag. Georgios
Άγ. Γεώργιος
Kariotiko
Καρυώτικο
Kremithas
Κρέμιθας
Ag. Stefanos
Άγ. Στέφανος
Akr Xiloker
Par. Ag. Stefanos
Siniés
Σινιές
Agnitsini
Αγνίτσινη
Mengoulas
Μέγγουλας
Sanda
Σάντα
Sarakinatika
Σαρακηνάτικα
Akr. Kanna
Ακρ. Καννά
Tritsi
Τριτσί
Par. Kerasiá
Παρ. Κερασιά
Vingla
Βϊγλα
Porta
Πόρτα
Kouloura
Κουλούρα
Vlahatika
Βλαχάτικα
Akr. Kouloura
Ακρ. Κουλούρα
Rou
Ρου
Corfu Trail Variant
Kalami
Καλάμι
Par. Kalami
Παρ. Καλάμι
Kavallerena
Καβαλλέραινα
Rahi
Ράχη
Akr. Mega Kefaki
Ακρ. Μέγα Κεφάλι
Gimari
Γιμάρι
Par. Agni
Παρ. Αγνή
Katavolos
Κατάβολος
Kentroma
Κέντρωμα
Par. Krouzeri
Παρ. Κρουζέρι
Kaminaki
Καμινάκι
Par. Kaminaki
Παρ. Καμινάκι
Ag. Apostoli
Άγ. Απόστολοι
Garnelatika
Γαρνελατικα
0
500 m
1km

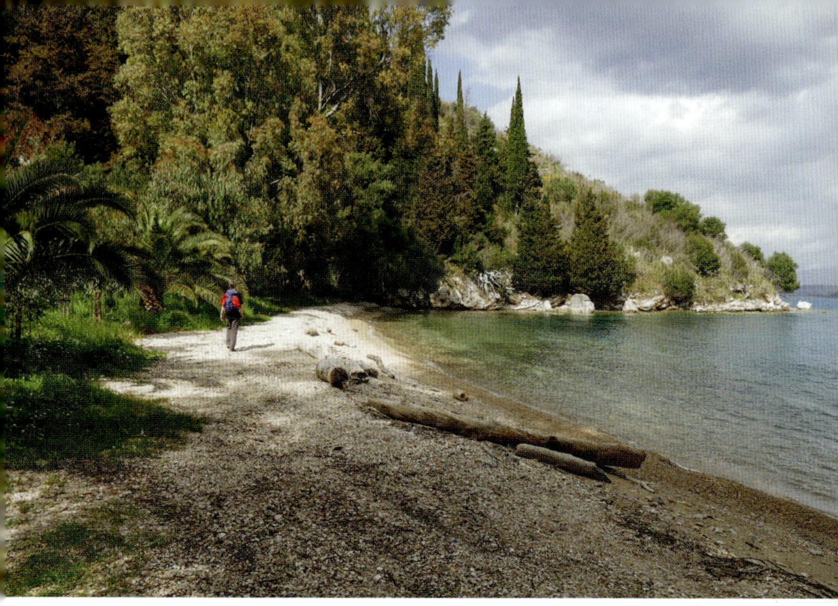

Jede Bucht hat einen eigenen Charakter: Kouloúra wird von Palmen und einem riesigen Eukalyptusbaum geprägt.

bucht verbirgt sich links hinter Binsen und Gesträuch der See Vromolímni, den am Strandende nur ein Streifen Steine und Fels vom Meer trennt. Dahinter führt unser Weg den Hang hinauf und oben verlassen wir ihn auf den schmaleren Abzweig nach rechts. Kurz darauf gelangen wir zum besonders schönen Strand zwischen dem See **Ákoli** ❻ und dem Meer, über das wir zur albanischen Stadt Ksamil und zur Leuchtturminsel Peristerés hinübersehen können. Kurz vor dem Ende der Bucht verläuft unser rot-orange markierter Pfad nach links hinauf. Schließlich stoßen wir auf einen Querweg und biegen rechts ab (Schild: To Aylaki). Nach ca. 50 m können Abenteuerlustige rechts auf eingewachsenem Pfad noch einen einsamen Kiesstrand besuchen (ca. 100 m einfache Strecke). Bald darauf folgen wir dem markierten Hauptweg links hinunter und anschließend an einem weiteren kleinen Strand vorbei. Nur kurz danach erreichen wir den großen weißen Kiesstrand von **Avláki** ❼ und stoßen auf eine Straße, auf der wir weiter am Meer entlanggehen. Am Ende des Strands folgen wir ihr nach links und verlassen sie nach ca. 200 m in den ersten Abzweig rechts hinauf. Wir passieren das Schild »Kassiopi Boat Yard Services« auf der linken Wegseite und biegen sogleich rechts auf den Schotterweg ab (Markierung: roter Pfeil).

Der Weg führt uns nach einer Weile zurück zum Meer und links Richtung Kassiópi. Erneut kommen wir an einem Strand vorbei, an dessen Ende wir auf dem Betonweg kurz nach links gehen, um nach wenigen Schritten in den mit rotem Pfeil markierten Pfad nach rechts einzuschwenken. An den roten Pfeilen orientieren wir uns bis auf Weiteres. Wir überqueren eine schmale Straße und steigen dahinter drei Stufen hinauf. Kurz danach wählen wir den gekiesten Pfad rechts hinab, der von niedrigen Mauern flankiert wird. Wieder verläuft die Tour kurz am Meer entlang. Am Pfadende folgen wir dem betonierten Pfad links hinauf. Er geht in eine Asphaltstraße über, an deren Ende wir uns rechts hinab wenden. Diese Straße steigt bald steil an und kurz bevor sie oben nach rechts schwenkt, verlassen wir sie auf den Pfad nach links. Aus dem Pfad wird eine Betonstraße, die uns hinunter zum Hafen und Ortskern von Kassiópi führt. Beim Kreisel nehmen wir den linken, mit Platten gepflasterten Abzweig und erreichen die Kirche von Kassiópi. Hier können wir rechts einen Abstecher von ca. 100 m zur byzantinischen Festung hinauf machen oder sogleich geradeaus zur Bushaltestelle in **Kassiópi** 8 gehen.

Ein alter Olivenhain in der Bucht von Kerasiá.

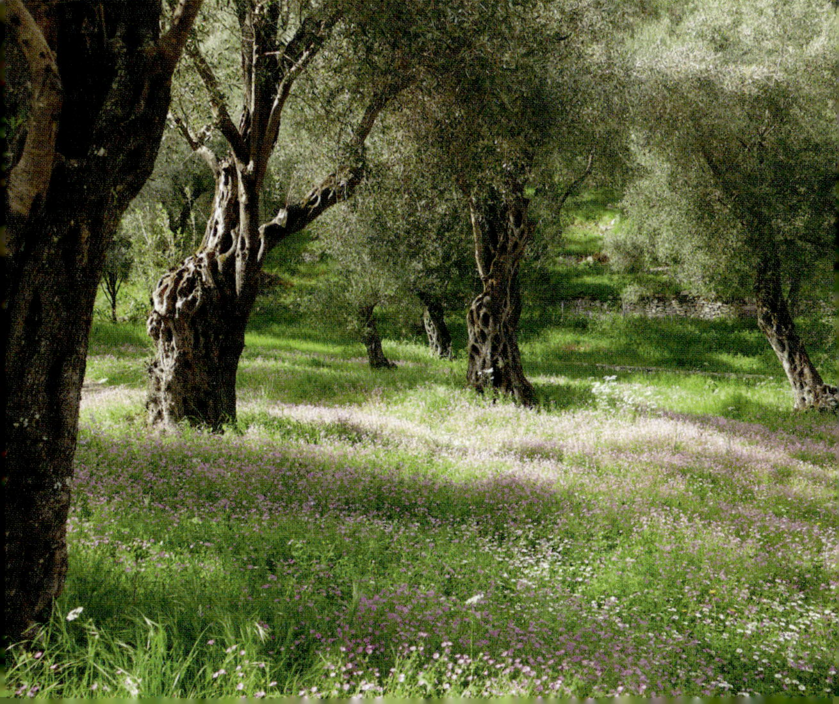

↗ 620 m | ↘ 620 m | 14.4 km

15 Von Sokráki nach Spartílas

5.15 h

Alte Bergdörfer, schöne Pfade und gefährdete Fresken

Vom malerischen Sokráki führt uns diese Tour durch liebliche Bachtäler, dunklen Zypressenwald und zum wunderbaren Aussichtspunkt bei der Kapelle der Erzengel hinauf. Nicht nur dieses Kirchlein, sondern auch ein weiteres am Weg ist zur Ruine verfallen, aber (noch) trotzen ihre alten Fresken dem Wetter. Im Frühjahr erwarten uns außerdem kleine Wasserfälle und zahlreiche Orchideen.

Ausgangspunkt: Taverne To Kapilio am südlichen Ortsrand von Sokráki (432 m, N39.7152, E19.7923). Da Parkraum in Sokráki rar ist, nutzen wir den privaten Parkplatz der Taverne. Der Inhaber hat auch außerhalb der Öffnungszeiten nichts dagegen. Während der Öffnungszeiten würde er sich über eine Einkehr in seiner schönen Taverne freuen.
ÖPNV: Bushaltestelle in Sokráki: Linie A14 »Corfu – Sokraki« (Mo. bis Fr. ca. 2x tgl.).
Anforderungen: Überwiegend Pfade mit steinigen, aber auch steilen, lehmigen Abschnitten, die bei Nässe rutschig sind. Es gibt Bachquerungen, die bei Hochwasser schwierig bis unmöglich sind, sowie einen kurzen Abschnitt, der den Einsatz der Hände erfordert.
Einkehr: Saisonale Lokale in Spartílas; mehrere, teils saisonale Lokale in Sokráki.

Wir verlassen den Parkplatz der Taverne in **Sokráki** ❶ und gehen an der Straße bergauf. Wo sie sich kurz darauf an einer Aussichtsterrasse gabelt, wählen wir die Straße rechts hinab. Wir folgen ihrem Verlauf durch den Ort, bis sie scharf nach links führt. Hier verlassen wir sie in die Gasse rechts (Schild: Kotronas) und halten uns rechts aus dem Ort hinaus. An der Gabelung bei der Tankstelle zur Rechten setzen wir unseren Weg links hinunter fort. Er mündet in eine Straße, auf der wir geradeaus gehen, um den bereits sichtbaren Abzweig rechts hinauf zu nehmen. Nach einer Weile verzweigt er sich und wir entscheiden uns für den linken Weg. Nach ca. 350 m schwenkt er scharf nach links, aber wir gehen auf dem Pfad geradeaus weiter (gelbe Markierung). An der gelben Markierung des Corfu Trails orientieren wir uns bis auf Weiteres und folgen dem Pfadverlauf durch den Wald. Schließlich verbreitert er sich zum Weg und kurz darauf biegen wir auf den markierten Pfad links ab, obwohl die Markierung genauso geradeaus

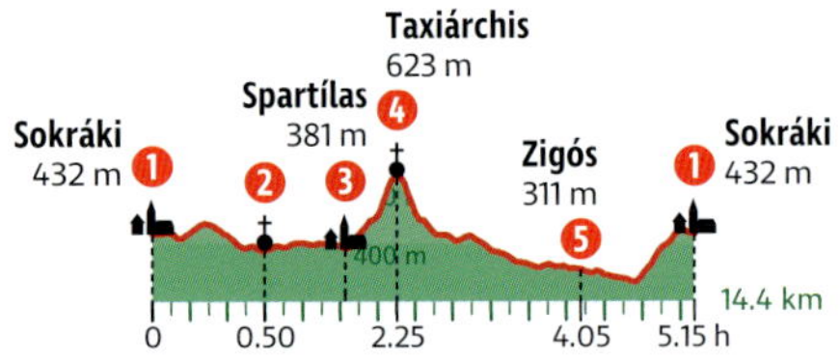

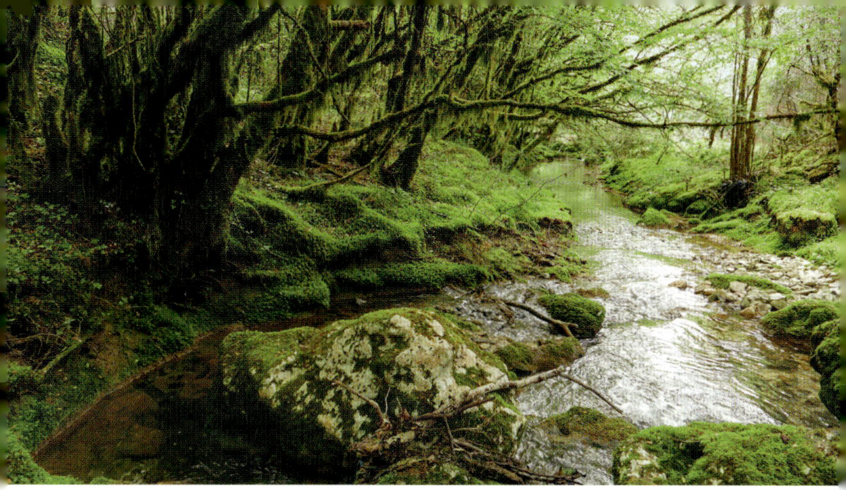

Bäume und Felsen am Ufer sind üppig mit Moos überzogen.

weiterführt. Auf dem nun anspruchsvolleren Pfad durch dschungelartigen Wald kommen wir an der von außen unscheinbaren **Ruine** ❷ einer Kapelle vorbei, die wir unbedingt von innen sehen sollten: Innerhalb der von Efeu überwucherten Mauern haben sich schöne Fresken erhalten. Wie lange sie ohne Dach wohl noch überdauern werden?

Unser Pfad endet an einem Schotterweg und wir wenden uns rechts hinab. Der Weg mündet in einen Querweg, in den wir links hinauf einschwenken. Er wird immer bewachsener, dann geht er in einen Pfad über, der uns bald an den Trockenmauern alter Olivenhaine entlangführt. An seinem Ende folgen wir dem Querweg nach rechts, der uns zu einer Straße bringt. Wir gehen an der Straße links hinauf und stoßen auf die Kehre einer Querstraße, auf der wir unsere Tour halb rechts fortsetzen. Sie führt uns in den Ort und wir passieren eine Kirche in **Spartílas** ❸. Dahinter verlassen wir

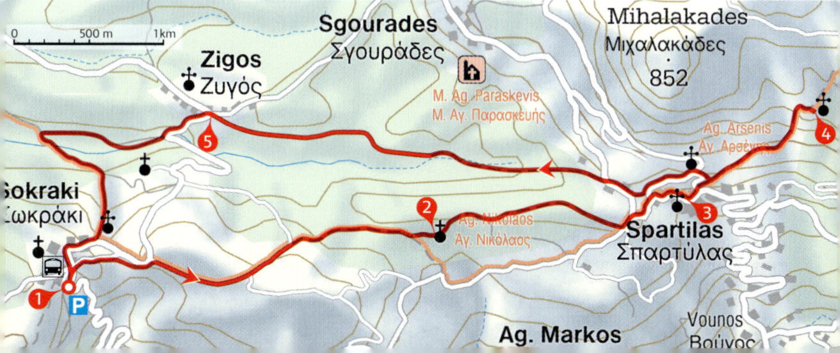

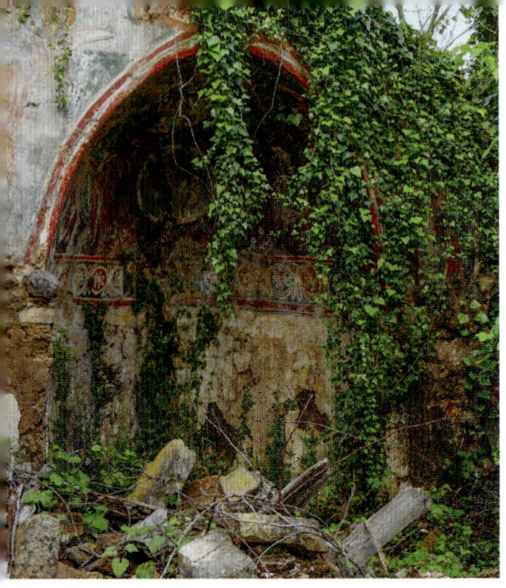

Im Wald stoßen wir auf eine verfallene Kapelle.

die Straße in die gelb markierte, mit Steinplatten gepflasterte Gasse links und steigen die Stufen links bergan. Wo sich die Stufen gabeln, halten wir uns rechts und folgen der Gasse zur nächsten Kirche. Hier biegen wir scharf links ab, die Stufen hinauf. Oben an der Querstraße wenden wir uns nach rechts und gehen auf dem Betonsträßchen bergan aus dem Ort, bis die Betondecke endet. Nun weist uns die Markierung die Stufen zur Linken hinauf. Der anschließende Pfad lässt die Olivenhaine rasch hinter sich und führt uns – gesäumt von Salbei, Ginster und Zistrosen – erst sacht, dann immer steiler bergauf. Oben biegen wir auf den Pfad rechts ab und erreichen kurz darauf die Kapellenruine **Taxiárchis** ❹. Von hier haben wir herrlichen Blick über die Ostküste mit Kérkyra und den Inseln Vído und Lazaréto sowie zum Festland hinüber. Auf selbem Pfad geht es nun wieder zum Betonweg hinunter. Diesem folgen wir jedoch nicht wieder bis nach Spartílas hinein, sondern verlassen ihn vorher auf den ersten betonierten Abzweig steil rechts hinauf (ohne Markierung). Damit verabschieden wir uns auch vorerst vom Corfu Trail.

Der Weg führt uns zu einer schmalen Straße, an der wir links hinuntergehen. Sie verläuft am oberen Ortsrand von Spartílas entlang und bald steil abwärts. Wo sie unten nach links zur Durchgangsstraße schwenkt, biegen wir auf den Weg rechts hinauf ab. Er endet an einer Straße, der wir ca. 300 m nach rechts folgen, um am Ende des Maschendrahtzauns den Pfad links zu nehmen (gelbgrün-weiße Markierung). Von dieser Markierung des Corfu Mountain Trails lassen wir uns bis auf Weiteres leiten. Der Pfad verläuft bald rechts bergab, über alte Weinbauterrassen, auf denen heute Zypressen und Orchideen wachsen. Der Wald wird wilder und dichter. Nach einer Weile queren wir einen (im Sommer eher ausgetrockneten) Bach und stoßen auf einen Weg, auf dem wir geradeaus weitergehen. Erneut kreuzt ein Bach unseren Weg und falls er Wasser führt, lohnt sich nach der Überquerung ein Blick ins Dickicht zur Rechten, wo sich ein kleiner Wasserfall mit Sinterbildung verbirgt.

Danach folgt der Weg für längere Zeit einem sich weitenden Tal. Schließlich gabelt er sich und wir wählen den betonierten Weg links hinab. Er endet an einer Straße, in die wir links hinunter einschwenken. Bald darauf bringt sie uns zum Ortsrand von **Zigós** ❺ hinauf, wo wir auf der Querstraße links bergab gehen. Wir kommen am Friedhof vorbei und verlassen die Straße in der folgenden Spitzkehre auf den Pfad geradeaus (gelbgrün-weiße Markierung – ist der Pfad entlang des Flusses wegen Hochwasser unpassierbar oder erscheint er zu beschwerlich, kann man der Straße weiter zurück nach Sokráki folgen). Der Pfad führt steil zum Bach hinunter, wo wir uns am Ufer nach links wenden, um ihm – teils über Felsen kletternd – bachabwärts zu folgen. Wo uns die Markierung eine seichtere Stelle weist, queren wir den Bach und stoßen am anderen Ufer auf einen Querpfad. Er bringt uns links zu einem Querweg, der uns links über eine Brücke führt (ab nun wieder gelbe Corfu-Trail-Markierung). Den breiten Abzweig scharf rechts ignorieren wir und nehmen stattdessen den Pfad rechts bergauf. Er verläuft in Serpentinen und oben geradeaus. Erneut ignorieren wir einen rechts abzweigenden Weg, dann weist uns die Markierung 90 Grad nach rechts und zu einem Querweg hinauf, der uns links in den Ort führt. Wir folgen der gepflasterten Gasse aufwärts zu einer Querstraße, in die wir rechts einschwenken. Den schön gestalteten Dorfplatz mit Brunnen und Kafeneíon überqueren wir geradeaus, um in der breiteren Gasse zu einem kleineren Platz, der Platía Royga, zu gehen. Am Ende des Platzes biegen wir links ab und lassen den gepflasterten Bereich hinter uns. Die Straße führt uns aus dem Ort und zum **Ausgangspunkt** ❶ zurück.

An den Dorfplätzen von Sokráki laden kleine Cafés zur Einkehr ein.

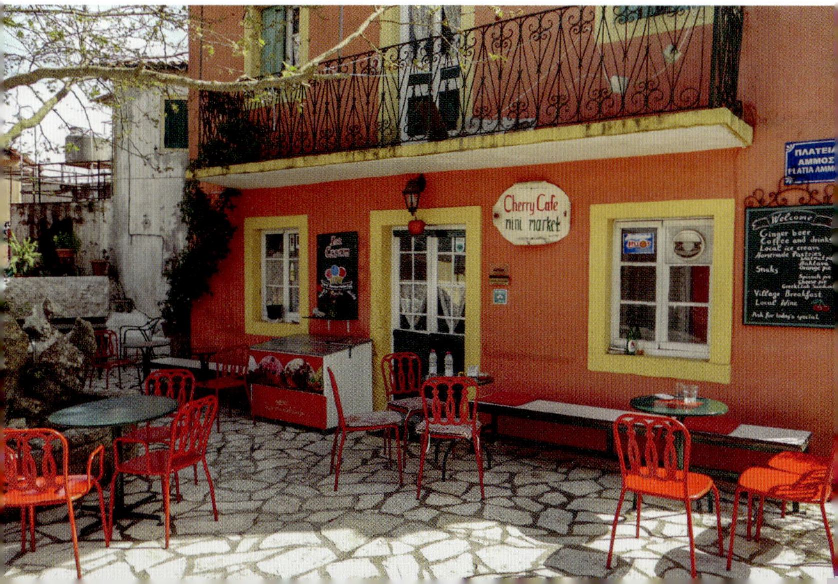

↗ 230 m | ↘ 230 m | 6.2 km

16 Von Sokráki auf den Tsoúka, 625 m

2.15 h

Auf Bergpfaden mit schöner Aussicht zum Gipfel

Fans naturnaher Steige haben an dieser Tour die größte Freude: Auf schmalen Pfaden geht es mal durch Macchia, mal an felsigen Hängen entlang, an denen Salbei, Orchideen und zahlreiche weitere Blumen und Kräuter gedeihen. Immer weiter reicht unser Blick, bis wir schließlich auf dem Höhenrücken des Tsoúka über einsame Wiesen und durch Steineichenwald nach Sokráki zurückkehren.

Ausgangspunkt: Taverna To Kapilio am südlichen Ortsrand von Sokráki (432 m, N39.7152, E19.7923). Da Parkraum in Sokráki rar ist, nutzen wir den privaten Parkplatz der Taverne. Der Inhaber hat auch außerhalb der Öffnungszeiten nichts dagegen. Während der Öffnungszeiten würde er sich über eine Einkehr in seiner schönen Taverne freuen.

ÖPNV: Bushaltestelle in Sokráki: Linie A14 »Corfu – Sokraki« (Mo. bis Fr. ca. 2x tgl.).

Anforderungen: Fast ausschließlich Pfade, die teils sehr felsig sind. Für den Abstecher zum Gipfel mit leichter Kletterei ist der Gebrauch der Hände nötig.

Einkehr: Unterwegs keine; mehrere, teils saisonale Lokale in Sokráki.

Wir verlassen den Parkplatz am südlichen Ortsrand von **Sokráki** ❶ und folgen der Straße aufwärts. Wo sie sich kurz darauf an einer Aussichtsterrasse gabelt, gehen wir links hinauf. Bei erster Gelegenheit biegen wir links in die Straße nach Troumbétas ab, um sie sogleich auf den Abzweig links hinauf zu verlassen (gelbgrün-weiße Markierung). Der Feldweg gabelt sich und die Markierung weist nach rechts, aber wir gehen weiter geradeaus und folgen dem Wegverlauf. Manchmal erhaschen wir zwischen den Büschen ersten Fernblick und im Frühling entdecken Orchideenliebhaber die ersten Ragwurz- und Knabenkrautarten am Wegrand. Schließlich verengt sich der Weg zum Pfad und kurz darauf biegen wir auf den Pfad rechts hinauf ab (rosa Markierung). Von dieser Markierung lassen wir uns bis auf Weiteres leiten.

Bald öffnet sich mehr Aussicht auf Mittelkorfu mit Kérkyra und der vorgelagerten Insel Vido zur Linken und dem an der Radarkuppel erkennbaren Ágii Déka prominent in der Mitte. Nach einer Weile erreichen wir einen **Olivenhain** ❷. Hier folgen wir der Markierung zunächst links hinab, dann führt sie uns wieder gen Osten durch den terrassierten alten Hain. An dessen Ende steigt der Pfad steil an und schlängelt sich den Hang hinauf. Steinmännchen ergänzen hier die rosa Markierung. Schließlich gabelt er sich bei einem größeren Steinmännchen und wir wenden uns nach rechts (gelbgrün-weiße Markie-

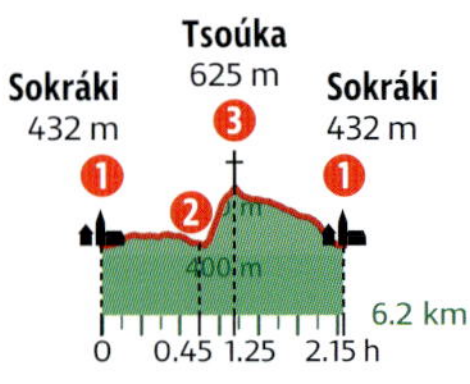

rung). Nach ca. 170 m führt unsere Tour später weiter geradeaus, doch zunächst biegen wir auf den Pfad links hinauf ab (rote Markierung), um – teils mit leichter Kletterei – einen Abstecher von ca. 100 m einfacher Strecke auf den Gipfel des **Tsoúkas** ❸, 625 m, zu machen. Er ist mit einem niedrigen Betonpfosten gekennzeichnet und bietet uns noch weitere Aussicht.

Anschließend folgen wir dem gelbgrün-weiß markierten Pfad weiter. Er verläuft kurz durch Niederwald, dann erreichen wir eine Lichtung und halten uns rechts. Wir gehen der Länge nach über die benachbarte Wiese und weiter zur nächsten. So wechseln sich Waldstreifen und Lichtungen ab, bis der Pfad gänzlich in den Steineichenwald eintaucht. Moose und Flechten besiedeln hier die Bäume. Während wir dem Höhenrücken folgen, werden die Gehölze wieder niedriger und wir bekommen erneut Aussicht – dieses Mal auch nach Norden bis zu den Diapontischen Inseln. Wir gehen der Länge nach über eine größere Blumenwiese, an einem alten Brunnen vorbei, dann führt uns der Pfad meist über federnden Waldboden allmählich talwärts. Nach einer Weile haben wir Blick auf Sokráki und erreichen kurz darauf Zäune, vor denen wir uns links halten und erst am Zaun, dann an der Mauer entlanggehen. An deren Ende schwenken wir rechts in den Schotterweg ein (gelbgrün-weiße Markierung). Er stößt auf einen Querweg, an dem wir links auf bekannter Route nach **Sokráki** ❶ zurückkehren.

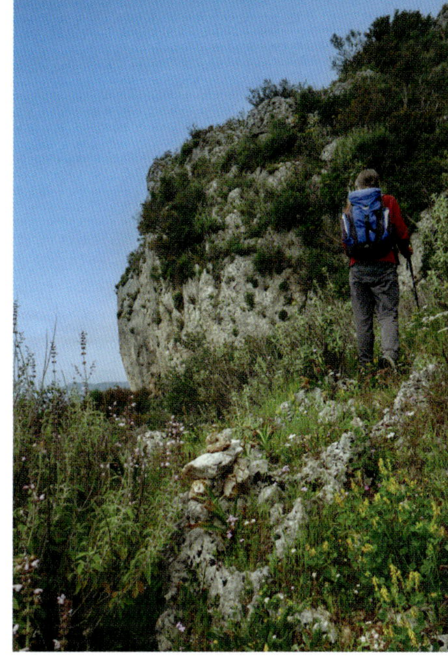

Zum Gipfel hin werden die Pfade immer felsiger.

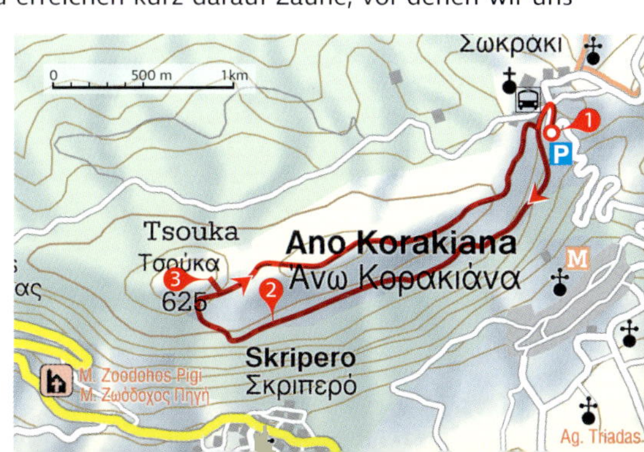

↗ 270 m | ↘ 270 m | 5.6 km

17 Von Doukádes zur Kapelle Ágios Symeón

2.15 h

Aussicht von einem spektakulär über steilen Felswänden errichteten Kirchlein

Das lebhafte Doukádes ist einer der typisch korfiotischen kleinen, alten Orte mit schmalen, verwinkelten Gassen, verbliebenen Spuren venezianischer Architektur und einem von Läden und Tavernen umgebenen Dorfplatz. Durch Olivenhaine steigen wir zur sagenumwobenen Kapelle des Propheten Simeon hinauf, um das herausragende Panorama zu genießen.

Ausgangspunkt: Parkplatz am südlichen Ortsrand von Doukádes (154 m, N39.6879, E19.7412).
ÖPNV: Bushaltestelle an der Hauptstraße nach Paleokastrítsa: Linien A9 »Corfu – Paleokastritsa« (ca. 18x tgl.), A10 »Corfu – Liapades« (ca. 6x tgl.); von dort der abzweigenden Straße bergan ca. 500 m zum Ausgangspunkt folgen.
Anforderungen: Überwiegend einfach zu begehende Wege und Pfade, die abschnittsweise steinig und steil sind.
Einkehr: Unterwegs keine; mehrere Lokale in Doukádes.
Hinweis: Vorsicht bei der Kapelle: Die Felswände fallen nahezu senkrecht ab und sind nicht gesichert!
Tipp: Vor allem bei Kindern ist der Gnadenhof für Esel »Corfu Donkey Rescue« sehr beliebt, der sich in der Nähe von Doukádes befindet (Eintritt frei, aber Spenden erwünscht; tgl. geöffnet 10–16 Uhr). Anfahrtsbeschreibung siehe corfu-donkeys.com.

Wir verlassen den Parkplatz am Ortsrand von **Doukádes** ❶, überqueren die Straße, gehen – etwas nach links versetzt – geradeaus und biegen sogleich auf den Betonpfad rechts hinauf ab. An dessen Ende führt uns eine Metalltreppe zu einer weiteren Straße, die wir kreuzen, um dem Pfad geradeaus zu folgen. Oben gibt es Treppen in beide Richtungen: Wir steigen die Stufen links hinauf und obwohl unsere Tour nach rechts weiterführt, machen wir oben einen kurzen Abstecher zur Kirche, um einen schönen Blick über den Ort und das Umland zu haben. Zurück auf der Tour biegen wir sogleich links ab. Hinter den Häusern gabelt sich der Pfad und wir halten uns links und an der gleich folgenden Gabelung rechts (unscheinbares Holzschild: To Agios Symeon). Nur wenige Schritte weiter wenden wir uns an der Verzweigung nach links. Der Pfad schlängelt sich bergan zu einer Betonstraße, in die wir links hinauf einschwenken.
Während unsere Route die Straße bereits eine Kurve weiter auf den **Schotterweg** ❷ nach rechts verlässt, können jene, die abkürzen wollen oder keinen allzu guten Orientierungssinn haben, einfach dem Straßenverlauf folgen und die Kapelle erreichen, indem sie sich an der einzigen Gabelung links halten. Alle anderen gehen mit uns auf dem abzweigenden Schotterweg weiter. Zunächst führt er uns durch einen Olivenhain, später säumen Kermeseichen unseren Weg. Schließlich stoßen wir auf eine Betonstraße,

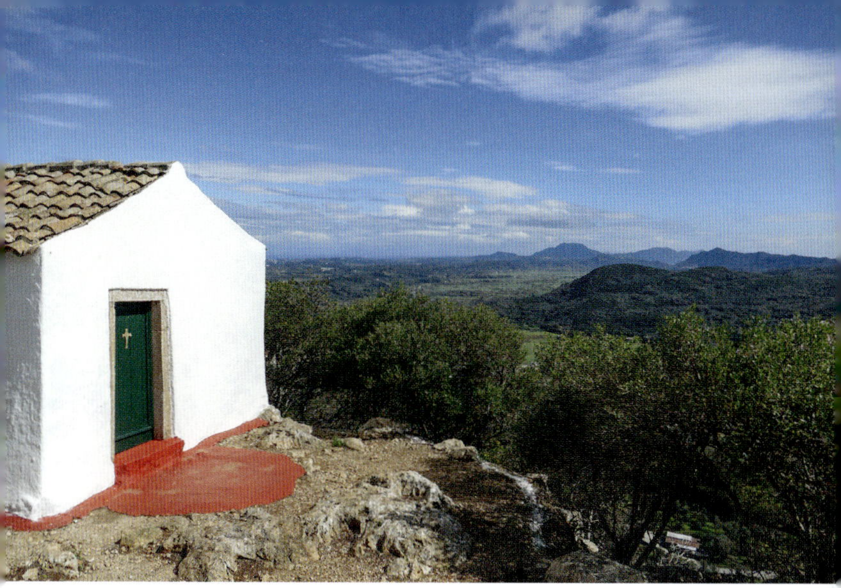

Die Kapelle Ágios Symeón besticht durch ihre exponierte Lage und einen herrlichen Fernblick.

auf der wir nach links gehen. Bald darauf verläuft sie abwärts und geht in einen Schotterweg über. In einem alten, verwunschen wirkenden Olivenhain wird der Weg zum etwas schwierig erkennbaren Pfad, dem wir halb links bergan folgen, um mit einem Schritt auf eine höhere Terrasse steigen. An deren Ende, nach ca. 50 m, biegen wir links ab und orientieren uns vorerst an den roten Markierungen auf den Steinen. Bald wird der Pfad wieder deutlich sichtbar und geht in einen rot markierten Weg über. Wir stoßen auf einen Querweg, auf dem uns die Markierungen links hinauf weisen. Am folgenden Querweg wenden wir uns nach rechts, haben schließlich wunder-

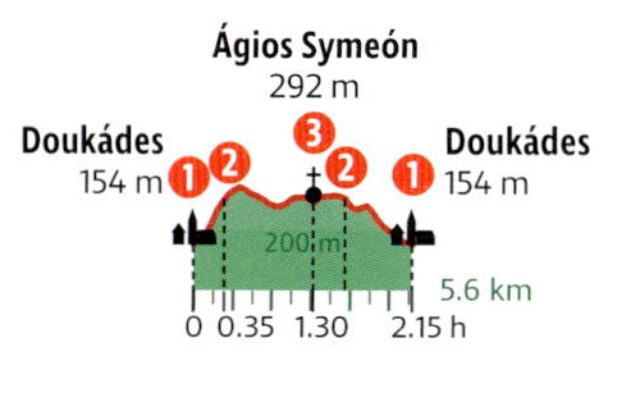

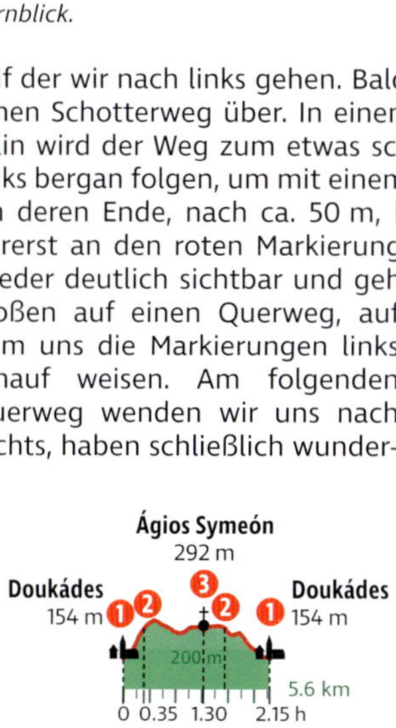

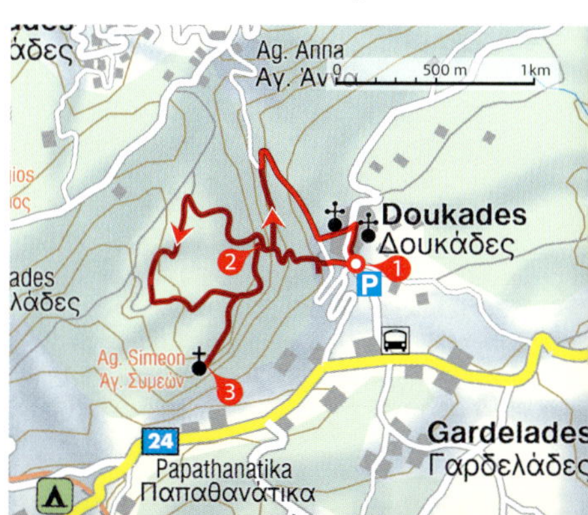

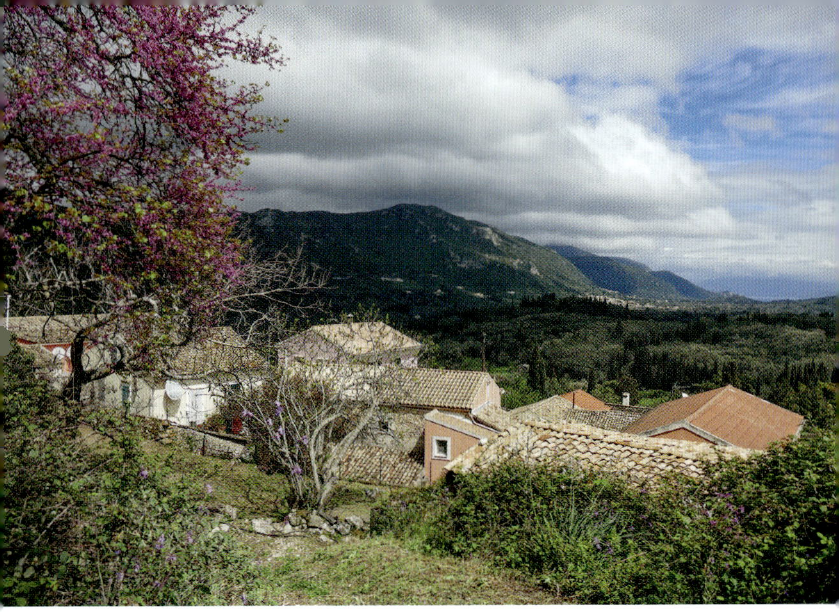

Blick zurück auf Doukádes.

baren Fernblick und schwenken rechts hinab in den nächsten Querweg ein (Schild: ΑΓΙΟΣ ΣΥΜΕΟΝ). Nun passieren wir einen kleinen Parkplatz und einen Antennenmast und am Wegende liegt die kleine Kapelle vor uns, zu der uns ein steiniger Abstieg hinabbringt. Um **Ágios Symeón** ❸ ranken sich mehrere Legenden. So soll die hier verehrte Ikone des Heiligen die Frauen im Tal mit einer Flamme auf sich aufmerksam gemacht haben und nachdem sie wiederholt geborgen und in die Dorfkirche getragen wurde, tauchte sie auf rätselhafte Weise so lange wieder am Fundort auf, bis dort die Kapelle errichtet wurde.

Wir genießen den weiten Blick von der fernen Hauptstadt über die Ebene mit dem Rópa-Tal bis zur Felsküste und Paleokastrítsa, bevor wir zunächst auf demselben Weg zurückkehren, auf dem wir gekommen sind. Er endet schließlich an einer Straße, der wir rechts hinunter folgen. Mit Blick auf Doukádes geht es talwärts und wir erreichen die ersten Häuser. Wo der Weg rechts hinauf zur Ágios-Symeón-Kapelle ausgeschildert ist, wählen wir links die gepflasterte Gasse abwärts und gelangen zu einer weiteren Kirche. Am Fuß der Stufen haben wir die Wahl: Rechts führt uns die Gasse zur Hauptstraße und dem **Ausgangspunkt** ❶ zurück, aber wir können zuvor auch links einen Abstecher zum Dorfplatz mit den Einkehrmöglichkeiten machen.

↗ 560 m | ↘ 560 m | 10.4 km

TOP

4.15 h

Von Paleokastrítsa auf den Araklís, 505 m

18

Alles, was Korfu ausmacht, auf einer Tour

Diese Wanderung vereint alle charakteristischen Schönheiten Korfus: eine Badebucht mit kristallklarem Wasser, darüber malerische Felsküste und Olivenhaine, gepflasterte alte Eselspfade, ein typisch verwinkeltes Bergdorf und der Gipfel des Araklís mit herrlicher Aussicht. Selbst die Kultur kommt nicht zu kurz, denn wir besuchen auch eine typische Bergkapelle und das idyllisch gelegene Kloster Paleokastrítsa.

Ausgangspunkt: Großer kostenpflichtiger Parkplatz am Ende der Hauptstraße (10 m, N39.6718, E19.7017). Kostenloser Parkplatz am Hafen (Beschilderung: Port of Alipa, N39.6726, E19.7062).
ÖPNV: Linie A9 »Corfu – Paleokastritsa« (ca. 18x tgl.). Die Endhaltestelle befindet sich am Ausgangspunkt, aber wir steigen besser vorher (bei der Bar »Unlimit«) aus und beginnen die Tour dort.
Anforderungen: Neben Straßenabschnitten viele steile Pfade, teils gepflastert. Auf dem abschüssigen Abstieg vom Araklís kann der Einsatz der Hände oder von Stöcken erforderlich sein.
Einkehr: (Teils saisonale) Lokale in Lákones; zahlreiche Möglichkeiten in Paleokastrítsa.
Tipps: (1) Das sehenswerte Kloster ist kostenlos zugänglich von April – Oktober (tgl. 7–13 u. 15–18 Uhr). Es empfiehlt sich, morgens oder abends zu kommen, da der Andrang sehr groß ist. (2) In Paleokastrítsa starten Bootsausflüge zu abgelegenen Badebuchten. (3) Die Unterwasserwelt Korfus kann man hier beim Tauchen erleben oder (4) im »Corfu Aquarium« (corfuaquarium.com).

Wir gehen vom großen Parkplatz in **Paleokastrítsa** ❶ ca. 1,3 km an der Hauptstraße zurück und biegen zwischen der Bar »Unlimit« und der Bäckerei »Happy Day« links hinauf ab. Nach ca. 150 m wenden wir uns nach rechts (Schilder: Manganas Studios / Path to Lakones), nicht auf den Betonweg, sondern erst auf den Pfad dahinter! Er führt uns in die Olivenhaine. Beim kleinen weißen Gebäude auf der rechten Wegseite halten wir uns links und an der gleich darauf folgenden Gabelung rechts. An einem Ziegengehege nehmen wir den Querpfad links hinauf. Der alte Eselspfad verläuft schließlich unter einer Straße hindurch. Hinter der Unterführung folgen wir der Straße ca. 250 m abwärts, um dann links in eine betonierte Zufahrt hinauf abzubiegen (gelbe Corfu-Trail-Plakette). Wir passieren das Haus und wenden uns dahinter nach links (Markierung: gelbes »CT«). Der Weg geht in einen Pfad über und bietet erste schöne Ausblicke auf die Küste.

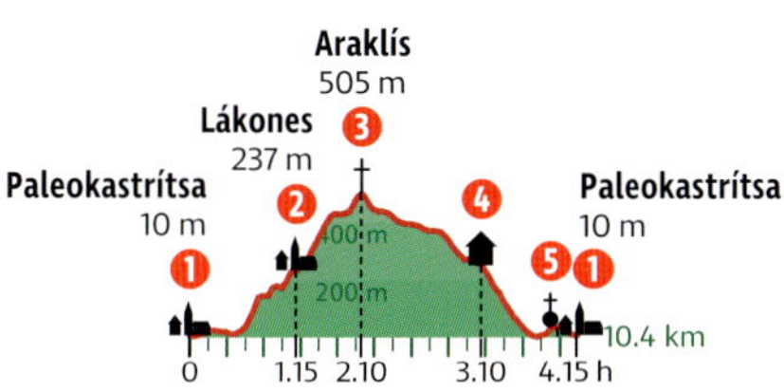

Wir kreuzen eine Straße, folgen dem Pfad weiter geradeaus (glei-

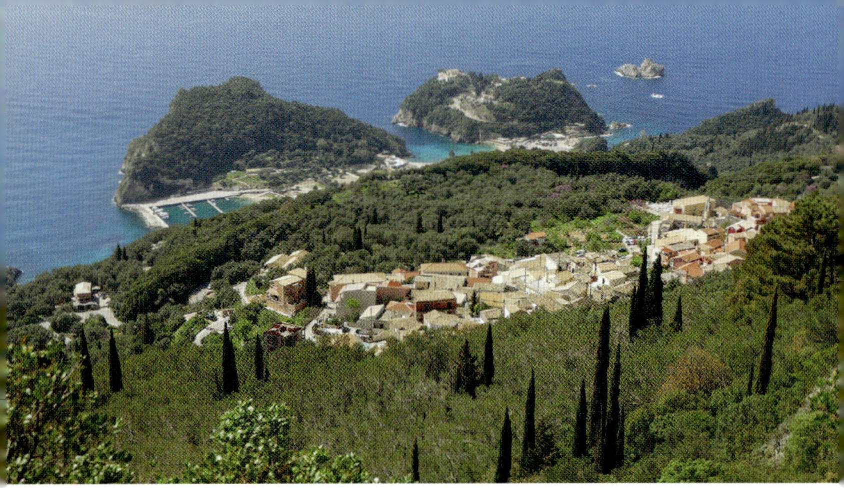

Die Aussicht auf Lákones und Paleokastrítsa wird mit jedem Höhenmeter beeindruckender.

che Markierung) und einige Stufen hinauf. Oben halten wir uns rechts und eine weitere Treppe bringt uns zur Straße, die uns links nach **Lákones** ❷ hineinführt (Markierung: »CT«). Wir kommen an einer Metzgerei zur Rechten vorbei und biegen danach in die nächste betonierte Gasse rechts hinauf ab, um sogleich in die Gasse zur Linken einzuschwenken. Sie verläuft aus dem Dorf hinaus und geht in einen alten Pfad über. Schließlich weichen die Olivenhaine Eichen und griechischem Salbei. Der Pfad endet bei einer Gedenkstele an einem Schotterweg. Bevor wir unserer Tour hier nach links folgen, um hinter der Stele sogleich wieder links hinauf abzubiegen, machen wir einen kurzen Abstecher nach rechts zur Kapelle des Profítis Ilías,

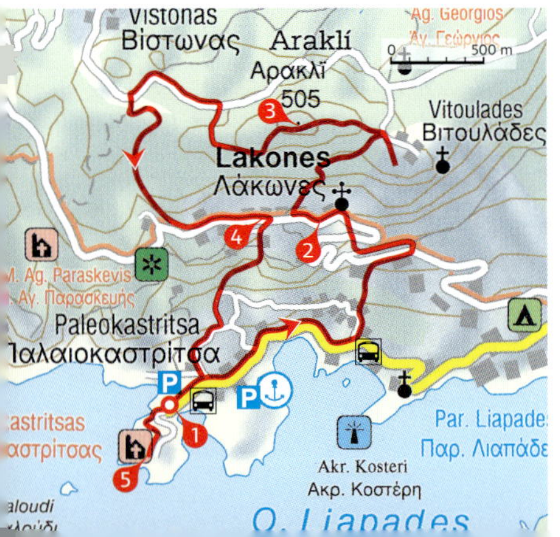

denn die Stele erinnert an einen örtlichen Offiziersveteranen, der die kleine Kirche restaurieren ließ. Nun folgen wir dem Pfad bergan bis auf den Gipfel des **Araklís** ❸, 505 m, den eine Betonsäule markiert. Hier genießen wir wunderbaren Panoramablick über die Küste mit der Festung Angelókastro, dem Kloster Paleokastrítsa und vorgelagerten kleinen Inseln. Anschließend gehen wir ein paar Schritte weiter und halten uns für den Abstieg bei einem liegenden Betonklotz rechts hinunter. Bald darauf endet der Pfad an einem Weg, auf dem wir nach links gehen. Wir ignorieren den Abzweig nach rechts, der bald eingewachsen ist, folgen dem Wegverlauf bergan, passieren Weinstöcke und lassen einen weiteren Abzweig nach rechts aus. Unser nun betonierter Weg führt in einer Rechtskurve talwärts und schließlich zu einer Straße, an der wir uns nach links wenden. Nach ca. 600 m hat sie deutliches Gefälle und wir biegen auf den ersten Schotterweg links hinauf ab (gelbe Markierung), um sogleich den nächsten Abzweig nach links zu nehmen. Er verjüngt sich zum Pfad durch Olivenhaine und Eichenwald und stößt in Lákones auf eine Straße, die uns nach links zum kleinen runden Dorfplatz mit einem Baum in der Mitte führt. Hier verläuft unsere Tour gleich rechts die Gasse hinunter, doch zunächst lädt uns das ΚΑΦΕΝΕΙΟΝ, das **Kafeneíon 4**, zum Verweilen ein. Wir verlassen die Gasse gleich darauf nach rechts (Schild: Leas Path (Way to Paleokastrítsa). An der Gabelung halten wir uns links hinunter und kreuzen bald darauf einen Betonweg, um unseren Abstieg über eine tiefe Stufe hinab fortzusetzen. Der Pfad verläuft in einer tief eingeschnittenen Schlucht, dann erreichen wir einen Olivenhain, wo der Pfad in einen Schotterweg übergeht. Wir gelangen an einen Querweg, dem wir steil abwärts folgen, und stoßen auf eine Straße, die uns rechts hinab zur Hauptstraße bringt. Sie führt uns nach rechts zum **Ausgangspunkt 1** zurück, wo wir zunächst auf der Straße zum Kloster geradeaus weitergehen. Wir verlassen sie jedoch bereits in der ersten Haarnadelkurve – beim »No Parking«-Schild – auf den etwas versteckten Pfad geradeaus. Er endet oben an einem asphaltierten Platz, den wir überqueren, um rechts zum **Kloster Panagía Theotókou 5** hinaufzugehen. Es wurde 1225 auf den Resten einer Festung gegründet und im Lauf der Jahrhunderte zweimal zerstört und wieder aufgebaut. Abgesehen von der Klosteranlage selbst, die u. a. eine sehenswerte Kirche, Wandelgänge und ein Ikonenmuseum umfasst, gibt es drei schöne Aussichtspunkte zu entdecken: den ersten bei der Kanone rechts der Klosterpforte und den zweiten am Ende des Pfads rechts der Kanone, am Eselgehege vorbei zu einem Kreuz hinauf. Um den dritten zu erreichen, gehen wir am Restaurant und dem Pfauengehege vorbei zu einem weiteren Kreuz, bevor wir auf gleichem Weg zum **Ausgangspunkt 1** zurückkehren.

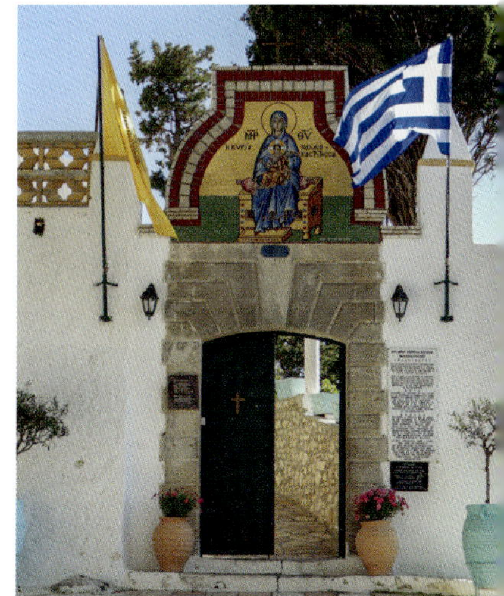

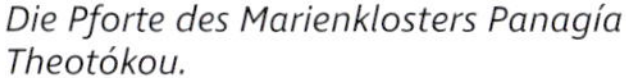

Die Pforte des Marienklosters Panagía Theotókou.

↗ 280 m | ↘ 280 m | 5.7 km

19 Die drei Strände von Liapádes

2.15 h

Auf Abenteuerpfaden zu malerischen Buchten

Während das nahe Paleokastrítsa von Touristen überrannt wird, geht es in den verwinkelten Gassen von Liapádes beschaulicher zu. Vom traditionell gestalteten Dorfplatz mit Kafeníon und Kirche aus dem 16. Jh. führt unsere Tour durch Olivenhaine ans Meer hinab, wo uns drei Badebuchten mit türkisblauem Wasser erwarten. Einen weißeren Strand als Roviniá hat auch die Karibik nicht zu bieten.

Ausgangspunkt: Dorfplatz bei der Kirche im Zentrum von Liapádes (124 m, N39.6687, E19.7402). Da die Gassen zu schmal sind, unbedingt am Ortsrand parken (z. B. der Ausschilderung »To the Beaches« folgend am Friedhof, N39.6720, E19.7392).
ÖPNV: Bushaltestelle in Liapádes: A10 »Corfu – Liapades« (ca. 6x tgl.).
Anforderungen: Überwiegend einfache Wege, aber zu etwa einem Viertel auch schmale Pfade, die steinig, teils abschüssig oder stellenweise etwas ausgesetzt sind.
Einkehr: Saisonale Lokale am Strand von Liapádes; teils saisonale Lokale am Ausgangspunkt.
Hinweise: Vorsicht mit Kindern: Am Pfad zwischen WP 2 und 3 gibt es eine Höhle, in die es unvermittelt senkrecht in die Tiefe geht! Keinerlei Sicherung vorhanden. Gleiches gilt für den Aussichtspunkt vor WP 2. Generell empfehlen wir die Tour nur für geübte, ältere Kinder.
Tipps: (1) Es lohnt sich, einen Erkundungsgang durch die Gässchen der Altstadt zu machen. (2) Liapádes ist für seinen Weißwein der Sorte Kakotrygis bekannt.

Mit der Kirche am Dorfplatz von **Liapádes** 1 im Rücken nehmen wir die Gasse rechts hinauf und gehen geradeaus über die Kreuzung weiter bergan. Oben stoßen wir auf eine Quergasse, in die wir links hinauf abbiegen. Wir lassen die letzten Häuser hinter uns und wandern nun durch die Olivenhaine. Der Weg mündet in eine Asphaltstraße, der wir rechts hinauf folgen. Nach ca. 150 m verlassen wir sie auf den Betonweg nach rechts. Bald schwenkt er rechts hinab, doch wir wählen den Weg links, der uns nach dem ersten kurzen Anstieg stetig abwärts führt. Etwa 20 m, nachdem der Beton endet, nehmen wir den Pfad rechts hinunter. Am tiefsten Punkt queren wir eine ausgewaschene Rinne, dann folgen wir dem nun wieder breiteren Weg, bis er an einem Betonweg endet, den wir rechts hinabgehen (Markierung: gelbgrün-weiße Balken). Er bringt uns zu einer Straße, in die wir links hinauf einschwenken. Am höchsten Punkt machen wir zunächst rechts einen Abstecher zwischen den beiden steinernen Türpfosten hindurch. Auf dem Pfad gelangen wir erst zu einem betonierten Platz und dann links zu einem nicht gesicherten Aussichtspunkt: Hier

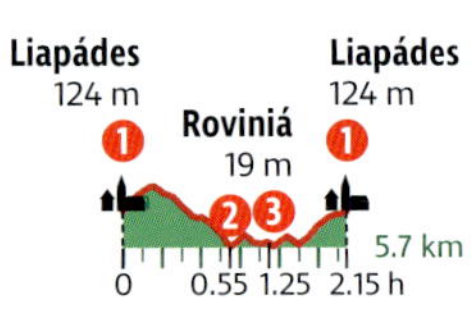

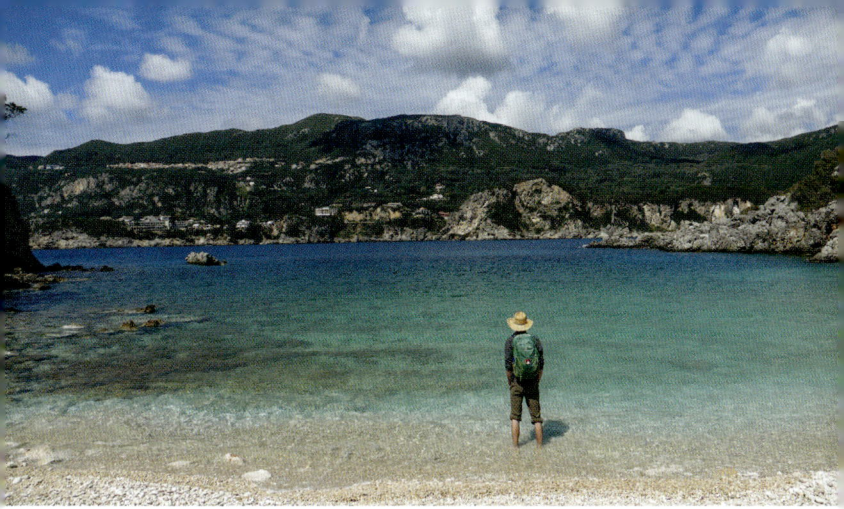

Die schöne Zwillingsbucht von Límni lädt zur Abkühlung ein.

haben wir herrlichen Blick auf das in den Hang gebaute Lakónes, Paleokastrítsa mit dem Kloster und hoch über allem die Festung Angelókastro. Anschließend folgen wir der Straße weiter und nehmen bei erster Gelegenheit den markierten Weg scharf rechts hinunter. An der gelbgrün-weißen Markierung orientieren wir uns nun bis auf Weiteres. Wir wenden uns beim zweiten Abzweig scharf links (Schild: Limni L=250 m). Der gut ausgebaute Weg führt über viele Stufen zur Zwillingsbucht von **Límni** ❷ hinab. Die beiden kleinen weißen Kiesstrände bieten sich als Fotomotiv geradezu an. Die Treppen geradeaus hinauf enden leider an einem abgesperrten Gelände. Wir steigen anfangs dieselben Stufen wieder hinauf, die wir heruntergekommen sind, aber wo die gepflasterten enden und die Holzstufen beginnen, biegen wir links ab. Der Pfad führt uns zu weiteren Stufen, die uns rechts zu einem Haus bringen, vor dem wir uns rechts halten. Beim Metalltor nehmen wir den markierten Pfad links hinunter. Durch dschun-

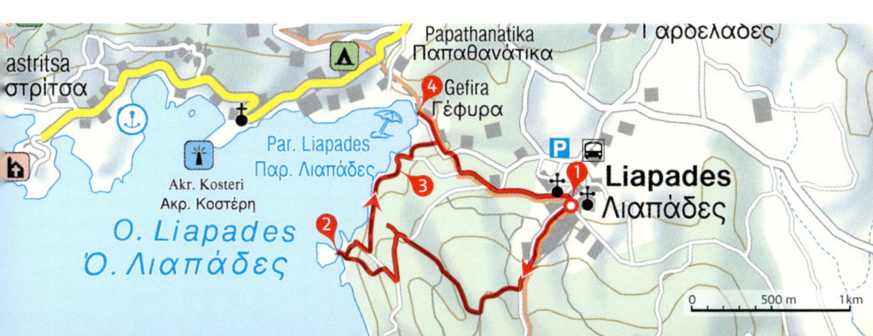

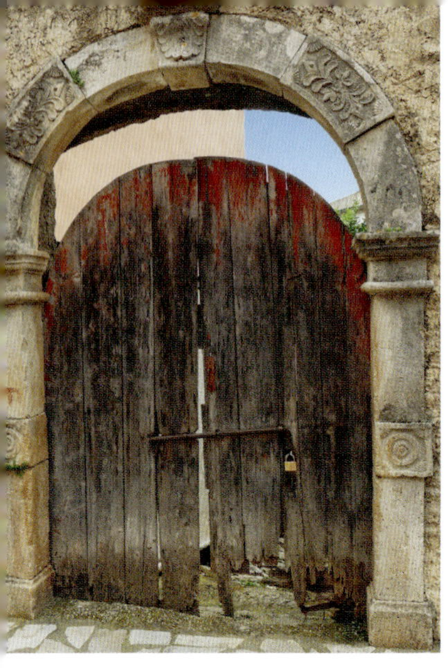

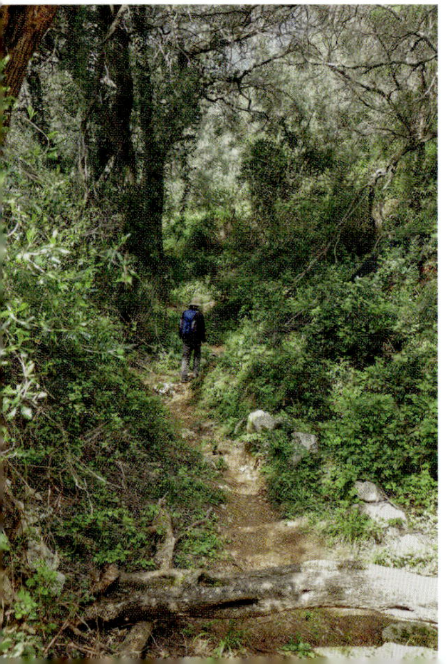

gelartigen Wald und Macchia verläuft er bald am felsigen Hang über dem Meer. Wo es rechts nach einem kurzen Abzweig aussieht, ist Vorsicht geboten: Hier klafft ein riesiges Loch und wir können in eine Meereshöhle hinabspähen.

Der Pfad mündet in den Traumstrand **Roviniá** 3, der mit seinem weißen Sand zu einer Badepause einlädt, bevor wir unsere Tour auf dem Weg rechts hinauf fortsetzen. Er verläuft über Stufen bergan und wir folgen ihm, bis er an einem steinigen Platz endet. Hier nehmen wir den Pfad links hinab. Er führt uns zu einer Straße, die wir abwärts gehen, um den Strand **Paralía Liapádon** 4 zu erreichen. Er ist nicht so schön wie die beiden vorherigen Strände, doch dafür können wir hier einkehren. Anschließend nehmen wir dieselbe Straße wieder bergauf, verlassen sie (und damit die Markierung) aber erst nach der Snack Bar mit Swimming Pool bzw. »Villa Birlis« auf den betonierten Pfad rechts, über Stufen bergauf. Er stößt auf einen Querweg, in den wir links hinauf einschwenken. Der Weg geht in eine Betonstraße über, die an einer Querstraße endet. Hier biegen wir links ab, um die Straße gleich wieder geradeaus hinauf in die Sackgasse zu verlassen. Oben an der Gabelung wenden wir uns links hinunter, dann folgen wir der gewundenen Gasse auf und ab, bis wir wieder den Dorfplatz von **Liapádes** 1 erreichen.

Oben: Venezianisches Portal in den Gassen von Liapádes.
Unten: Auf wilden Pfaden entlang der Küste.

↗ 420 m | ↘ 420 m | 8.9 km

3.30 h

Von Giannádes nach Érmones über den Tzamórou

20

Ein abgelegenes Bergdorf, Strände und ein Berg mit beeindruckenden Steilhängen

Verglichen mit dem Rummel der Touristenorte ist Giannádes ein ruhiges Fleckchen geblieben und hat einen Dorfplatz mit Aussicht über die Rópa-Ebene bis zu den fernen Bergen zu bieten. Unsere Tour führt zum mythischen Strand von Érmones, wo Odysseus einst die Tochter des Phäakenkönigs Alkinoos getroffen haben soll, dann an einer Kapelle über dem Meer vorbei und auf abenteuerlichem Pfad über den Tzamórou.

Ausgangspunkt: Ausgeschilderter Parkplatz im Ortszentrum von Giannádes (147 m, N39.6323, E19.7623), dort oberhalb auch die Bushaltestelle.
ÖPNV: Bushaltestelle in Giannádes: B18 »Corfu – Giannades« (Mo. bis Fr. ca. 3x tgl.). Alternativ kann man in Érmones in die Tour einsteigen und nutzt die Bushaltestelle dort: Linie B16 »Corfu – Ermones« (ca. 7–8x tgl.).
Anforderungen: Der schmale Küstenpfad ist auf einer kurzen Passage ausgesetzt und es besteht Absturzgefahr, zudem ist eine steile Geröllrinne zu meistern und Erdrutsche könnten die Situation verändern. Daher sollte die Tour nur von absolut schwindelfreien, trittsicheren, geübten Wanderern begangen werden, die mögliche Gefahren einschätzen können. Für einige Passagen kann der Einsatz von Stöcken hilfreich sein.
Einkehr: Saisonal zwei Tavernen in Érmones; weitere Einkehrmöglichkeiten in Giannádes.

Wir verlassen den Parkplatz in **Giannádes** ❶ an der Zufahrt und gehen die Straße rechts hinab. Etwa 40 m nach der Haarnadelkurve nehmen wir die Betonstraße rechts hinunter. Sie führt uns durch Olivenhaine, an einem Sportplatz vorbei und über eine betonierte Brücke. Kurz darauf biegen wir rechts hinauf ab. Oben folgen wir dem Hauptweg nach rechts, bis er an einem Querweg endet, in den wir nach links einschwenken (gelbgrün-weiße Markierung des CMT). An dieser Markierung orientieren wir uns vorerst. Der Weg verläuft leicht bergab und bietet immer wieder schönen Blick auf die Rópa-Ebene, das Pantokrátor-Massiv und die albanische

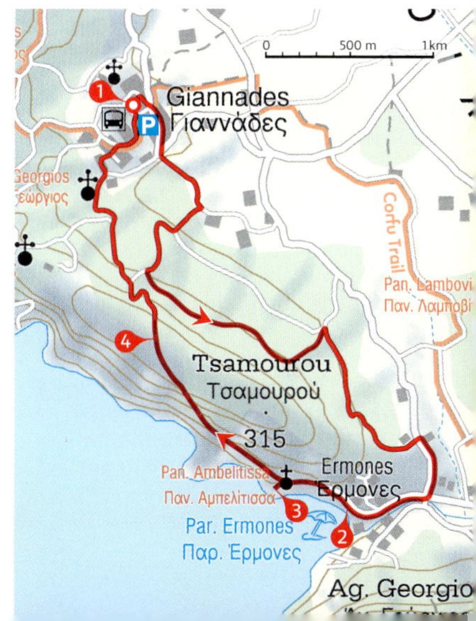

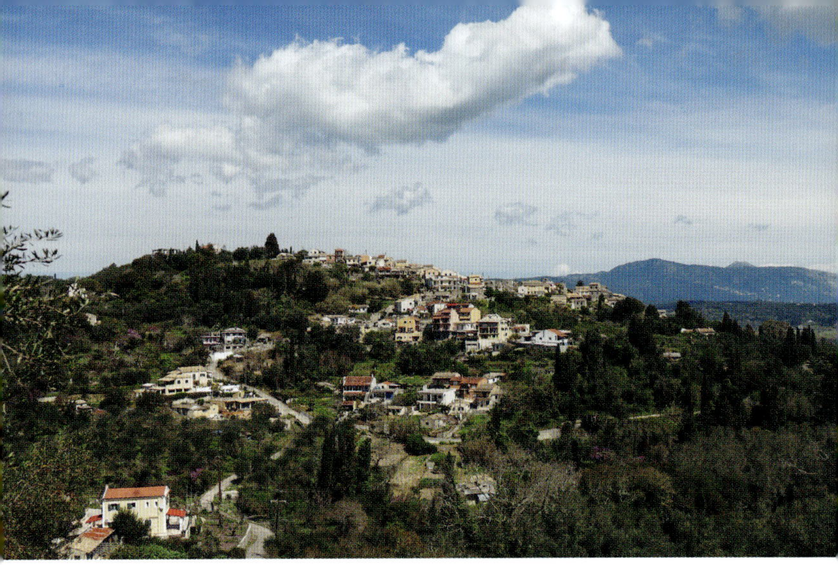

Abseits der Touristenströme thront Giannádes auf einem Hügel.

Küste. Schließlich wird die Vegetation dichter und es geht bergan. Wo unser Weg nun eine Rechtskurve beschreibt, wenden wir uns auf den Schotterweg links hinab. Wir folgen dem markierten Wegverlauf und biegen am Schotterquerweg scharf rechts ab. Bald sehen wir das Bergdorf Vátos vor uns und die auf dem Gipfel thronende Kapelle Ágios Geórgios. Wir passieren einen von Palmen flankierten Olivenhain und folgen dem Weg in einer Linkskurve talwärts, wo er recht ausgewaschen ist. Er endet an einer Asphaltstraße, an der wir nach rechts gehen. Wir gelangen an eine Querstraße und wenden uns nach rechts. Indem wir der Straße immer weiter folgen, verlassen wir die Markierung und hören schon bald den Rópa-Fluss rauschen, der durch die gleichnamige Ebene fließt. Über uns verläuft die Standseilbahn für Hotelgäste. Kurz bevor wir das Meer erreichen, haben wir die Wahl: Unsere Tour führt auf dem Pfad zur Rechten hinauf (Schild: Path to Apelistra Chapel), aber wer baden oder einkehren möchte, geht zunächst links zum Strand von **Érmones** 2, an dessen Ende sich die Tavernen befinden.

Schon nach ca. 400 m erreichen wir die schön gelegene kleine Kapelle **Panagía Ampelítisa** 3, die in den Ruinen eines Vorgängerbaus errichtet wurde. Nun gehen wir rund 50 m auf demselben Pfad zurück und biegen auf den gelb markierten Pfad links ab. Wir halten uns immer auf dem Hauptpfad und so auch an der Gabelung auf dem rechten, etwas ausgespülten Abzweig. Nach ca. 400 m passieren wir eine ausgesetzte Stelle, an der es rund 100 m in die Tiefe geht. Dieser Abschnitt ist nur wenige Meter kurz. Danach erreichen wir eine Geröllrinne, an der ein Seil entlang gespannt ist. Da wir nicht wissen können, wie haltbar das Seil ist, gehen wir möglichst ohne dessen Hilfe rechts die steile und rutschige Rinne hinauf. (In manchen Karten ist ein Pfad hinab zur Bucht eingezeichnet, den es jedoch nicht gibt, daher raten wir von einem Abstieg dringend ab!) Nach ca. 40 m verlassen wir die Rinne direkt unterhalb des aufragenden Felsens nach links, um dem Pfad dort zu folgen. Bald wird er einfacher zu begehen und bietet ab und an herrlichen Meerblick. Vor allem gegen Ende ist er recht eingewachsen. Schließlich überschreiten wir seinen höchsten Punkt auf dem **Tzamórou** 4 und es geht geradewegs durch einen Olivenhain hinab. Unten wählen wir den Schotterweg halb rechts, der uns weiter abwärts führt. Am geschotterten Querweg wenden wir uns nach links und lassen uns wieder von der gelbgrün-weißen Markierung leiten. Wir stoßen auf eine Asphaltstraße, auf der wir unsere Richtung fortsetzen, und durchschreiten den Talgrund, um uns an der Gabelung links hinauf zu halten. Im Gassengewirr folgen wir an Gabelungen der Markierung immer links und erreichen den Dorfplatz mit Fernblick. Vor dem Platz rechts hinab gelangen wir zurück zum unterhalb gelegenen **Ausgangspunkt** 1.

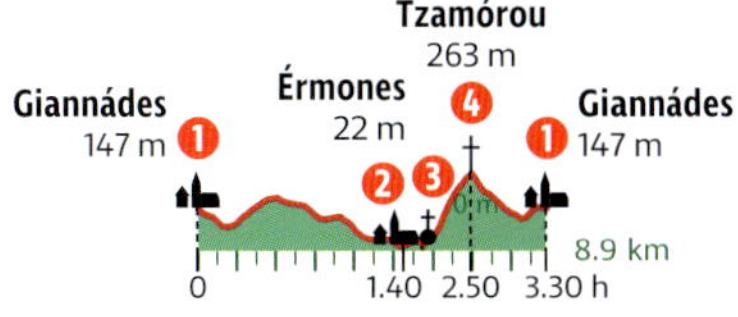

Hinter der Bucht von Érmones erhebt sich der Bergrücken des Ágios Geórgios.

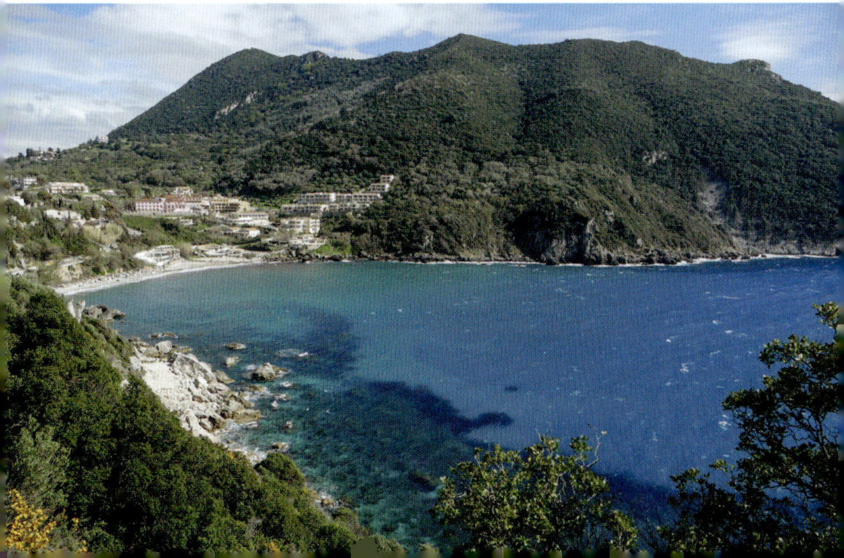

↗ 380 m | ↘ 380 m | 6.7 km

21 Über Vátos auf den Ágios Geórgios

3.00 h

Fantastischer Ausblick, ein schönes Kloster und eine Badebucht

Durch verwilderte Olivenhaine und artenreichen Wald, der mit seinen Moosen, Farnen und Flechten geradezu verwunschen wirkt, steigen wir zur Kapelle Ágios Geórgios auf dem gleichnamigen Gipfel hinauf, wo uns herrliche Aussicht erwartet. Auf dem Rückweg können wir das malerische Kloster Myrtidiótissa und den nahe gelegenen Sandstrand besuchen.

Ausgangspunkt: Kirche Ágios Nikólaos in Kokkinógia (beim Friedhof, 98 m, N39.6048, E19.7971), dort auch Parken am Straßenrand.
ÖPNV: Bushaltestelle in Kokkinógia: Linie B17 »Corfu – Glifada« (ca. 7 bis 8x tgl.).
Anforderungen: Etwa hälftig einfach zu begehende Wege und anspruchsvollere Pfade, die vor allem beim Aufstieg steil und steinig sind. Stellenweise kann der Einsatz der Hände oder von Stöcken hilfreich sein.
Einkehr: Saisonales Lokal in der Myrtiótissabucht; saisonale Taverne in Kokkinógia.
Tipps: (1) Die Kirche Ágios Nikólaos beherbergt Fresken aus dem 14. Jh. (2) Das Kloster Myrtidiótissa schließt zur traditionellen Mittagsruhe. Anstelle von Eintrittsgeld bittet Vater Daniel, der übrigens Deutsch spricht, um Spenden für die Instandhaltung. (3) Badesachen für den Myrtiótissa-Strand nicht vergessen.

Mit der Kirche von **Kokkinógia** ❶ im Rücken gehen wir an der Straße nach rechts in den Ort hinein und hindurch, bis wir schließlich auf eine Querstraße stoßen, in die wir links hinauf einschwenken (rechts befindet sich eine weitere Kirche). Wir folgen dem Straßenverlauf, passieren das Ortsschild von **Vátos** ❷, obwohl wir uns bereits im Ortskern wähnen, halten uns an der Gabelung links auf den kleinen Dorfplatz mit Mini-Market und gehen nun in die Straße, die geradeaus bergan führt. Diese verlassen wir

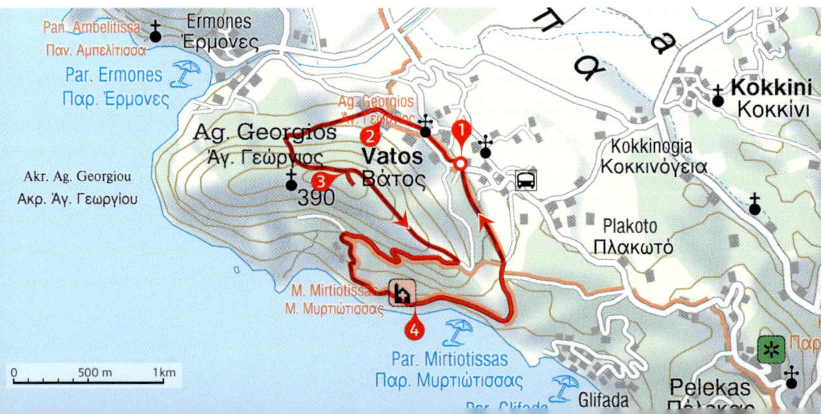

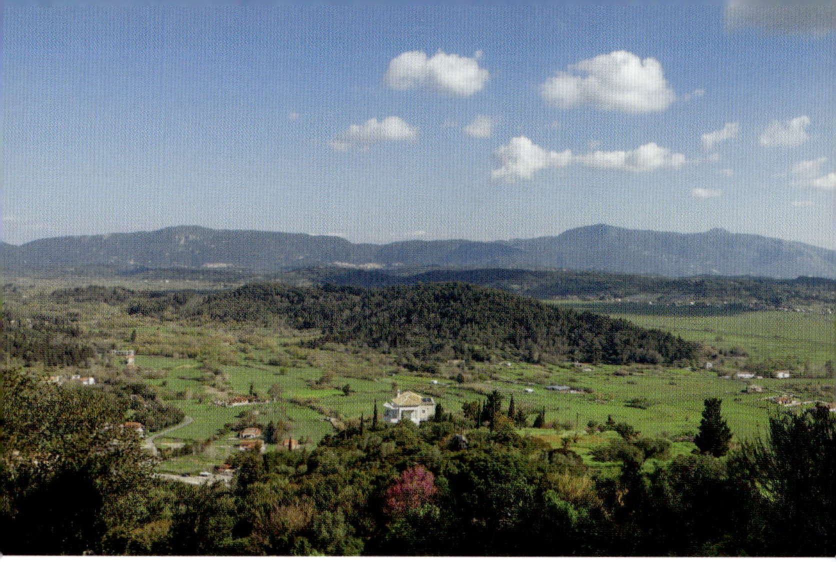

Die Rópa-Ebene war einst ein See und ist oft bis in den Sommer hinein grün.

auf die erste Betonstraße links, die uns steil aufwärts führt, bevor sie in einen Feldweg übergeht. Ein Stück vor dem Haus am Wegende nehmen wir den Abzweig links hinauf. Je höher wir kommen, desto mehr öffnet sich der Blick über die Rópa-Ebene mit den Ferienanlagen von Érmones zur Linken und dem fernen Pantokrátor-Massiv rechts. Wenige Schritte vor dem Ende des Wegs wählen wir den Pfad links (gelbgrün-weiße Markierung). Stramm bergan windet er sich durch aufgegebene Olivenhaine. Auf dem Bergrücken steigt er moderater an und führt durch den Wald aus Eichen, Erdbeerbäumen und Mastixsträuchern zur leider meist verschlossenen alten Kapelle **Ágios Geórgios** ❸. Ihre Fresken werden auf das Jahr 1420 datiert. Unser markierter Pfad führt links an der Kapelle vorbei und bei den Glocken links hinab, aber zuvor erkunden wir den rechts oberhalb gelegenen Gipfel. Hier finden wir entlang der Trampelpfade mehrere Aussichtspunkte, von denen aus wir über Korfus Südwestküste sowie über die Inselmitte bis zur Hauptstadt und übers Meer zum Festland blicken können. Anschließend folgen wir dem markierten Pfad – bald mit Küstenblick – talwärts. Er verbreitert sich zum Weg und beim Antennenmast biegen wir scharf rechts auf den Querweg ab (ohne Markierung). Der abschnittsweise betonierte Weg verläuft kurz bergauf, dann stetig abwärts und ist u. a. mit Zistrosen, Thymian und echtem sowie falschem Salbei gesäumt. An der Gabelung halten wir uns links hinunter (Schild: Mirtiotissa Monastery), auch vor der Ruine gehen wir links und ebenso an der nächsten Verzweigung.

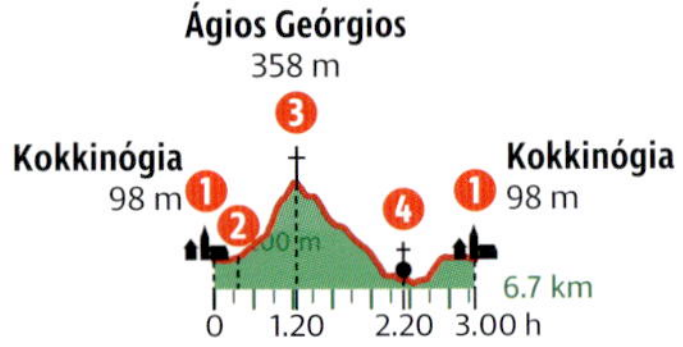

Schließlich kommt das Kloster in Sicht und kurz darauf lädt die Zufahrt zum Kloster **Panagía Mirtidiótissa** ❹ zu einem Abstecher scharf links ein, um die sehr gepflegte Anlage zu besichtigen. Die Gründung des Klosters vor etwa 400 Jahren soll – je nach Quelle – auf einen osmanischen oder persischen Mönch zurückgehen, der zum orthodoxen Christentum konvertierte. Wir folgen unserem Weg weiter, passieren das Lokal Bella Vista und kurz darauf die Stufen, die zum Mirtiótissa-Strand hinabführen. In manchen Jahren ist nur wenig Sand vorhanden, doch die schöne, von hohen Felsen umgebene Lage zieht zahlreiche Besucher an. Unser Weg führt nun aufwärts und als Betonstraße in weitem Bogen zu ihrem höchsten Punkt. Dahinter schwenkt sie rechts hinunter, aber wir verlassen sie direkt nach der Kurve auf den Weg links hinab (Markierung: gelbes »CT«). Er bringt uns durch Olivenhaine, dann an einer Wiese entlang direkt zur Kirche in **Kokkinógia** ❶ zurück.

Der britische Autor Lawrence Durrell schrieb, der Strand von Mirtiótissa sei vielleicht einer der schönsten der Welt.

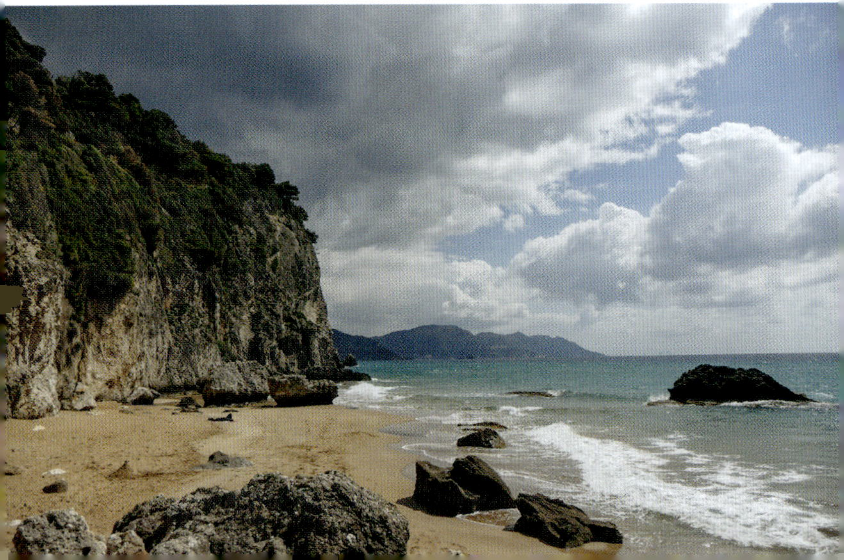

↗ 130 m | ↘ 130 m | 9.4 km

2.30 h

Durch die Inselhauptstadt Kérkyra

22

Malerische Gassen, alte Festungen und viel Grün

Wer mit uns durch die verwinkelte Altstadt Kérkyras streift, versteht schnell, warum sie zum UNESCO-Weltkulturerbe zählt. Überall stoßen wir auf Spuren der venezianischen Ära, bewundern die Auslagen zahlloser kleiner Läden, erleben in der Kirche des Heiligen Spyridon hautnah die gelebte Frömmigkeit der Bewohner und können aus einer Vielzahl an Einkehrmöglichkeiten wählen, bevor wir antike Ruinen entdecken und durch die Parks sowie am Meer entlang flanieren.

Ausgangspunkt: Kostenloser Parkplatz an der Nordseite des Alten Friedhofs, östlich des Flughafens (7 m, N39.6096, E19.9167). Weitere kostenlose Parkmöglichkeiten entlang der Uferpromenade (5 m, N39.6146, E19.9207).
ÖPNV: Kérkyra (im englischen Fahrplan »Corfu«) ist mit zahlreichen Orten auf der Insel per Buslinie verbunden (greenbuses.gr/routes-en).
Anforderungen: Fast ausschließlich bequeme Wege und Straßen. Trotz der relativ wenigen Kilometer sollte man aufgrund der Besichtigungen den Zeitbedarf nicht unterschätzen.
Einkehr: Zahlreiche Lokale in der ganzen Stadt.
Tipps: (1) Der British Cemetary ist tgl. von 9 bis 18 Uhr geöffnet. (2) Die Neue Festung kann nur gegen Eintritt besichtigt werden (Mi. bis Mo. 8.30–15.30 Uhr). (3) Die Kirche Ágios Spirídon ist tgl. von 7 bis 20 Uhr geöffnet. (4) Im Palace of St. Michael and St. George sind das Museum für Asiatische Kunst (matk.gr/, dort u. a. auch Infos zu Tagen mit freiem Eintritt) sowie eine städtische Kunstgalerie untergebracht (Di. bis So. 10–16 Uhr). (5) Einlass in die Alte Festung: tgl. von 8 bis 19 Uhr; geschlossen wird jedoch erst um 20 Uhr. (6) Die Kirche Ágios Jáson und Ágios Sosípatros ist Mo. bis Sa. 9–14 Uhr geöffnet, So. 7–14 Uhr. (7) Der Park von Mon Repos ist frei zugänglich (tgl. 8–21 Uhr). Das im Park befindliche Schloss kann nur gegen Eintritt besichtigt werden und beherbergt ein Museum (tgl. 8.30–15.30 Uhr). (8) Wer mit dem Tor des Parks von Mon Repos ⑦ im Rücken links abbiegt, kann die Wanderung zwar bis zum Ende der Kanóni-Halbinsel ausdehnen (dort lockt eines der beliebtesten Fotomotive Korfus: das Kloster Vlachérna samt der »Mäuseinsel« Pontikonísi), aber wir empfehlen, diesen Abstecher lieber per Bus (Corfu CityBus Linie 2a, astikoktelkerkyras.gr) zu machen, da er ausschließlich auf engen, stark befahrenen Straßen verläuft. (9) Das Kloster Ágios Theodóros ist tgl. 9–13 und 17–20 Uhr geöffnet. (10) Vom Alten Hafen aus lohnt sich eine Bootsfahrt auf die unter Naturschutz stehende Insel Vido, wo ein Rundweg von ca. 3 km samt Taverne lockt. Abfahrt (ab Mai) von 10 Uhr an zu jeder vollen Stunde.

Mit dem **Alten Friedhof** ① von Kérkyra im Rücken folgen wir der Straße geradeaus, die an der Gabelung in eine Einbahnstraße übergeht. Hier halten wir uns links. Bald kreuzen wir eine Querstraße und gehen eine ganze Weile geradeaus. Schließlich führt die Straße an einer Betonmauer entlang, an deren Ende wir die abzweigende Straße links hinauf nehmen. Sie

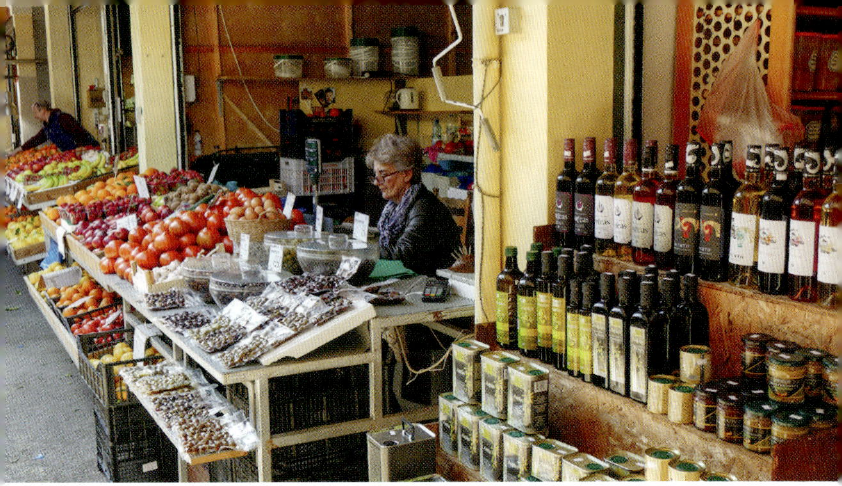

Auf dem Wochenmarkt sind viele lokale Produkte zu finden.

stößt vor der Mauer des Gefängnisses auf eine Querstraße, in die wir rechts einschwenken, um die Haftanstalt etwa zur Hälfte zu umrunden und in die erste Straße nach rechts abzubiegen. Nach ca. 200 m kommen wir an einer grünen Pforte mit einem Glöckchen vorbei, durch die wir den **British Cemetary** ❷, den Britischen Friedhof, betreten können. Dieses idyllische Fleckchen sollten wir nicht nur wegen der interessanten Grabmäler aus der Kolonialzeit bis heute, sondern auch wegen der Griechischen Landschildkröten und der Orchideen besuchen, die hier gedeihen.

Anschließend folgen wir der Straße weiter und setzen – leicht nach links versetzt – unsere Richtung auch über die Kreuzung hinaus fort. Die Straße führt zunächst an einer Grünanlage auf der linken Straßenseite entlang und mündet schließlich im Platz San Rocco, in dessen Zentrum, halbrechts vor uns, ein kleiner Park liegt. Diesen Park betreten wir und verlassen ihn bereits nach ca. 60 m in der Mitte nach links, um die Straße hinauf zu gehen. An der ersten Gabelung halten wir uns rechts, an der zweiten links. Auch an der Kreuzung gehen wir links, um nach 15 m links auf den **Markt** ❸ abzubiegen, der nur sonntags geschlossen ist. Nach der Durchquerung des Marktgeländes stoßen wir auf eine Straße, die wir leicht nach rechts versetzt überqueren. So gelangen wir auf den Weg zur Neuen Festung, deren Eingang wir durch einen Tunnel erreichen. Unsere Tour verläuft hier rechts die Stufen hinunter, aber zuvor können wir von der Festung aus einen ersten Blick über die Stadt genießen.

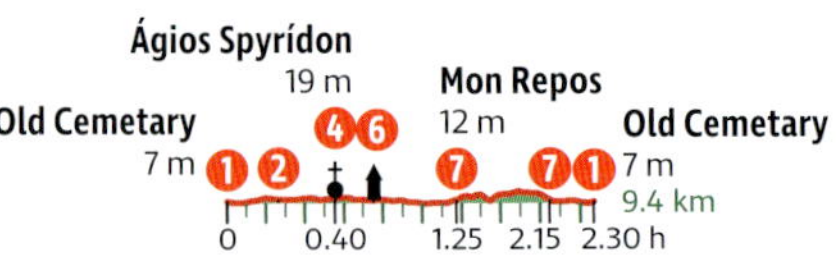

Wir halten uns geradeaus bis zu einer T-Kreuzung, wenden uns hier nach rechts und folgen dem Straßenverlauf der Nikifórou Theotóki. Es geht an vielen kleinen Läden und Lokalen vorbei zum Platia Iroon, einem Platz, auf dem eine Statue steht. Hier biegen wir sofort links ab und sehen bereits den Seiteneingang der Kirche des **Ágios Spyrídon** 4, durch den wir sie betreten.

Unsere Tour führt durch die gegenüberliegende Tür wieder hinaus, nachdem wir die prunkvoll ausgestattete Kirche samt des rechts in einer Seitenkapelle befindlichen Sarkophags des Inselheiligen besichtigt haben. Hinter der Kirche wenden wir uns nach links und am Ende der Gasse nach rechts, um sogleich (noch vor den Stufen) in das Gässchen links einzuschwenken. Es führt zu einem sehr kleinen Platz, an dem wir rechts abbiegen. Diese Gasse verlassen wir in den zweiten Abzweig zur Linken, die Stufen hinauf, wo sich rechts der **Platía Kremastí** 5 öffnet. Auf diesem Platz steht ein weißer venezianischer Brunnen aus dem Jahr 1669, hinter dem wir rechts die Stufen hinab und sogleich nach links gehen. Wir erreichen einen Parkplatz und nehmen rechts die Straße aufwärts, um nach der Kirche links abzubiegen. Wir steigen die Stufen hinunter, wählen die Gasse nach rechts und folgen ihrem Verlauf (nicht die Stufen hoch!). Sie endet mit Meerblick an einer Querstraße, an der unsere Tour nach rechts führt, aber zuerst überqueren wir sie nach schräg links zum Aussichtspunkt auf das Stadtbad Faliráki. Wer dort einkehren oder im Meer baden will, benutzt die Straße, die beim Aussichtspunkt abwärts führt.

Zurück auf der Tour folgen wir der Straße und halten uns an der Gabelung links, um beim Triumphbogen links in den Säulengang abzubiegen. Er gehört zum Palace of St. Michael and St. George, dem Palast, der um

Der Bau der Neuen Festung begann unter venezianischer Herrschaft im 16. Jahrhundert.

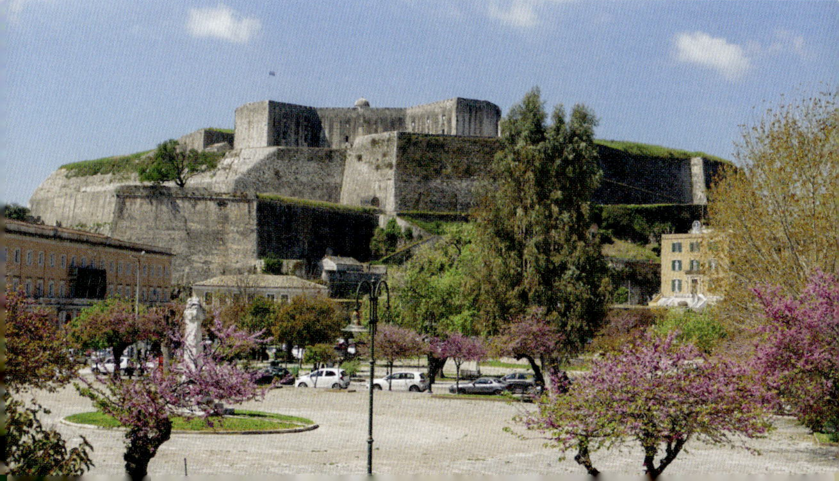

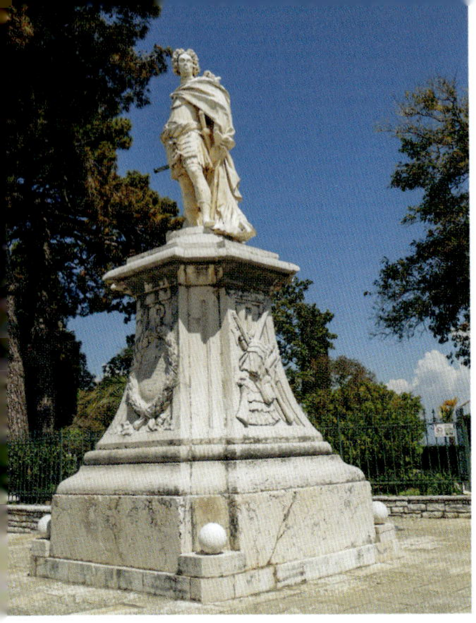

Unter Matthias Johann von der Schulenburg trotzte Kérkyra 1716 erfolgreich einer türkischen Übermacht.

1820 als Residenz des Lord High Commissioner errichtet wurde. Nach dem Abzug der Engländer nutzte ihn die griechische Königsfamilie als Sommerresidenz. Am Ende des Säulengangs nehmen wir rechts die Stufen hinab und durchqueren den kleinen Park, der Volkspark genannt wird. Zur Rechten erstreckt sich die Esplanáda, ein großer, parkähnlicher Platz, und dahinter die von Arkaden mit Cafés gesäumte Prachtstraße Listón. Am Ende des kleinen Volksparks setzen wir unsere Richtung entlang der Straße fort, bis wir links durch ein Tor einen weiteren Park mit Büsten und Skulpturen betreten können. Der ursprüngliche Name Boschetto (»Wäldchen«) wurde 2006 zu Durell Boschetto erweitert, um die Brüder Lawrence und Gerald Durrell zu ehren, zwei englische Autoren, die einige Jahre auf Korfu lebten und über die Insel schrieben.

Wir durchqueren den Park und verlassen ihn am südlichen Ende, direkt beim Denkmal des Freiherrn von der Schulenburg, der Korfu 1716 vor der Eroberung durch die Türken bewahrte. Hier können wir links die Alte Festung **Paleó Froúrio** **6** besichtigen, bevor wir die Straße halb nach rechts überqueren, um mitten durch die Esplanáda Richtung Süden zu gehen. Wir kommen an der weißen, an einen Tempel erinnernden Rotunde vorbei, halten uns Richtung Meer und setzen unsere Wanderung auf der Uferpromenade fort. Bald entdecken wir am fernen Ende der Bucht die Windmühle, nach der das Stadtviertel Anemómylos benannt ist. Nach ca. 1 km gehen wir an der Ampel rechts über die Straße (Schild: Church of Agioi Iason and Sosípatros). Auf der anderen Straßenseite wenden wir uns nach links, passieren den Taxistand und halten uns an der Gabelung rechts. Dann nehmen wir die erste Straße links (gleiches Schild) und erreichen einen Platz, den wir zur rechts bereits sichtbaren Kirche überqueren. Das nach den Schülern des Apostels Paulus, Ágios Jáson und Ágios Sosípatros, benannte Gotteshaus ist als byzantinische Kreuzkuppelkirche eine Rarität auf Korfu und dürfte ungefähr 1000 Jahre alt sein. Wir gehen rechts an der Kirche vorbei und biegen dahinter rechts ab. Wir folgen der Sackgasse und an deren Ende vorsichtig der Querstraße nach rechts, um kurz darauf links durch das säulenflankierte Tor den Schlosspark von **Mon Repos** **7** zu betreten.

Nachdem wir unter hohen Bäumen eine Runde durch das üppige Grün gedreht und das Schloss sowie die Ruinen zweier antiker Tempel entdeckt haben, verlassen wir den Park durch dasselbe **Tor** 7 und nehmen die Straße geradeaus (wer hier links geht, gelangt zur Spitze der Halbinsel Kanóni). Zur Linken befindet sich hier die Ruine der unter venezianischer Herrschaft gotisch umgestalteten Basilika, deren Ursprünge jedoch in die antike Stadt Paleópolis zurückreichen, in der sie von frühen Christen als fünfschiffiges Gotteshaus errichtet worden war. Nach ca. 125 m biegen wir auf den unscheinbaren Fußweg links ab, am Sportplatz vorbei. Er geht in eine Gasse über, an deren Ende wir uns rechts hinab wenden. Die Straße mündet in eine Querstraße, in die wir links einschwenken. Nun passieren wir das Kloster Ágios Theodóros, dessen sehenswerte kleine Kirche besichtigt werden kann, und die Ausgrabungsstätte des Artemis-Tempels, wo heute nur noch Orchideen blühen. Der Gorgo-Giebel, der hier gefunden wurde, ist im Archäologischen Museum Kérkyras zu besichtigen. Anschließend ignorieren wir Abzweige nach links und wenden uns vor der Ruine, dem Nerantzícha-Turm, rechts hinab. Er ist der einzige noch sichtbare Teil der antiken Stadtmauer aus dem 5. Jh. v. Chr. und im Mittelalter wurde eine byzantinische Kirche in ihn hineingebaut. Unten gehen wir links am Friedhofstor vorbei und dann rechts, immer an der Friedhofsmauer entlang. Der Pfad endet schließlich am **Ausgangspunkt** 1.

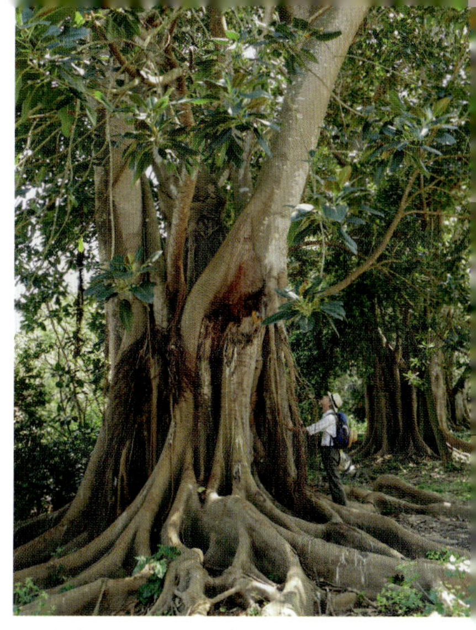

Exotische Bäume im Park von Mon Repos.

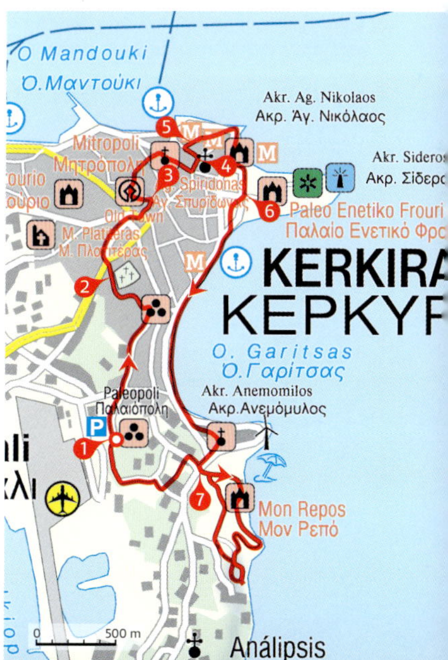

↗ 650 m | ↘ 650 m | 13.8 km

23 Berg und Meer bei Káto Garoúna

5.15 h

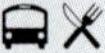

Abwechslungsreiche Abenteuertour mit Badepause und Aussichtspunkten

Diese Wanderung führt zunächst zum Strand von Ágios Górdios hinunter, wo sich bizarre Felsen, darunter die spektakuläre Insel Ortholíthi, aus dem Meer erheben. Wir folgen dem Corfu Trail durch abgeschiedene Dörfer im Hinterland, genießen weite Blicke und können dem »wilden« Korfu begegnen, bevor wir auf dem Berg nicht nur fantastische Aussicht, sondern im Frühling auch einen wahren Orchideengarten vorfinden.

Ausgangspunkt: Parkplatz an der Durchgangsstraße in Káto Garoúna (220 m, N39.5379, E19.8643).
ÖPNV: Bushaltestelle in Káto Garoúna: Linie B8 »Corfu – Agios Matheos« (Mo. bis Fr. ca. 3x tgl.).
Anforderungen: Obwohl Straßen und bequeme Wege leicht überwiegen, gibt es längere Passagen auf Pfaden, die teils sehr abschüssig, eingewachsen und lehmig-rutschig sind oder den Gebrauch der Hände erfordern. Für zwei kurze weglose Abschnitte ist Orientierungssinn nötig.
Einkehr: Teils saisonale Lokale in Ágios Górdios, Pentáti, Áno und Káto Pavliána sowie mehrere Lokale in Káto Garoúna.
Tipps: (1) Badesachen für Ágios Górdios nicht vergessen. (2) Wer sich das Denkmal des ruhenden Steinmetzen Georgios Kardamis in Káto Garoúna genauer ansieht, entdeckt ein witziges Detail: einen kleinen Verband an einem Finger.

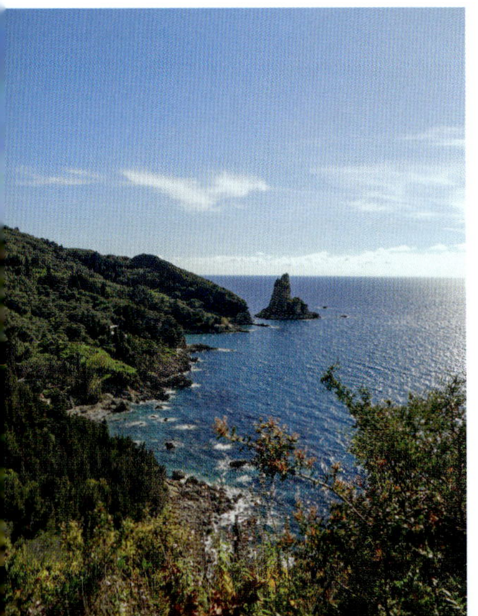

Wir verlassen den Parkplatz in **Káto Garoúna** ❶ nach rechts zur Apotheke hin (grünes Kreuz, ΦΑΡΜΑΚΕΙΟ) und biegen sofort rechts ab (Schild: Ag. Gordios). Dieser Straße folgen wir durch den Ort und aus dem Ort hinaus, durch zwei Spitzkehren und am Abzweig zum Friedhof vorbei immer weiter, bis wir sie schließlich auf die abzweigende Straße links hinauf verlassen (Schild: Pentati). Diese führt uns stetig aufwärts und nach ca. 400 m nehmen wir den Pfad rechts hinab (grünes Wanderschild). Durch dschungelartige Macchia geht es – teils sehr steil –

Bei Pentáti ragt die markante Felsnadel Ortholithi aus dem Meer.

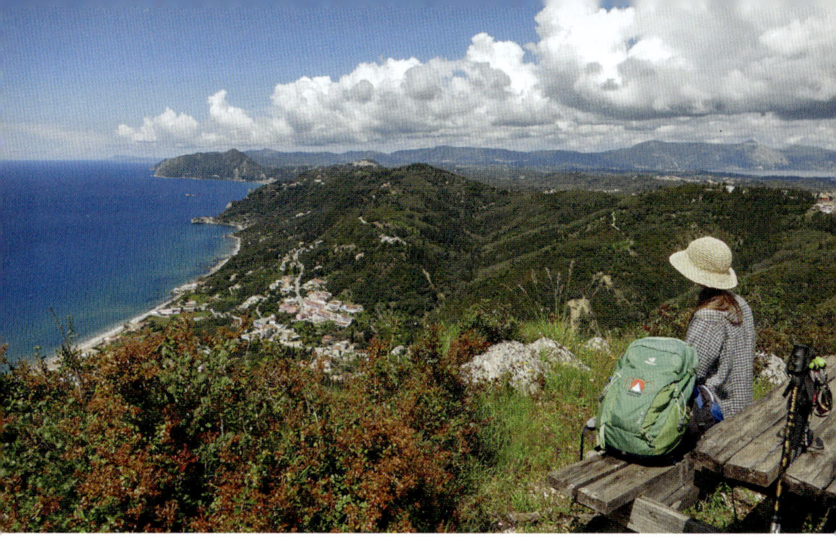

Fabelhafte Aussicht vom schön gelegenen Picknickplatz hoch über Ágios Górdios.

immer an der Wasserleitung entlang, auch unten vor dem Neubau, wo sie nach rechts verläuft. Achtung, vor allem nach Regenfällen kann es an dieser Stelle sehr tiefen Schlamm geben! Durch diesen Neubau könnte sich die Wegsituation noch verändern (zum Zeitpunkt der Recherche befand sich das Haus noch im Rohbau). Der Pfad endet an einem Betonweg, den wir links hinab in den Ort gehen. Er mündet in eine Kreuzung und wir wählen das Sträßchen halb links (Schild: Private Parking Agios Gordios). Vor dem Parkplatz führt es uns links und wir umrunden ihn, um dem Pfad zum Strand zu folgen (als »Beach« ausgeschildert). Am langen Sandstrand von **Ágios Górdios** ❷ wenden wir uns nach links und gehen bis zu seinem äußersten Ende, wozu wir – wenn nötig – auch den Steg der Hotelanlage nutzen. Bei den Felsen nehmen wir den Pfad bergan (rot-weiß-rote Markierung). Er verläuft parallel zur Küste im steilen Hang und bietet besonders guten Blick auf die Insel Megálo Tholetó, auch Ortholíthi genannt: eine imposant aus dem Meer aufragende Felsformation.
Dann geht er in einen abschnittsweise betonierten Weg über, dem wir weiter folgen. Den Abzweig rechts zum Meer hinab ignorieren wir. Schließlich endet der Schotterweg in einen Betonquerweg, in den wir links hinauf einschwenken (rot-weiß-rote Markierung; Schild: Pentati Village). Er bringt uns bergan in den Ort **Pentáti** ❸ hinein, wo er als Straße in eine Querstraße mündet, auf der wir unsere Richtung ca. 250 m fortsetzen, durch den Ortskern mit vielen leerstehenden Häusern immer weiter aufwärts. An der Kreuzung bei der Taverne biegen wir scharf links hinauf ab und steigen

rechts die steilen Stufen hoch. Oben erreichen wir die Kirche Ágios Géorgios, wo uns Bänke mit herrlicher Aussicht zur Rast einladen, bevor wir der Straße hinter der Kirche rechts aus dem Ort folgen. Die wenig befahrene Straße windet sich in Serpentinen durch Olivenhaine hinauf. Hier ist es so ruhig, dass sich manchmal Schlangen auf dem Asphalt sonnen. Am Straßenrand gedeihen Orchideen.

Wir passieren einen **Aussichtspunkt mit Meerblick** 4 und erreichen schließlich auf der Passhöhe eine Gabelung, an der wir uns rechts halten (Schild: Profitis Ilias). Nach einer Weile wird die Straße zur Schotterpiste und bietet schönen weiten Blick. Bevor sie nach einem ebenen Abschnitt in einer Rechtskurve wieder deutlich steiler hinaufführt, verlassen wir sie auf den groben Betonweg talwärts (gelbe Corfu-Trail-Markierung). An dieser Markierung orientieren wir uns bis auf Weiteres. Hinter der ersten Kurve biegen wir auf den Pfad links ab. Er geht in einen Betonweg über, dem wir in den Ort hinab folgen. Wir erreichen den gepflasterten Dorfplatz von **Áno Pavliána** 5 und wenden uns dahinter nach rechts. Die Gasse mündet in eine Querstraße mit Café/Mini-Markt, in die wir scharf rechts abbiegen, um sie nach ca. 50 m scharf links hinunter zu verlassen. Damit bleiben auch die letzten Häuser hinter uns zurück. Unser Pfad quert kleine Bäche, bis er an einer Straße endet, in die wir nach rechts einschwenken. Wir folgen ihr durch den Ort und verabschieden uns dabei vom Corfu Trail, der bald abzweigt. Nun passieren wir die Kirche von **Káto Pavliána** 6 und halten uns an der Gabelung geradeaus. Die Straße führt uns in den Wald, wo wir beim

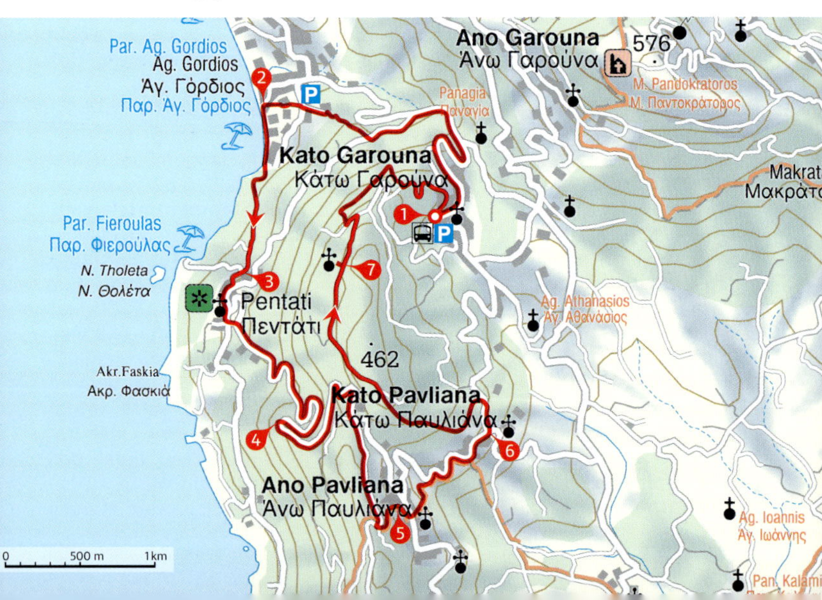

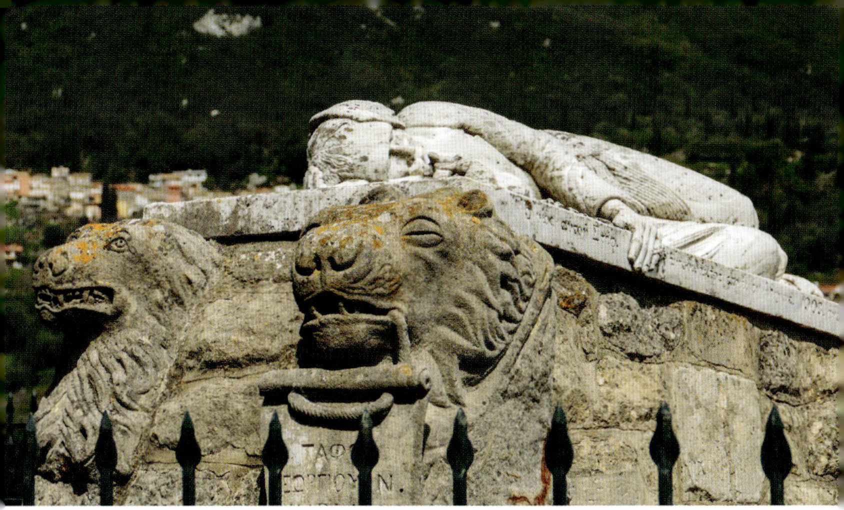

Bildhauer-Tradition: Die Grabplatte fertigte ein Steinmetz für seinen Vater, der bereits den Glockenturm Káto Garoúnas gestaltete.

Ortsschild von Káto Pavliána den Betonweg links hinauf wählen. Oben wird der Weg zum Pfad. Wir passieren eine Quelle, der Pfad schlängelt sich durch den Olivenhain immer weiter bergan und im Frühjahr blühen die Orchideen sogar mitten auf dem Pfad. Im oberen Bereich verläuft er links an einzelnen Felsen vorbei und am Ende des Olivenhains steigen wir über die letzte Terrassenstufe hinauf. Hier ist der Pfad eingewachsen und schlecht sichtbar, doch kurz darauf verlassen wir das dichte Gesträuch und halten uns weiter bergauf. Der Pfad ist weiterhin manchmal nicht zu erkennen. Links bieten uns fast kahle Felspartien Aussicht auf die Korissíon-Lagune, Áno Pavliána und dahinter Ágios Matthéos mit seinem Hausberg.
Nun führt der Pfad wieder etwas besser sichtbar halb rechts bergan. Weiter oben taucht er wie ein Tunnel ins Macchiadickicht ein und dahinter folgen wir ihm geradeaus stets bergauf, bis wir zu einem Gebäude mit Aussichtsbalkon gelangen, an dem wir links vorbeigehen und am Querweg links hinab. Bald geht es mit schönem Blick auf die Küste bergab. Wir passie-

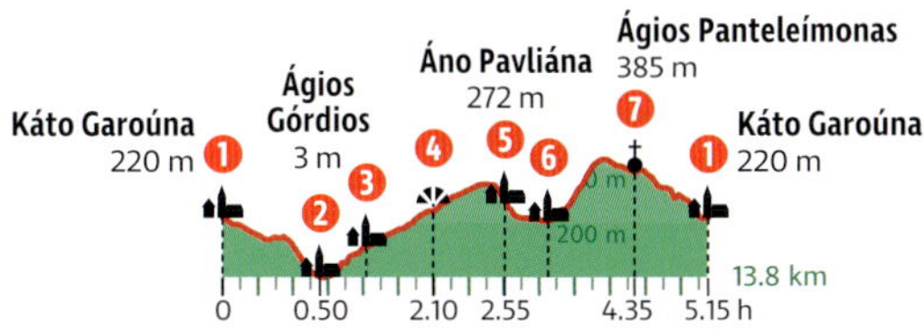

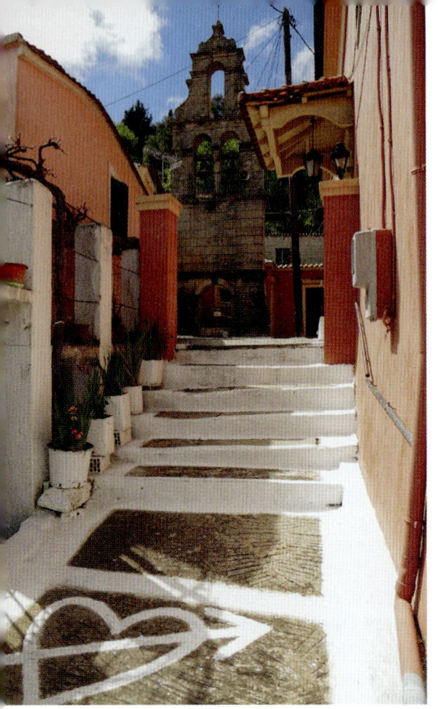

In den Gassen von Káto Garoúna.

ren eine Photovoltaikanlage und der Weg steigt wieder an, um nach der Anhöhe noch bessere Aussicht zu bieten. An Wein- und Obstgärten vorüber erreichen wir schließlich eine Treppe mit Geländer auf der linken Wegseite, die wir zum bereits sichtbaren einstigen Kloster **Ágios Panteleímonas** 7 hinabsteigen. Unten führt unsere Tour durch das Portal zur Rechten weiter, aber zuvor laden uns Picknickbänke und ein Abstecher zur meerwärts gelegenen Kapelle Ágias Paraskeví zum Verweilen ein.

Zurück auf der Tour führt uns der schmale Betonweg zu einem breiteren Querweg hinauf, in den wir nach links einschwenken und den wir bei erster Gelegenheit auf den Betonweg scharf links hinab verlassen. Wo der Beton endet, wenden wir uns scharf rechts auf den teils ausgewaschenen und bewachsenen Schotterweg, der sich abwärts schlängelt. Schließlich endet er an einem Olivenhain, in den wir scharf links abbiegen. Nach wenigen Metern stoßen wir auf eine Rinne, in der wir ca. 10 m rechts hinuntergehen. An ihrem Ende halten wir uns rechts, bis wir einen Pfad erreichen, der uns knapp 500 m zu einer Picknickbank hinaufführt. Hier verläuft unsere Tour scharf rechts, aber wir genießen zunächst die grandiose Aussicht, die von der Nordostküste bis fast zur Südspitze Korfus reicht. Wieder auf der Tour mündet der Pfad in einen Querweg, dem wir rechts hinauf folgen. Am nächsten Querweg wenden wir uns links hinab. Er verläuft in Serpentinen abwärts, geht in einen Betonweg über und führt zu einem Querweg am Ortsrand, in den wir links einschwenken, um an der nächsten Ecke scharf rechts hinunter abzubiegen. Die Straße führt uns direkt auf die Aussichtsterrasse der Kirche Ágios Nikólaos. Hinter der Kirche, beim Grabmal des Steinmetzes, nehmen wir rechts die Stufen hinab und sogleich die Treppe links. An ihrem Fuß folgen wir der Gasse rechts über weitere Stufen hinunter. Am Dorfplatz von Káto Garoúna gehen wir links hinab und schwenken sogleich rechts in die Asphaltstraße ein. Sie bringt uns direkt zum **Ausgangspunkt** 1 zurück.

↗ 200 m | ↘ 200 m | 5.8 km

2.00 h

Vom Achílleion aus rund um Gastoúri 24

Anspruchsvolle Pilgerrunde auf den Agía Kyriakí

Auf den Spuren Kaiserin Elisabeths von Österreich führt uns diese Tour vom berühmten Achílleion-Palast zur grandiosen Aussicht bei der Gipfelkapelle Agía Kyriakí. Wie eine Inschrift an der Kapellenwand berichtet, suchte »Sisi« hier inneren Frieden. Während für die Kaiserin wohl ein kleines Heer von Bediensteten Hindernisse beseitigte, erwarten uns teils abenteuerliche, eingewachsene Pfade, die zum Reiz der Wanderung beitragen.

Ausgangspunkt: Parkplatz beim Achílleion (135 m, N39.5621, E19.9029). Ausgeschildert von der Hauptstraße (Free Parking 100 m).
ÖPNV: Bushaltestelle »1023: School of Gastouri«: Corfu CityBus Linie 10 »Methodiou (Town) – Achillion – Perama« (Mo. bis Fr. ca. 8x tgl., Sa. ca. 6x tgl., So. ca. 3x tgl.; astikoktelkerkyras.gr). Von dort der Beschilderung zum Parkplatz folgen, aber schon wenige Meter nach dem Schild links abbiegen.
Anforderungen: Überwiegend Pfade, die teils sehr schmal, steil, abschüssig oder felsig und bei Nässe rutschig sind. Einige Passagen stellen erhöhte Anforderungen an den Orientierungssinn.
Einkehr: Mehrere saisonale Lokale in Gastoúri.
Tipps: (1) Das Achilleíon wurde 2022 für Renovierungsarbeiten auf unbestimmte Zeit geschlossen. Aktuelle Infos liefert die Webseite achillion-corfu.gr/?lang=en. (2) In Gastoúri gibt es weitere Herrenhäuser aus dem 18. u. 19. Jh. zu entdecken. (3) Die Kapelle Agía Kyriakí ist selten geöffnet, aber am 7. Juli wird dort Kirchweih gefeiert.

Wir verlassen den Parkplatz beim **Achílleion** ❶ und gehen an der Straße nach rechts (Schild: To Achilleion). Oben erreicht die Straße eine Kreuzung und wir biegen wenige Meter davor (!) rechts ab. Der Weg führt an einem Platz vorbei und bald darauf bergab. Er geht in eine gepflasterte Gasse über, die uns schließlich über Stufen zu einer Querstraße hinunterbringt. Die Straße überqueren wir nach halb links, um dort eine weitere gepflasterte Gasse abwärts zu nehmen. Wir kommen an der Casa Conti aus dem Jahr 1840 vorbei und über Stufen zu einer Gabelung hinunter, wo wir die Stufen rechts hinab wählen. An der Querstraße biegen wir links hinunter ab und wo sie 90 Grad nach links schwenkt, halten wir uns in die gepflasterte Gasse geradeaus. Sie endet an einer Kirche, vor der wir uns nach links wenden, um am Ende des Kirchplatzes die Treppe hinabzusteigen (Vorsicht, bei Nässe ist sie sehr glatt!). Unten gehen wir nach rechts, dann hinter dem Haus in einer 90-Grad-Kurve links hinauf und am Ende über Stufen zu einer Straße, der wir nach rechts folgen. Kurz darauf passieren wir zwei 1000-jährige Platanen sowie die weiße Kuppel

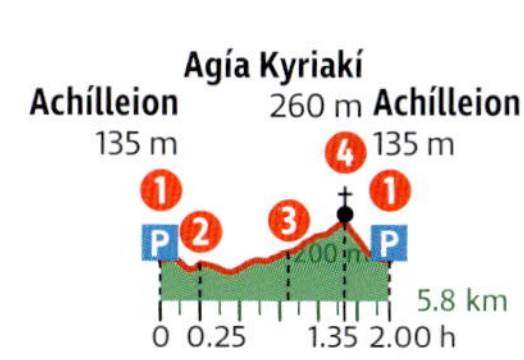

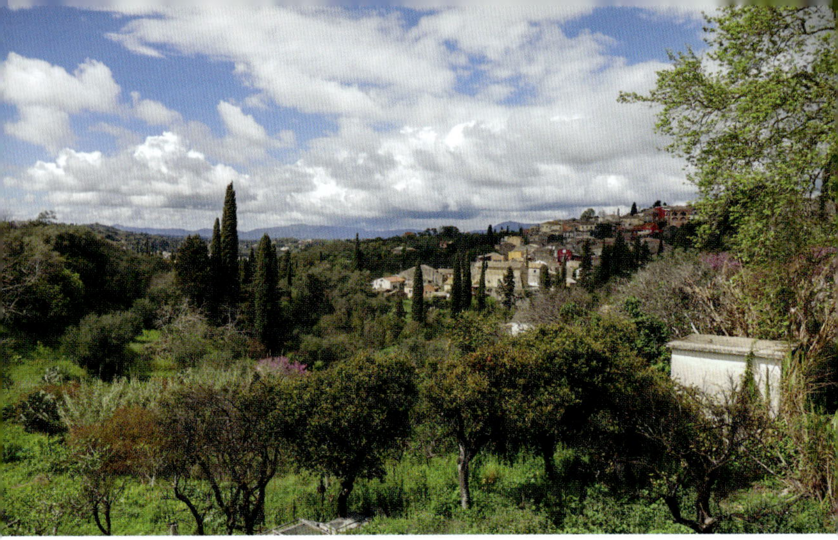

Der Blick zurück auf Gastoúri.

des nach der Kaiserin benannten **Elisabethbrunnens** 2 und biegen ca. 100 m weiter rechts in die Sackgasse ab (weiß-rote sowie gelbgrün-weiße Markierung). Die Straße geht am Ortsrand in einer 90-Grad-Rechtskurve in einen Betonweg über, dem wir weiter folgen. Er scheint nun geradeaus zu führen, doch dabei handelt es sich um den Zugang eines Privatgrundstücks, weshalb wir den markierten Weg nach links wählen. Wo der Weg erneut 90 Grad nach rechts schwenkt, nehmen wir den weiß-rot markierten Weg nach links. An dieser Markierung orientieren wir uns bis auf Weiteres. Nach ca. 100 m verlassen wir den Weg auf den links abzweigenden Pfad. Vor der Böschung, die er steil bergauf führt (oben ist ein Hochspannungsmast zu sehen), nehmen wir den Abzweig nach links. Er endet oben an einem Querweg, auf dem wir links hinauf gehen. Nun folgen wir dem Wegverlauf und bald taucht vor uns im Berghang das Dorf Ágii Déka auf. Wo der Schotterweg in einer 90-Grad-Kurve abwärts Richtung Dorf führt, verlassen wir ihn (und damit die weiß-rote Markierung) geradeaus und folgen dem schlecht sichtbaren Pfad halb links. Er ist anfangs eingewachsen und führt teils sehr schmal am Hang entlang, wird aber deutlicher und verläuft durch urwaldartige, mit hohen Zypressen durchsetzte Macchia. Wir ignorieren Abzweige bergab und stoßen schließlich auf einen Querweg, in den wir links hinauf einschwenken. An der Kreuzung biegen wir rechts ab und der Weg verliert sich sogleich in einem Olivenhain. Hier nehmen wir den Pfad links, der sich sofort wieder verzweigt. Nun halten wir uns rechts bergan. Wir folgen dem Hauptpfad aufwärts und haben zur Linken schönen

Blick. Bei einer **Steinhütte** ❸ erreichen wir einen freien Platz und wählen den Weg links. Er endet oben an einer Straße, die wir links hinauf gehen. Hinter dem höchsten Punkt steigen wir auf dem anfangs betonierten Weg zur Rechten bergan (die Absperrkette ist für Fahrzeuge gedacht). Er führt an einer Blechhütte vorbei und an seinem Ende im Olivenhain nehmen wir den Pfad links hinauf. Auch vor der steinernen Ruine halten wir uns links bergan.

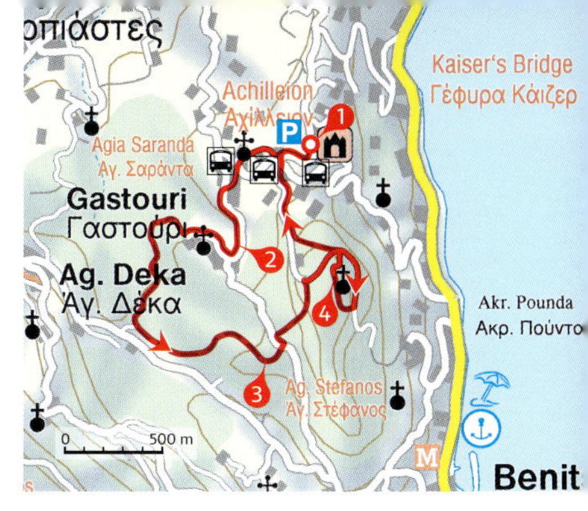

Oben stoßen wir bei Zäunen auf einen Querweg, in den wir links einschwenken. Er mündet in eine betonierte Zufahrt, die uns links zu einer Straße hinunterbringt, der wir rechts hinauf folgen. Sie geht in einen Schotterweg über, dem wir in einer weiten Rechtskurve folgen und dabei den Abzweig beim Schild »Agia Kiriaki Church« ignorieren. Etwa 300 m nach dem beschilderten Abzweig lichtet sich der Wald und wir verlassen den Weg auf den gelbgrün-weiß markierten Pfad rechts bergauf. Er führt uns zur Rückseite der Kapelle **Agía Kyriakí** ❹. Auf ihrer Vorderseite finden wir einen Pfad talwärts, auf dem wir absteigen, nachdem wir die herrliche Aussicht genossen haben. Hier blicken wir nicht nur auf das Achílleion hinab, sondern auch zum Pantokrátor samt der Bergkette, die Mittel- von Nordkorfu trennt, und über die Inselhauptstadt hinweg bis nach Ksamil in Albanien.

Auf dem Pfad abwärts kommen wir an einer Picknickbank mit Aussicht vorbei und stoßen wieder auf den Schotterweg, auf dem wir ca. 35 m links hinunter gehen, um den Pfad rechts hinab zu nehmen (weiß-rote Markierung). Wir kreuzen einen Querweg und steigen weiter auf dem Pfad bergab. Er endet an einer Straße, an der wir uns rechts hinunter wenden. Wo die weiß-rote Markierung nach links weist, folgen wir der Straße weiter geradeaus (ohne Markierung). Sie führt uns direkt zum **Ausgangspunkt** ❶ zurück.

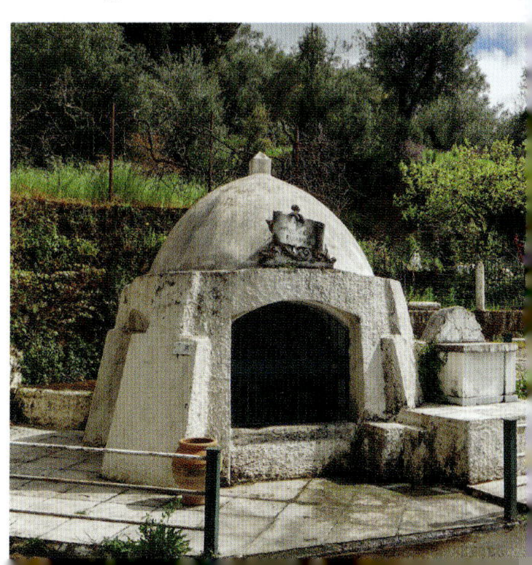

Kaiserin Elisabeth schenkte den Einwohnern von Gastoúri diesen Brunnen. Etwas unterhalb befindet sich der alte Waschplatz.

↗ 700 m | ↘ 700 m | 14.6 km

25 Auf den Ágii Déka, 576 m

5.45 h

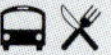

Kultur und Natur rund um den zweithöchsten Berg Korfus

Aus den Altstadtgassen von Benítses führt diese Tour auf Eselspfaden ins einsame Hinterland hinauf, wo es neben fantastischen Aussichten kleine Bergdörfer, Kapellen und Klöster zu entdecken gibt. Auf dem Gipfel des Ágii Déka thront als Zugeständnis an die Moderne eine Radarkuppel, doch auf dem Rückweg tauchen wir erneut in die Vergangenheit ein und entdecken die wildromantisch eingewachsenen Ruinen eines Aquädukts.

Ausgangspunkt: Parkplatz direkt am Meer südlich des Yachthafens von Benítses (2 m, N39.5454, E19.9142).
ÖPNV: Bushaltestelle »644: Center of Benitses«: Corfu CityBus Linie 6 (ca. 1x pro Stunde; astikoktelkerkyras.gr) sowie Green Buses Linien B1, B2, B3, B4, B5, B6, B7 und B12 (greenbuses.gr/index.php/routes-en).
Anforderungen: Etwa hälftig einfach zu begehende Wege und anspruchsvollere Pfade, die steinig, teils stark ausgewaschen und bei Nässe rutschig sind.
Einkehr: Grillrestaurant »Areti's Place« in Ágii Déka; zahlreiche Lokale in Benítses.
Tipps: (1) Die Gotteshäuser am Weg sind meist verschlossen, aber die verlassenen Klosterareale sind frei zugänglich. (2) In Benítses gibt es – leider vernachlässigte – Ruinen eines Bades, das zu einer römischen Villa gehörte. Infos u. Wegbeschreibung: atcorfu.com/de/roman-baths/.

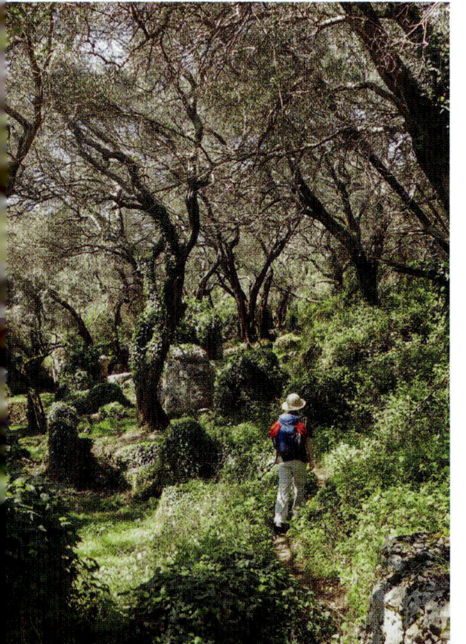

Vom Parkplatz in **Benítses** ❶ gehen wir mit dem Meer im Rücken an der Straße nach rechts und überqueren sie beim Bushaltestellenhäuschen, um der Beschilderung »Old Village« zwischen den Tavernen in die Altstadt zu folgen. Die schmale Gasse schwenkt erst nach links, dann bei der Bäckerei und den blauen Briefkästen nach rechts (erneut Schild: Old Village). An der gleich folgenden Gabelung halten wir uns links und kommen an einer Kirche zur Rechten vorbei. An der dreifachen Verzweigung nehmen wir die Stufen halb links hinauf und folgen der Gasse immer weiter geradeaus. An ihrem Ende verlassen wir Benítses

Mit Efeu bewachsene Felsen und Olivenbäume am Weg zum Gipfel.

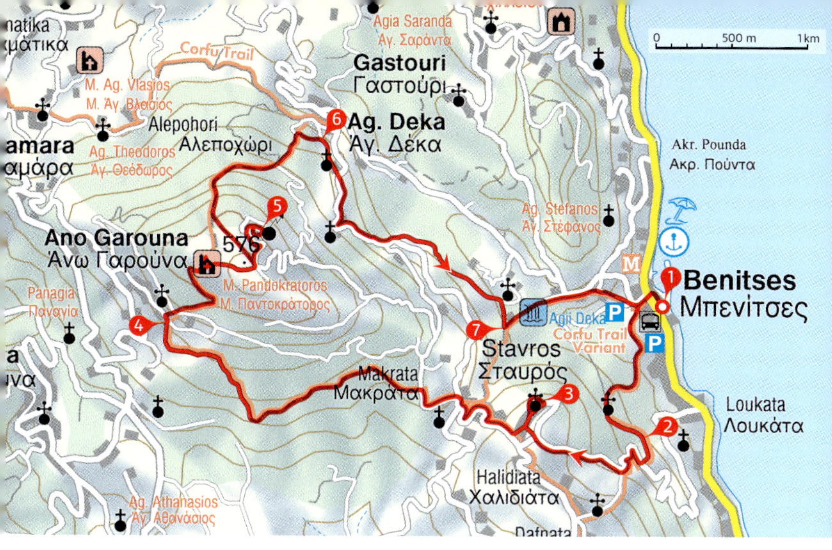

über eine Brücke auf den Pfad geradeaus. Er führt uns zwischen üppig grünen Gärten hindurch zu einem Querpfad, in den wir rechts hinauf abbiegen (weiß-rote Markierung). An dieser Markierung orientieren wir uns bis auf Weiteres und steigen auf alten gepflasterten Pfaden bergan. Am breiten Querweg wenden wir uns links hinauf und auch am nächsten nach links. Wo sich der Weg talwärts neigt, wählen wir zur Rechten den Betonweg aufwärts (Schild: Σταυρός). Er bringt uns zur idyllischen Kapelle **Agía Paraskeví** ❷ mit Picknickbank und Brunnen unter einer alten Eiche.

Unsere Tour führt geradeaus an ihr vorbei auf einen teils ausgewaschenen Pfad, der oben an einer Straße endet, in die wir rechts hinauf einschwenken. Kurz darauf haben wir erstmals schönen Blick über Kérkyra zum Festland hinüber, zur Linken ragt bald das Pantokrátormassiv auf. In Serpentinen geht es im Wald bergan und wir passieren einen Pavillon, bevor uns die Markierung in den ersten abzweigenden Schotterweg zur Rechten weist. Er verjüngt sich zum Pfad, der erneut an der Straße endet, auf der wir rechts hinauf immer weitergehen (bald ohne Markierung). Wir erreichen den Ort Loukáta, wo die Straße vor einer hohen Mauer nach links führt. Hier halten wir uns stattdessen geradeaus hinauf. Am Fuß der Stufen wenden wir uns nach rechts, dann stetig aufwärts und am Ende der Gasse vor dem Haus nach rechts und sogleich links (Schild: Monastery). Wir folgen der Gasse um eine 90-Grad-Kurve nach rechts, passieren eine Ruine mit schönem Portal (venezianisch?) und wählen ca. 25 m weiter den links abzweigenden Fußpfad. Die Stufen rechts hinauf lassen wir aus und gehen links an einer kleinen Kapelle vorbei. Der moosige Weg bergan bringt uns zum Kloster **Agía Triáda** ❸,

das wir im Uhrzeigersinn umrunden und dabei die betonierten Abzweige ignorieren. Wir nehmen erst den Fußpfad halb links hinab, wo es rechts wieder zur Kirche hinaufgeht. Wir steigen die Stufen hinunter und kehren links zur Ruine zurück, um uns dahinter halb rechts zu halten. Die Gasse führt uns ins Zentrum, wo wir der Quergasse geradeaus weiter abwärts folgen. Sie mündet in eine Querstraße, in die wir rechts hinunter abbiegen. In der ersten Rechtskurve verlassen wir sie auf den links abzweigenden Betonpfad (Markierung: gelbes »CT«). Er verläuft dicht an Häusern vorbei und wir halten uns dabei links, dann gabelt er sich direkt vor einem Haus und wir folgen der gelben Markierung rechts hinab. Das Sträßchen endet an einer Straße, an der uns die gelbe Markierung nach links hinab weist. An der großen Kreuzung gehen wir geradeaus (Schild: Ano Garouna) und können uns bis auf Weiteres von der gelben »CT«- und der gelbgrün-weißen Markierung leiten lassen. Wir folgen dem gewundenen Straßenverlauf und wo die Straße stramm ansteigt, biegen wir auf den Schotterweg links hinauf ab (Schild: Ano Garouna). Der Panoramaweg geht in einen Pfad über, der schließlich durch urigen Wald führt und an einem Weg endet, in den wir nach rechts einschwenken. Durch Oliven- und Zypressenhaine folgen wir ihm stetig aufwärts, bis er zwischen zwei Häusern an einer Querstraße in **Áno Garoúna** 4 endet.
Hier wenden wir uns links hinauf und verlassen die Querstraße am ersten Abzweig rechts auf einem Betonweg bergan (Schild: Pantokratoras Monastery). Wir kreuzen einen Querweg und gehen auf dem Pfad geradeaus weiter. Er bringt uns durch verwilderte Olivenhaine zu einem freien Platz hinauf, wo die Radarkuppel bereits vor uns auftaucht und wir zur Linken den Aussichtsbänken bei der kleinen Kapelle Profítis Ilías einen Besuch abstatten können, bevor unsere Tour – leicht nach links versetzt – geradeaus weiterführt. Der Betonweg mündet unten in einen anderen Betonweg, auf dem wir nach links einen Abstecher zum bereits sichtbaren Kloster Pantokrátoros machen, um ihm anschließend geradeaus hinauf zu folgen (ohne Markierung). An der Gabelung halten wir uns links hinauf und erreichen den **Gipfel** des **Ágii Déka** 5, 576 m, mit der eingezäunten Radarstation, die der Flugsicherung und der Wetterbeobachtung dient. Wir umrunden das abgesperrte Gelände und haben fantastischen Blick über weite Teile Korfus und darüber hinaus auf das gebirgige Festland.

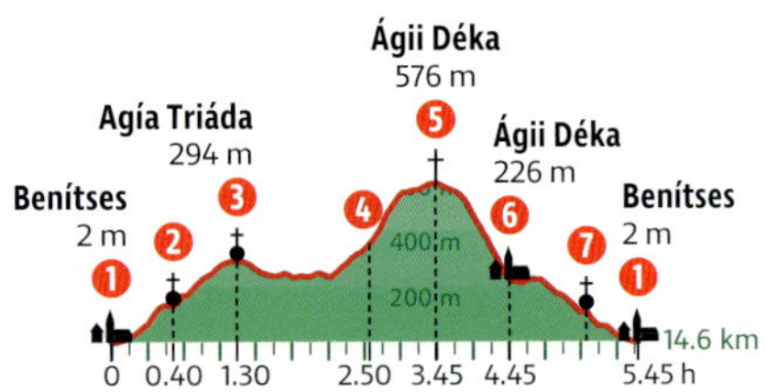

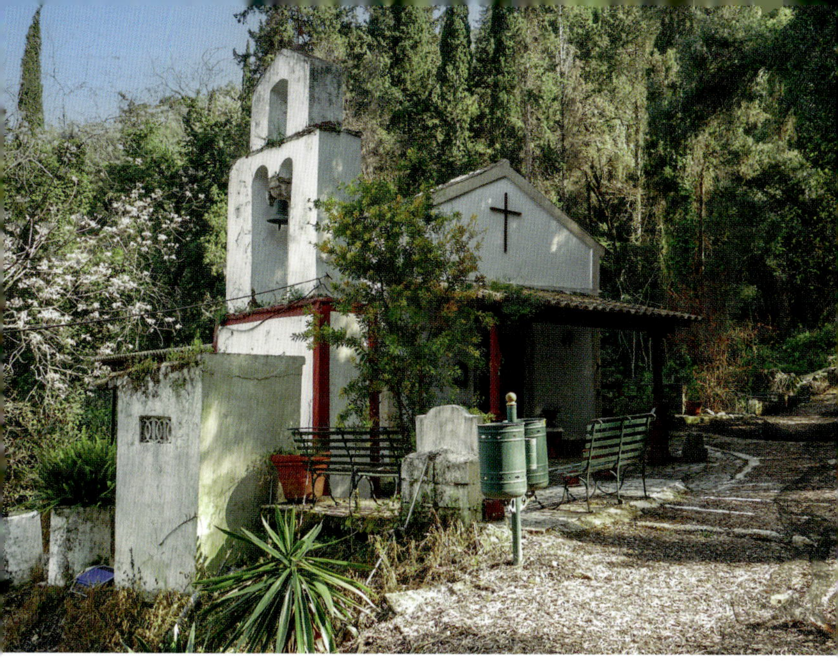

Hinter der stimmungsvollen Kapelle Ágios Nikólaos befindet sich der Wasserfall (s. nächste Seite).

Nachdem wir die Aussicht bewundert haben, kehren wir auf der Betonstraße zurück, aber kurz bevor wir die Gabelung erreichen, nehmen wir den etwas versteckten Abzweig scharf rechts hinab (ohne Markierung). Er stößt auf einen Querpfad, in den wir rechts einschwenken und allmählich alle drei bereits bekannten Markierungen entdecken, von denen wir uns nun vorerst wieder leiten lassen. Im typisch korfiotischen Wald passieren wir eine Picknickbank (linke Wegseite) und gelangen an einen Querweg, dem wir links hinunter folgen. Er geht in einen Betonweg über. Wo die Betondecke endet und der Weg nicht mehr abfällt, weisen uns die Markierungen auf den Abzweig scharf rechts. Auch dieser Pfad mündet in einen Betonweg, auf dem wir rechts hinab und sogleich wieder aufwärts gehen. Bald führt er uns als gepflasterter Weg ins Dorf und einige Stufen hinab, bis wir linker Hand durch das Tor im Glockenturm einen Abstecher auf den Kirchhof in **Ágii Déka** 6 machen können oder direkt in die Gasse zur Rechten abbiegen. Wo sie sich gabelt, halten wir uns links die Stufen hinab (»CT«-Markierung) und kommen an einer weiteren Kirche vorbei. Am Fuß der Treppe verlassen wir den Corfu Trail und folgen dem Corfu Mountain Trail in die gepflasterte Gasse rechts. Kurz danach weist er links weitere Stufen hinunter, aber wir gehen geradeaus (ohne Markierung). Wir passieren einen alten Mühlstein, halten uns immer weiter geradeaus und schließlich vor der nächsten Kirche rechts hinab. Nun stoßen wir auf eine Straße, auf der wir unsere Richtung geradeaus fortsetzen, an der Einkehrmöglichkeit vorbei. Nach ca. 500 m biegen wir auf den ersten Betonweg links hinunter ab. Er geht in einen breiten Schotterweg über, der durch Wald und verwilderte Olivenhaine talwärts führt. Wo er steil ansteigt, wenden wir uns links hinab und folgen dem Wegverlauf für ca. 400 m. Dann unterqueren wir eine Stromleitung und wählen – der Leitung folgend – den Weg rechts hinauf. Wir erreichen die malerisch gelegene Kapelle **Ágios Nikólaos 7**, hinter der wir Picknickbänke und einen Wasserfall entdecken, bevor unsere Tour vor der Kapelle links weiterführt (der Einstieg des Pfads liegt etwas versteckt hinter dem Glockenturm; rot-weiß-rote Markierung). Die Quellen, die heute den Wasserfall speisen, dienten im 19. Jh. der Wasserversorgung Kérkyras.

Entlang der vom britischen Hochkommissar Sir Frederick Adam veranlassten Bauten, von denen noch Tunneleingänge zu sehen sind, verläuft unser Pfad teils über Stufen oder auf den alten Kanälen abwärts. Vorsicht, es gibt mindestens zwei Stellen, an denen das Mauerwerk nachgegeben hat und Löcher entstanden sind! Am Ortsrand geht der Weg in eine schmale Straße über. Beim Heiligenschrein biegen wir scharf rechts hinunter ab und wenden uns sogleich nach links, um den Pfad in den Wald zu nehmen (weiß-rote Markierung). Wir stoßen auf einen Betonweg, halten uns hier rechts hinab und dann links, am Friedhof vorbei. Nun queren wir den Bach und folgen dem Weg an seinem Ufer entlang, überqueren den Parkplatz und die Brücke in die Gasse hinein (weiß-rote Markierung). Sie führt uns immer geradeaus zu den blauen Briefkästen in der Altstadt von Benítses und wir kehren auf bekanntem Weg zum **Ausgangspunkt 1** zurück.

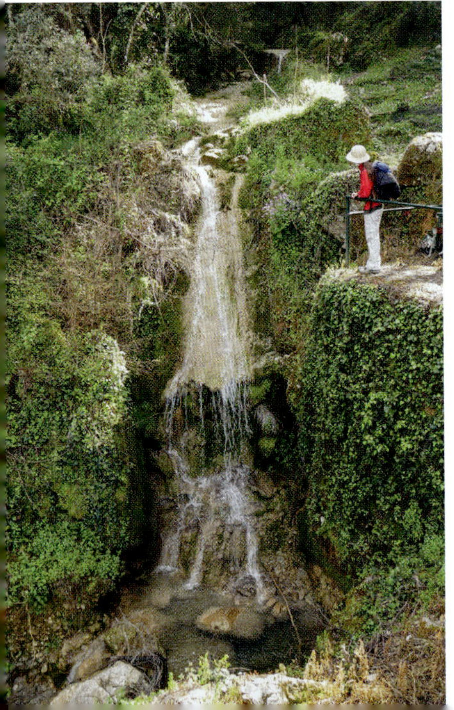

Das alte Bewässerungssystem ist eine spannende Erkundung wert.

↗ 390 m | ↘ 390 m | 8.2 km

3.15 h

Uralte Olivenbäume an den Hängen des Stavrós

26

Panoramapfade, idyllische Bergdörfer und herrliche Fernblicke

Von Strongilí steigen wir zur Pantokrátoras-Kapelle hinauf, wo wir weiten Blick zur Westküste Korfus mit der Korissíon-Lagune haben. Auf Bergpfaden gelangen wir zum Aussichtsfelsen in Dafnáta, von dem wir nicht nur nach Albanien hinübersehen können, sondern auch über die Inselhauptstadt hinweg zum Pantokrátormassiv. Auf dem Rückweg erfreuen uns malerische Gässchen und Olivenhaine mit bizarr geformten tausendjährigen Bäumen.

Ausgangspunkt: Parkplatz an der Durchgangsstraße im Zentrum von Strongilí (46 m, N39.5081, E19.9096).
ÖPNV: Bushaltestelle in Strongilí: Linie B13 »Corfu – Strongili« (Mo. bis Fr. ca. 3x tgl.).
Anforderungen: Überwiegend Pfade, die streckenweise steil oder steinig sind. In den Olivenhainen sind die Pfade manchmal nicht leicht zu erkennen.
Einkehr: Saisonale Snack Bar Walkers Point in Dafnáta; mehrere Lokale in Strongilí.
Tipp: Kostas vom Walkers Point hält nicht nur die Wege und Markierungen am Berg Stavrós in Schuss, sondern ist auch Ansprechpartner für alle Fragen rund ums Wandern und Klettern auf Korfu. Außerdem bietet er Fremdenzimmer und eine kostenlose Campingmöglichkeit für Wanderer auf dem Corfu Trail an.

Mit dem Parkplatz in **Strongilí** ❶ im Rücken folgen wir der Straße nach links und biegen in die erste Seitenstraße zur Rechten ab (direkt vor dem Café). Wir kreuzen eine Querstraße, gehen geradeaus am Dorfplatz vorbei und weiter bergan. Hinter dem letzten Haus wenden wir uns mit dem Weg nach links und bei erster Gelegenheit den Betonweg rechts hinauf (gelbweiße Markierung). Er wird zum steinigen Weg durch Olivenhaine, wir überqueren einen Bach (im Sommer meist trocken) und folgen dem Wegverlauf bergan. Der zum Pfad verjüngte Weg führt an einem Graben entlang, dann stoßen wir auf einen Querweg, in den wir nach links einschwenken. Nach nur 50 m biegen wir mit dem Weg rechts ab (gleiche Markierung). Als steiniger Pfad windet er sich bald durch Macchiagesträuch stramm bergan, bis wir einen Querweg erreichen. Dieser bringt uns links zur Kapelle **Pantokrátoras** ❷ und rechts zum ca. 20 m entfernten Wegweiser hinauf, wo unsere Tour auf dem Pfad links hinab weiterführt (gleiche Markierung; Schild: Dafnata). Zuvor statten wir jedoch der Kapelle und der Aussicht beim Kreuz dahinter einen Besuch ab.

Der Pfad talwärts gabelt sich nach einem kurzen ebenen Stück und wir folgen der bekannten Markierung links hinunter.

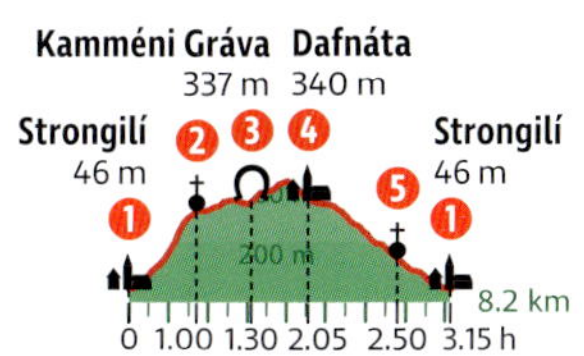

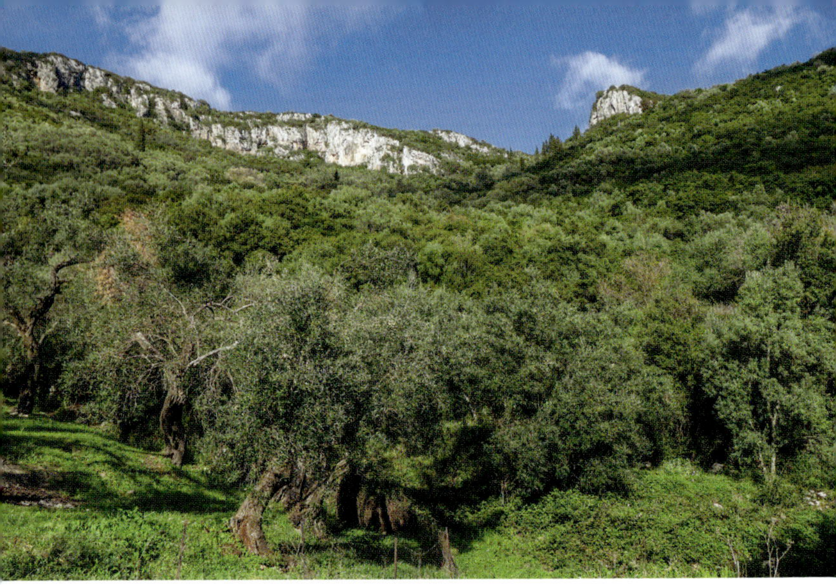

Am Fuße des Stavrós liegen einige der ältesten Olivenhaine Korfus.

Wenn es erneut bergauf geht, lohnt es, sich ab und an umzusehen, um die spektakuläre Lage der Kapelle über einer Steilwand und den Fernblick auf die Berge an der Westküste zu bewundern. Schließlich taucht links des Pfads wieder ein Olivenhain auf. Hier können wir sogleich einen kurzen Abstecher auf dem Pfad rechts hinauf machen, um in die erste der beiden Höhlen **Kamméni Gráva** 3 zu blicken. Der niedrige Eingang täuscht: Innen ist sie geräumig und hoch wie ein Saal. Nur wenige Meter weiter auf dem Hauptpfad führt ein zweiter Abstecher zur nächsten Höhle, die aus zwei Kammern besteht.

Wir folgen dem Hauptpfad weitere ca. 100 m bergan, dann biegen wir auf den schmaleren Pfad rechts hinauf ab. Er ist teils etwas eingewachsen und endet oben an einem Weg, auf dem wir links bergan gehen, am Zaun entlang. Dieser Weg mündet in einen Schotterweg, in den wir links hinauf einschwenken. Wir überqueren den höchsten Punkt unserer Tour, dann geht es mit Blick auf die Ostküste Korfus und das Pantokrátormassiv talwärts. Wir erreichen die ersten Häuser von **Dafnáta** 4, wo wir in der ersten Linkskurve (direkt nach einer Wellblechgarage) einen Abstecher auf dem Trampelpfad nach rechts unternehmen. Er bringt uns zu einem Aussichtsfelsen mit großartiger Fernsicht zu den albanischen Bergen.

Zurück auf der Tour biegen wir an der Querstraße links ab und passieren Kostas' Snack Bar. Die Straße führt uns aus dem Ort und fast nahtlos in das Dörfchen Komianata hinein. Hier verengt sie sich zur schmalen Gasse und wir erreichen einen kleinen Platz, wenden uns nach rechts und sogleich nach links (Markierung: gelbe Corfu-Trail-Plakette). Der immer enger werdende Fußweg zwischen den Häusern verlässt den Ort und verläuft als Pfad an Gärten vorbei in den Wald. Dann verbreitert er sich zum Weg, der uns talwärts führt. Nach einer Weile gabelt er sich und wir halten uns links. Durch Olivenhaine geht es stetig abwärts und wir kommen an einem Gebäude auf der rechten Wegseite vorbei, das sich als **Kapelle** 5 entpuppt. Hier biegen wir links hinunter ab, wo sich der Weg nach einer Rechtskurve sofort gabelt. Wir halten uns rechts hinab. Bald wird der Weg zum Pfad und scheint sich schließlich in einem Olivenhain zu verlieren, doch vor uns tauchen drei große, ganz eng beieinander stehende Olivenbäume auf, vor denen wir auf einen kaum sichtbaren Querweg stoßen (rechts sieht man einen Schuppen mit Wellblechdach). Wir folgen diesem Wiesenweg nach links. Er führt uns links an einer weiteren Kapelle samt ummauertem Friedhof vorbei (gelbe Markierung) und mündet bald in einen anderen Weg, der uns links hinunter zu einer Kirche mit Friedhof bringt. Dort halten wir uns rechts hinab und passieren einen besonders beeindruckenden uralten Olivenbaum. Der Weg endet an einer Querstraße, auf der wir links über den Bach und direkt zurück zum Parkplatz in **Strongilí** 1 gehen.

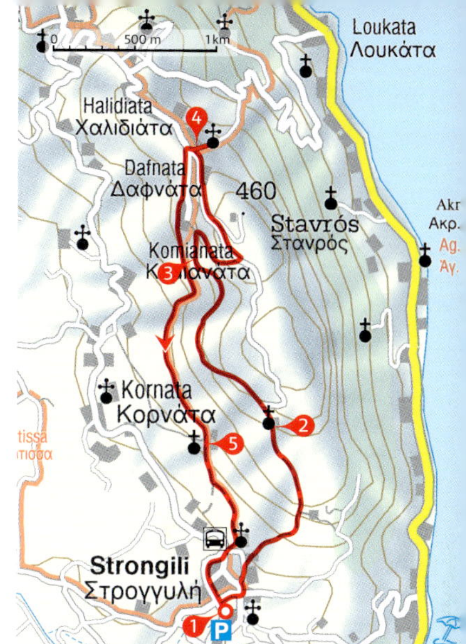

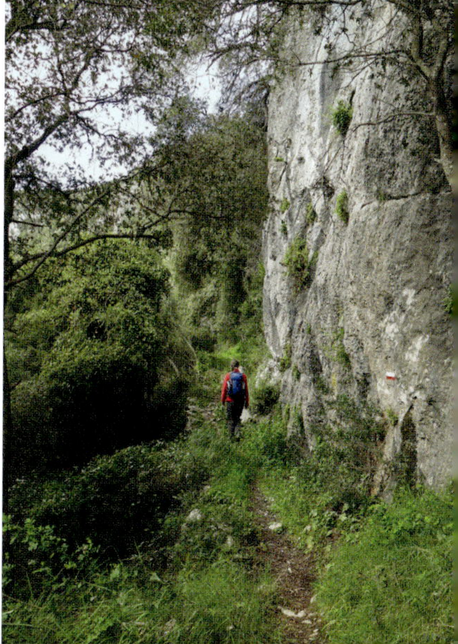

Steile Felswände am Berg Stavrós.

↗ 540 m | ↘ 540 m | 9.8 km

27 Zur Burgruine Gardikí und auf den Ágios Matthéos, 468 m

4.15 h

Entdeckertour mit vielen Aussichtspunkten

Auf etwas anspruchsvolleren Wegen und Pfaden geht es zunächst zur byzantinischen Burgruine Gardikí, die an jeder ihrer acht Ecken einen wehrhaften Turm besaß. Danach besuchen wir die Gardikí-Höhle, in der Werkzeuge gefunden wurden, die aus der Altsteinzeit stammen, einer Zeit, in der Korfu noch mit dem Festland verbunden war. Auf dem Gipfel beim verlassenen Pantokrátor-Kloster genießen wir an mehreren Stellen wunderbare Aussicht, bevor wir in eine tiefe Tropfsteinhöhle spähen.

Ausgangspunkt: Beim Supermarkt im Ortszentrum an der Hauptstraße von Ágios Matthéos (120 m, N39.4943, E19.8732). Parkplatz zwischen Friedhof und Sportplatz (N39.4961, E19.8747).
ÖPNV: Bushaltestelle in Ágios Matthéos: Linie B8 »Corfu – Agios Matheos« (Mo. bis Fr. ca. 3x tgl.).
Anforderungen: Überwiegend anspruchsvollere Wege und Pfade, die teils steinig, steil, eingewachsen oder ausgewaschen sind.
Einkehr: Saisonale Taverne bei der Festung Gardikí; mehrere Lokale in Ágios Matthéos.
Tipps: (1) Die Ruine Gardikí ist jederzeit und kostenlos zugänglich. (2) Am 6. August wird das Kirchweihfest des Klosters gefeiert. (3) Für die zweite Höhle am Weg Taschenlampe nicht vergessen.

Das Zentrum von **Ágios Matthéos** ❶ verlassen wir auf der Hauptstraße Richtung Südwesten und erreichen das Büro eines Ergo-Versicherungsmaklers (Insurance). Direkt vor dem Gebäude biegen wir scharf rechts auf die aufwärts führende gepflasterte Gasse ab. Bald darauf steigen wir die Betontreppe mit Metallgeländer links hinauf und gehen oben rechts um das Haus vor uns herum, um dahinter die Betonstraße links bergan zu nehmen. Wenn wir uns umsehen, haben wir hier schönen Blick über die Altstadt. Wir stoßen auf eine Asphaltstraße, der wir links hinab folgen, und bei nächster Gelegenheit verlassen wir sie auf den Betonweg rechts hinauf in den Olivenhain. Der Betonweg geht in einen Schotterweg über und führt uns durch verwunschen wirkende Olivenplantagen. Am Ende des Wegs machen wir ein paar Schritte nach rechts, um dann links an der kleinen Wellblechhütte vorbeizugehen. Der etwas eingewachsene Pfad ist nicht leicht zu erkennen, aber er verläuft geradeaus über die Oliventerrassen hinunter. Beim Abstieg von Terrasse zu Terrasse auf im Gras versteckte lose Steinbrocken achten. Unten führt uns der nun deutlich sichtbare Pfad weiter und wird mal breiter, mal schmaler. Schließlich haben wir kurz Aussicht auf Südkorfu und folgen dem Wegverlauf in die Linkskurve hinab. Bald darauf passieren wir einen **Steinbruch** ❷ und erreichen einen Querweg, in den wir nach rechts einschwenken. Bei nächster Gelegenheit biegen wir links ab (Markierung: rote Pfeile). Jetzt müssen wir etwas aufpassen, um rechts den etwas eingewachsenen Wiesenweg bergan zu finden, und orientieren uns vorerst an den roten Pfeilen. Oben sehen wir vor uns ein niedriges Steinmäuerchen, das wir übersteigen, und dahinter weisen uns die Pfeile nach rechts zur kleinen Holzhütte, wo wir uns von den roten Markierungen durch den Olivenhain leiten lassen. Am Ende des Hains folgen wir dem eingewachsenen Schotterweg nach rechts. Erneut stoßen wir bei einem Steinbruch auf einen Querweg, in den wir nun links hinunter abbiegen. Auch dieser Weg ist teils eingewachsen und stark ausgewaschen. Vorsichtig steigen wir auf dem Geröll bergab und wenden uns unten am Querweg nach rechts. Bequem auf ebenem Weg erreichen wir eine Gabelung und halten uns links hinab (rote Pfeile). Nach ca. 250 m taucht links eine kleine Kapelle auf. Wenn wir schon fast daran vorbei sind, nehmen wir den Wiesenpfad dorthin. Er führt uns zwischen den beiden Gebäuden hindurch und dahinter abwärts zu einem Wiesenweg, der uns halb rechts zu einer Straße bringt. An ihr gehen wir nach links und biegen sogleich rechts ab, an der Taverne vorbei, um den Eingang zur Festungsruine **Gardikí** 3 zu erreichen, die aus dem 13. Jh. stammt. In ihren Mauern wurden Bruchstücke antiker Tempel verbaut und im Südturm wurden Reste einer Kapelle gefunden.

Nach der Besichtigung kehren wir auf bekanntem Weg zur Kapelle zurück und setzen die Tour links auf dem Schotterweg fort. Bald verengt er sich zum Pfad, wir kreuzen zwei Rohre und ca. 300 m nach der Kapelle machen wir beim braunen Schild mit Hinweis zur Höhle einen Abstecher von

Noch bevor wir das Kloster erreichen, haben wir eine weite Aussicht zurück auf Ágios Matthéos.

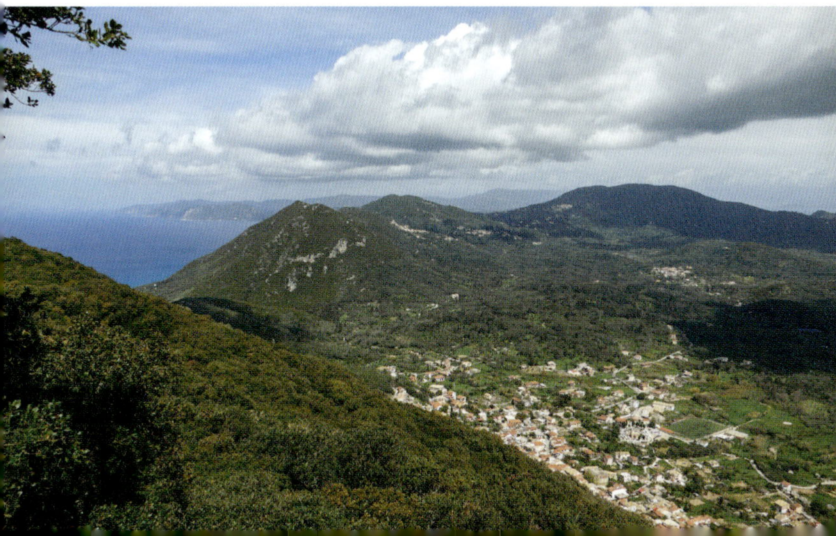

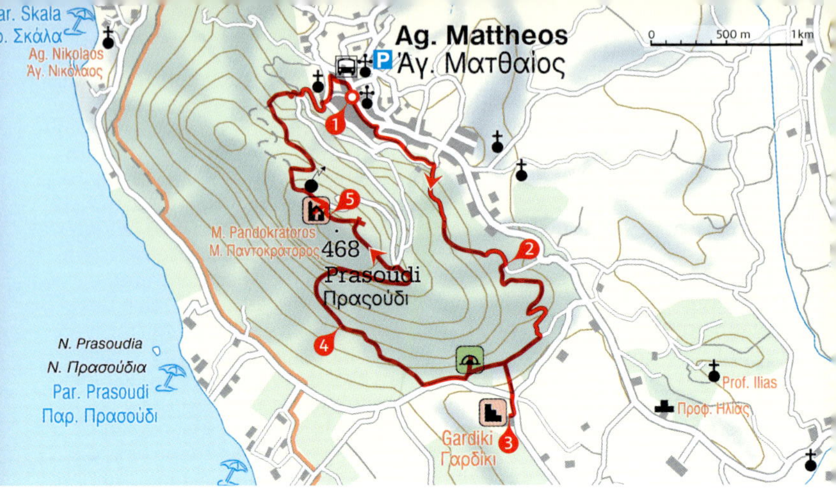

ca. 100 m rechts hinauf: über die Stufen eines terrassierten Olivenhains schlängelt sich der Pfad zum prähistorischen Unterstand, der Gardikí-Höhle genannt wird und viel geräumiger ist, als es von außen erscheint. Die Höhle hat zwei Ebenen und eine schöne Aussichts»terrasse«.
Auf selbem Weg kehren wir zurück und folgen dem Pfad weiter (nun ohne rote Pfeile). Er endet an einer Grundstückszufahrt, die uns zur Straße bringt, der wir nach rechts folgen. Etwa 200 m weiter weist links ein Schild auf eine von serbischen Soldaten errichtete Quellfassung hin. Leider ist die Quelle weitgehend versiegt. Wir verlassen die Straße bei der Wander-Infotafel auf den Weg nach rechts und orientieren uns nun an den roten und blauen Markierungen. Am Aussichtspunkt **Gouramilas Sun Set** 4 haben wir Blick auf ein Stück der Westküste mit der Korissíon-Lagune, bevor wir dem Wegverlauf für weitere ca. 150 m folgen. Dann weisen uns die blauen und roten Pfeile auf den Pfad links in den dichten Kermeseichenwald hinein. Der Pfad wird steiler, dann felsiger. An der Gabelung beim Wegweiser wählen wir den rechten, blau markierten Abzweig und blicken erneut auf die Lagune. Schließlich geht es auf bemoosten Steinen abwärts, beim Querpfad (bei einem umgestürzten Wegweiser) nehmen wir den blau markierten Abzweig nach links. Wir gewinnen an Höhe und wo sich der Wald allmählich lichtet, weist ein blauer Pfeil nach links zu einem weiteren schönen Aussichtspunkt. Nun wird das Gelände flacher und der Pfad schlängelt sich durch Wald aus großen, urigen Erdbeerbäumen. Vor uns sehen wir eine Bank, an der unsere Tour nach links führt, doch vorher machen noch zwei kurze Abstecher: erst rechts zu einem Ausblick über Südkorfu und dann geradeaus zu zwei Bänken, wo wir nach Osten zum Ágii Déka und nach Albanien sehen können, während unter uns Ágios Matthéos liegt.

Zurück auf der Tour gibt es kurz nach einer Ruine einen wunderbaren Aussichtsbalkon zur Linken, und wir erreichen wenige Meter weiter unten die Mauern des **Moní Pantokrátoras** 5, um die wir links herum gehen. Leider ist die Pforte des aufgegebenen Klosters aus dem 16. Jh. meist verschlossen und wir setzen unsere Wanderung mit der Pforte im Rücken fort.

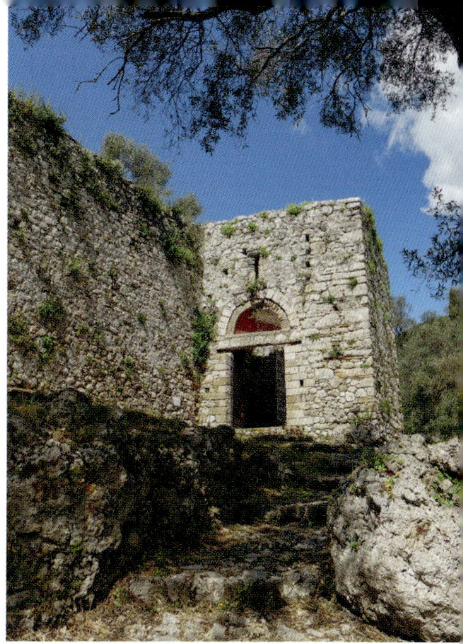

Das Tor zur byzantinischen Festung Gardikí.

Sogleich passieren wir schwarze Zisternen aus Kunststoff und folgen den Pfeilen auf einen kurzen Abstecher nach links zu einer Höhle, bevor wir geradeaus weitergehen. Auch wenn das Absperrgitter weggebogen sein sollte, wäre ein Abstieg in die Tiefe gefährlich! Mit einer guten Taschenlampe lassen sich die Tropfsteine des Höhleneingangs auch vom Gitter aus bewundern.

Zurück auf der Tour zeigt uns der blaue Pfeil die Richtung. Wir kommen an einem Picknickplatz vorüber, dann führen uns die roten und blauen Markierungen talwärts durch den Wald. Nach ca. 300 m wechseln wir auf den rot markierten Abzweig nach rechts und passieren die alte Fassung einer leider ausgetrockneten Quelle. Wir stoßen wieder auf den Hauptpfad, in den wir rechts hinab einschwenken (ab hier wieder rote und blaue Markierung). Der erste Olivenhain zeigt an, dass wir uns einer Ortschaft nähern. Schließlich stoßen wir auf eine betonierte Straße, an der wir nach links hinunter gehen, um sie gleich darauf auf den Schotterweg scharf links zu verlassen. Der im weiteren Verlauf betonierte Weg führt uns in den Ort hinab, wo die Markierungen enden. Gepflasterte Abzweige ignorieren wir zunächst. Erst direkt beim Kirchturm biegen wir rechts ab in eine gepflasterte Gasse und sogleich in die erste links und sofort wieder in die schmale Gasse nach rechts. Nun halten wir uns immer abwärts und erreichen wieder die Hauptstraße von **Ágios Matthéos** 1.

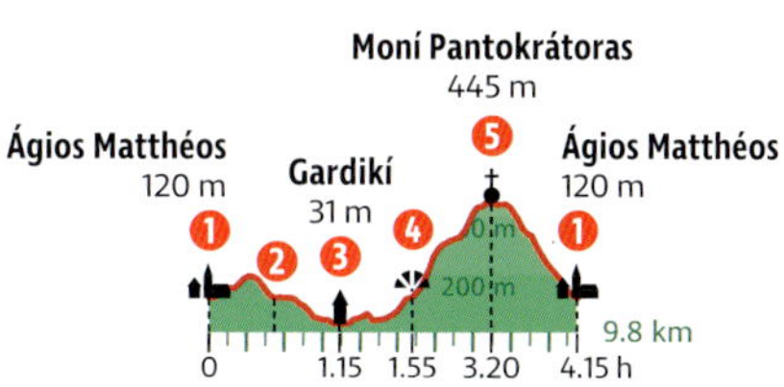

↗ 70 m | ↘ 70 m | 12.2 km

28 Zur Korissíon-Lagune

3.15 h

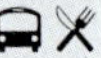

Hohe Dünen, langer Sandstrand und rosa Flamingos

Diese Tour führt durch ein unter Schutz stehendes Naturparadies: Zwischen dem Meer und dem ca. 5 km langen See erstreckt sich eine Nehrung, die nicht nur schier endlose Strände und eine mit Sandsteinfelsen durchsetzte Dünenlandschaft beherbergt. Wir wandern auch durch Wald aus Phönizischem Wacholder und am Ufer der Lagune, die zahlreiche Vogelarten – darunter Flamingos, Seiden- und Silberreiher – anzieht.

Ausgangspunkt: Parkplatz am Issos-Strand südlich des Korissíon-Sees (3 m, N39.4329, E19.9332).
ÖPNV: Bushaltestelle in Ágios Geórgios: Linien B5 »Corfu – Agios Georgios« (Mo. bis Fr. ca. 4x tgl., So. ca. 2x tgl.) und B6 »Corfu – Issos« (Endhaltestelle, Mo. bis Fr. ca. 4x tgl., So. ca. 2x tgl.). Von der Endhaltestelle der B6 Richtung Norden am Strand entlang zum Ausgangspunkt.
Anforderungen: Ausschließlich bequeme Wege und Strand, wo das Gehen auf dem Sand durchaus anstrengend ist.
Einkehr: Saisonale Strandbars.
Tipp: Fernglas zur Vogelbeobachtung und Badesachen nicht vergessen.

Wir verlassen den Parkplatz von **Íssos** ❶ auf den Dünenkamm hinauf und wenden uns nach rechts. Zunächst gibt es oben mehrere Trampelpfade, doch wir halten uns einfach parallel zum Meer und folgen den Fahrspuren, die schließlich mit den Fußspuren zu einem Weg verschmelzen. Von hier oben haben wir nicht nur Blick aufs Meer, sondern auch auf die Berge des Hinterlands. Die zunächst wie Sandstein anmutenden Dünen werden

Einer Wüste gleich erstrecken sich riesige Dünen südlich der Korissíon-Lagune.

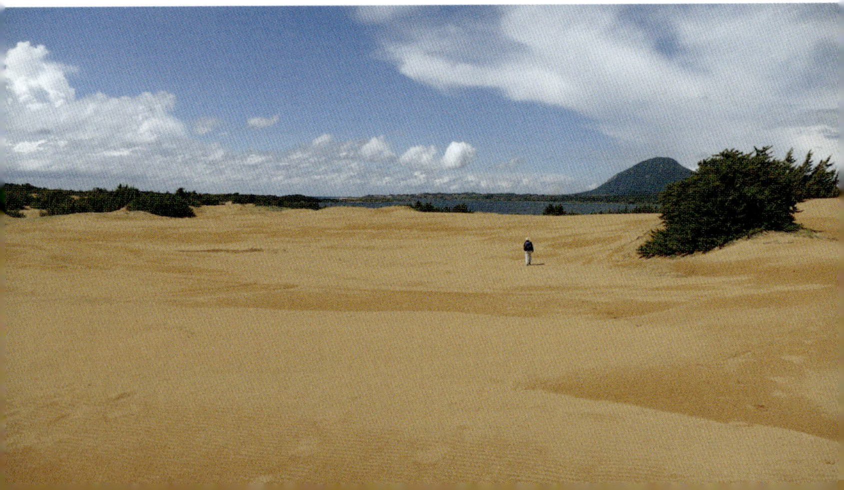

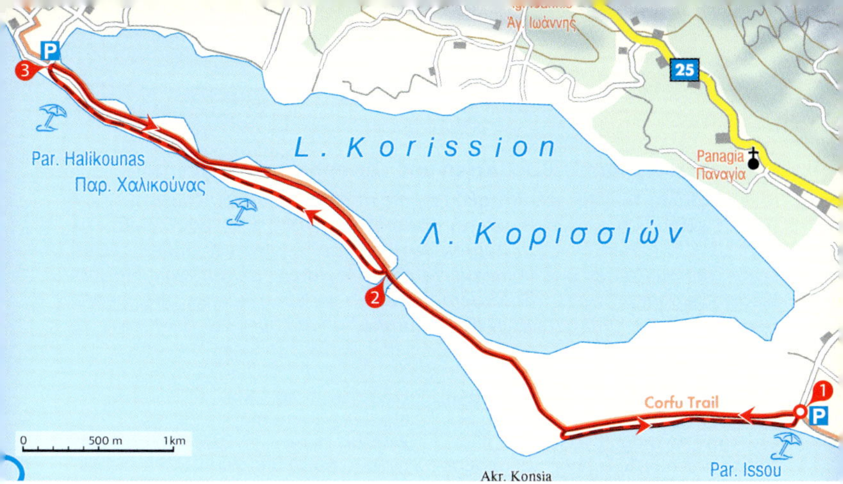

karger, dann sandiger, sodass wir fast glauben, eine Wüste zu durchqueren. Dann rücken die Wacholderbüsche näher, werden höher und unser Weg verläuft landeinwärts. Im allmählich dichter werdenden Wald aus Wacholder, Eichen, Erd- und Lorbeerbäumen, Mastix und Tamarisken können wir vor allem im Frühling seltene Orchideenarten am Wegrand entdecken.

Nach einer Weile führt unser Weg am Seeufer entlang, dann erreichen wir den einzigen Kanal, der die Lagune mit dem Meer verbindet. Wir nehmen die – inoffiziell – nach der Gründerin des Corfu Trails benannte Brücke **Hillary Bridge** ❷ und setzen auf der anderen Seite unsere Richtung fort. Hinter dem Haus verlassen wir den Weg jedoch auf den Pfad links an der Backsteinhütte vorbei. Er bringt uns zum Strand, an dem wir nun entlanggehen. Wir kommen an saisonal betriebenen Strandbars vorbei und erst am Ende des Strands von **Chalikoúnas** ❸ biegen wir rechts auf den kleinen Parkplatz am Seeufer ab. Hier führt unsere Tour auf dem Weg rechts, parallel zum Seeufer, zurück, aber wer ausgiebiger Vögel beobachten will, kann zunächst einen beliebig langen Abstecher geradeaus und ein Stück um den See herum machen. Der sandige, breite Weg nach rechts bringt uns dagegen zur **Hillary Bridge** ❷ zurück, die wir überqueren, um eine Weile dem bereits bekannten Weg zu folgen. Schließlich kommt das Meer wieder in Sicht und wir steigen bei erster Gelegenheit zum Strand hinunter. An ihm setzen wir unsere Richtung fort, bis wir in den niedriger werdenden Dünen zwei Hütten entdecken. Bei ihnen verlassen wir den Strand und kehren zum Parkplatz von **Íssos** ❶ zurück.

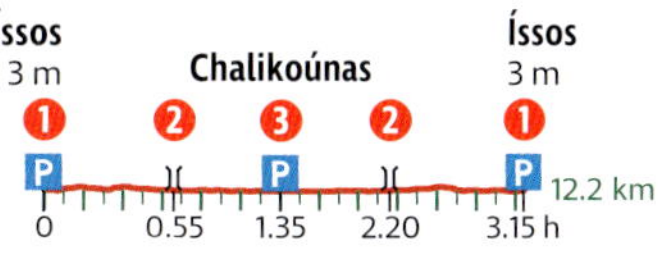

↗ 450 m | ↘ 450 m | 14.7 km

29 Argirádes und die acht Dörfer

4.45 h

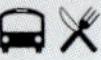

Entdeckertour durch alte Gassen und Olivenhaine mit Meerblick

In entlegenen Dörfern wie Korakádes, die noch vom Massentourismus verschont geblieben sind, erahnen wir das einstige Alltagsleben auf Korfu. Üppige Gärten bilden einen blütenreichen Kontrast zu den verwinkelten Gassen, in denen Ruinen und liebevoll restaurierte Häuser an die venezianische Vergangenheit erinnern. Außerdem besuchen wir ein winziges, aber buntes Heimatmuseum und genießen den traumhaften Ausblick vor der Kirche der Erzengel in Chlomós.

Ausgangspunkt: Hafen von Petrití (1 m, N39.4543, E20.0023), dort auch direkt am Hafen Parkmöglichkeit.
ÖPNV: Bushaltestelle in Petrití: B2 »Corfu – Petriti« (Mo. bis Fr. ca. 2x tgl.). Alternativ steigt man in Argirádes in die Tour ein, wo die Linien B1, B2, B3 und B4 halten (greenbuses.gr/index.php/routes-en).
Anforderungen: Überwiegend bequeme Wege, aber auch kurze Pfadabschnitte, die stark ausgewaschen oder steil und bei Nässe sehr rutschig sind. In den Gassen ist etwas Orientierungssinn oder Entdeckergeist nötig.
Einkehr: Mehrere Lokale in Chlomós, Argirádes, Nótos und Petrití.
Tipps: (1) Petrití ist einer der größten Fischereihäfen Korfus, weshalb die Tavernen besonders viel frischen Fisch und Meeresfrüchte anbieten. (2) In Chlomós gibt es viele Gebäude aus venezianischer Zeit zu entdecken. (3) Beim Heimatmuseum in Ágios Nikólaos steht die Tür offen und der Eintritt ist frei. Spende willkommen.

Vom Hafen in **Petrití** ❶ aus folgen wir der Hauptstraße landeinwärts in den Ort und biegen in die vierte Straße zur Rechten ab (gegenüber dem Supermarkt). Sie führt uns bergan, wir kreuzen eine Querstraße und gehen geradeaus weiter bergauf. Die schmale Straße endet an einer Querstraße, in die wir rechts einschwenken, um uns sogleich wieder links hinauf zu wenden (es sieht auf den ersten Blick nur wie eine Zufahrt aus, aber der Betonweg verläuft links an dem Tor vorbei). Stramm bergan verlassen wir den Ort und gelangen durch Gärten und Olivenhaine zum weitgehend verlassenen Dorf Korakádes, wo wir dem Wegverlauf zwischen Ruinen und ersten renovierten Häusern folgen. Nach einigen Erdrutschen zogen die meisten Bewohner Mitte des 20. Jahrhunderts nach Petrití hinunter, aber allmählich kehrt das Leben in den Ort zurück. Bei der Kirche von **Korakádes** ❷ geht der Weg in eine Straße über, auf der wir talwärts gehen. Hohe Zypressen und Olivenbäume spenden uns Schatten. Wir passieren eine Halle mit

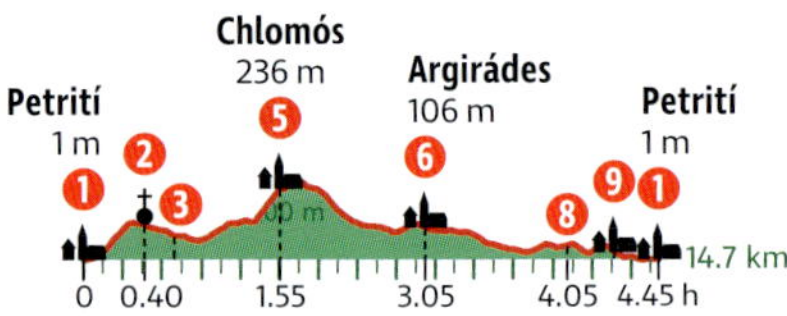

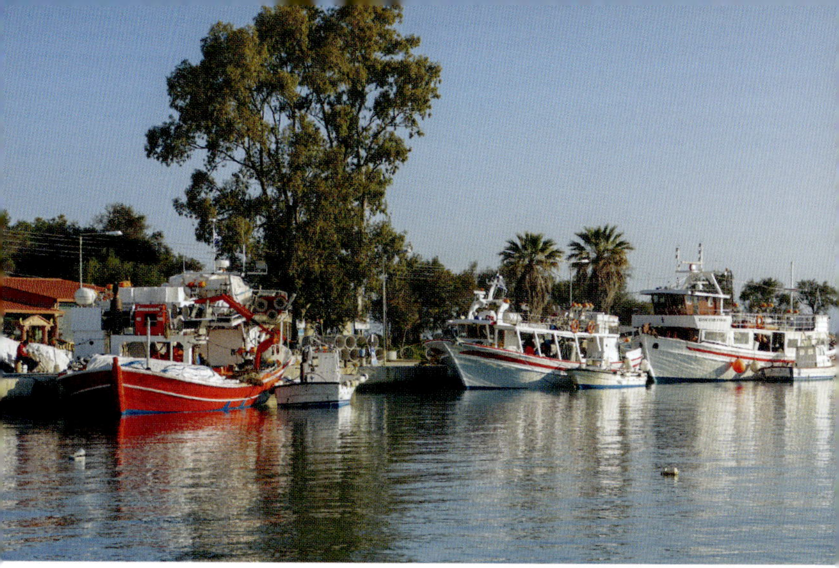

Petrití ist einer der größten Fischereihäfen der Insel.

einem Marienbild, dann das Ortsschild von **Vasilátika** 3. Hier halten wir uns rechts an Friedhof und Kirche vorbei und folgen der Straße, die uns immer wieder Aussicht bietet. Sie endet an einer Querstraße im nächsten Ort namens **Kouspádes** 4 und wir wenden uns nach rechts (nicht scharf rechts hinunter!). Am ersten Abzweig zur Linken biegen wir aufwärts ab, am Glockenturm vorbei. Die zunächst gewundene Gasse führt uns am gepflasterten Dorfplatz vorbei, dann gehen wir immer geradeaus und bergan aus dem Ort hinaus. Der Feldweg verläuft durch Olivenhaine mit Meerblick. Bald kommt auf einem Hügel vor uns das Dorf Chlomós in Sicht und der Weg gabelt sich. Wir halten uns links auf Chlomós zu und folgen dem abschnittsweise betonierten Wegverlauf. Nach einem kurzen steilen Abstieg durchschreiten wir den Talgrund und der Weg verzweigt sich in Zufahrten zu Olivenhainen, weshalb wir den Pfad geradeaus hinauf wählen. Wir halten uns immer aufwärts und am Pfadende nehmen wir den Betonweg links weiter bergan. Wenige Schritte bevor er an einem Tor endet, biegen wir auf den Pfad links ab. Er ist etwas eingewachsen, geht aber am Ortsrand in einen gepflasterten Weg über, dem wir immer geradeaus hinauf folgen. Die Gasse mündet in den kleinen Dorfplatz von **Chlomós** 5, der mit einem runden Mosaik und Bänken aufwartet. Wir überqueren ihn geradeaus, weiter bergan, und wenden uns an der Gabelung nach rechts (Schild: Balis Taverna). An der Kirche weist uns ein weiteres Schild der Taverne Balis nach links. Wir folgen der Gasse geradeaus, passieren eine weitere Kirche

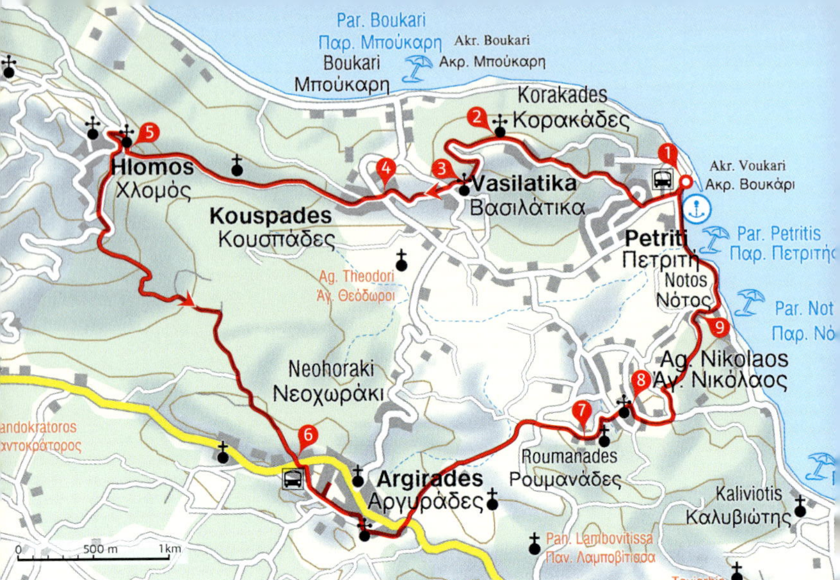

und erreichen die Taverne, wo wir bereits ersten Panoramablick haben. Wir gehen jedoch vorbei und biegen in die Straße links hinauf ab. Noch bevor wir oben erneut den dicht bebauten Ortskern erreichen, machen wir einen Abstecher scharf rechts und statten der Kirche der Erzengel einen Besuch ab, um den fantastischen Ausblick zu genießen: vom Ágii Déka und dem Pantokrátormassiv zur Linken über das Meer und die Festlandküste bis zu weiten Teilen Südkorfus zur Rechten.

Anschließend folgen wir der Straße weiter ins Dorf, wo sie sich sogleich zur Gasse verengt. Wir biegen in die erste gepflasterte Gasse links hinunter (Schild: Taverna Sirtaki), die uns gewunden abwärts führt, beim Mühlstein rechts, doch dann verlassen wir sie vor dem gelben Haus nach rechts. Bald geht es wieder talwärts und an der Kreuzung halten wir uns rechts hinab. Unten an der Querstraße wenden wir uns erneut nach rechts und folgen ihr an der Taverne Sirtaki mit Dachterrasse vorbei. An der Gabelung gehen wir links hinab und wo die Straße nach rechts schwenkt, wählen wir den Betonweg geradeaus hinunter. Nun ignorieren wir Abzweige und halten uns auf dem Weg geradeaus durch die Olivenhaine, bis er an der Kurve eines Querwegs endet. Hier wenden wir uns nach rechts, zunächst sacht, später stärker bergauf und überwinden eine Anhöhe, um schließlich auf die oft stark befahrene Durchgangsstraße von **Argirádes** 6 zu stoßen. An ihr gehen wir vorsichtig nach links und biegen sogleich rechts ab. Die schmale Betonstraße bergab schwenkt vor einem Haus nach links und endet an einer Querstraße, die uns links in den Ortskern bringt. Wir folgen der Gasse um eine Linkskurve und sogleich nach rechts. Hier steht zur Rechten ein großes, teils schon zur Ruine verfallenes Haus, in dem laut Einheimischen einst die Familie gelebt haben soll, die Argirádes in byzantinischer Zeit ihren Namen gab: die Familie Argyros, die sogar einen Kaiser stellte (Romanos III.). An der nächsten Ecke dieses Hauses führt unsere Straße nach rechts, doch zuvor machen wir links einen Abstecher in die gepflasterte Gasse, um den uralten Olivenbaum bei einer kleinen Kirche zu bewundern. Dann folgen wir der Straße weiter, sehen rechts das Meer, halten uns an der Gabelung links hinauf und nach der Linkskurve gleich rechts hinab. Wir folgen der bald gewundenen Gasse, bis sie vor einem verlassenen Haus endet, an dem wir links vorbeigehen. Es wird noch schmaler, noch verwinkelter, dann stoßen wir auf eine Quergasse, in die wir rechts hinab einschwenken. Wir erreichen einen gepflasterten, von schönen Häusern umgebenen Platz, den wir geradeaus überqueren, um rechts in die Quergasse abzubiegen und sogleich nach links. Dieser Gasse folgen wir geradeaus bergan und wenden uns an ihrem Ende nach rechts (Schild: Agios Ioannis). Wo der gepflasterte Bereich endet, steigen wir links die Stufen hinauf. Oben an der Kirche haben wir weite Sicht auf die Orte, die wir bereits durchwandert haben, die rote Kirche von Neochoráki und die Westküste mit dem Badeort Ágios Géorgios.

Von der Kirche der Erzengel in Chlómos aus genießen wir den Blick bis zum Südende Korfus.

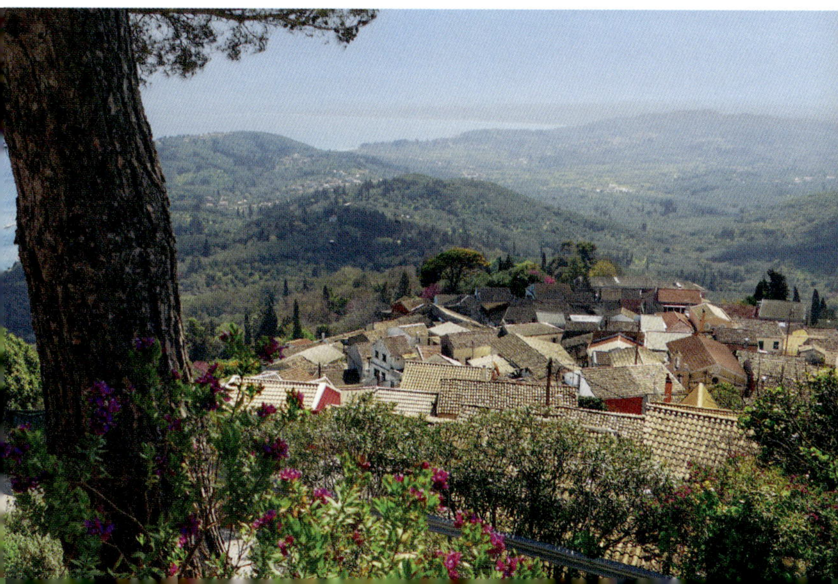

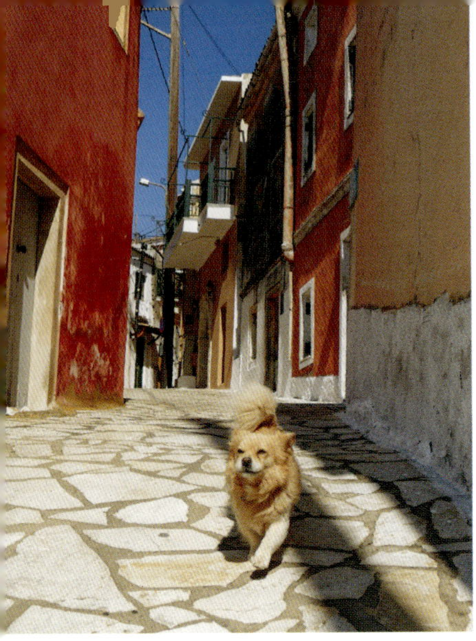

Kleiner Wächter in den Gassen von Chlomós.

Wir gehen die Treppe hinter der Kirche hinunter und halten uns am Fuß der Stufen links hinab. Der Weg geht in eine gepflasterte Gasse über, die wir rechts hinunter verlassen. Wo der gepflasterte Bereich endet, biegen wir rechts ab und ebenso an der Quergasse. Ihr folgen wir talwärts, am Ortsrand entlang, und halten uns dort, wo sie links hinab führt, rechts hinauf. Nachdem wir den höchsten Punkt überschritten haben, nehmen wir die Stufen links hinunter zur Durchgangsstraße. Wir gehen nur kurz an ihr nach rechts, um gleich nach dem Ortsschild links hinab abzubiegen. Unten bei dem Haus wenden wir uns nach rechts und an der gleich folgenden Verzweigung wählen wir den linken Feldweg. Ihm folgen wir eine ganze Weile, bis wir eine Querstraße erreichen, die wir kreuzen, um auf dem abzweigenden Sträßchen geradeaus hinaufzugehen. Zwischen Zypressen und Wiesen bringt es uns nach **Roumanádes** ❼, wo es uns als Schotterweg durch Gärten führt. An der Querstraße wenden wir uns rechts hinauf, um in die erste Gasse links abzubiegen, in den Ortskern von Ágios Nikólaos. Die Gasse führt uns zum Dorfplatz mit kleinem Supermarkt, wo wir uns rechts halten. Bei erster Gelegenheit machen wir links hinab einen kurzen Abstecher zum kleinen Heimatmuseum von **Ágios Nikólaos** ❽. Das mit »Cultural Heritage« überschriebene Häuschen beherbergt ein erstaunliches Sammelsurium an Relikten aus früheren Zeiten.

Zurück auf der Haupttour verläuft diese geradeaus weiter und biegt erst in die nächste Straße links ab. Anschließend verlassen wir den Ort, es geht kurz talwärts und wir ignorieren die abzweigende Straße nach rechts. Erst beim minzfarbenen Haus zur Rechten nehmen wir den Betonweg halb rechts und folgen ihm bald wieder bergan. Oben haben wir Blick auf Chlomós und nachdem wir die Anhöhe überschritten haben, führt der Weg hinunter nach **Nótos** ❾, wo wir rechts in die Querstraße einschwenken. Sie bringt uns zur Küste, wo wir uns vor Electra's Sea Garden Restaurant links hinab wenden. An der malerischen Bucht vorbei folgen wir dem Weg, der in einen Pfad parallel zum Meer übergeht. Wir erreichen den Sandstrand von Petrití und gehen geradeaus zum **Hafen** ❶ zurück.

↗ 40 m | ↘ 40 m | 8.5 km

2.15 h

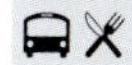

Von Lefkímmi zu den Salinen von Alikés

30

Am Fluss entlang zu den einstigen Salinen von Alikés

In Potámi besuchen wir die Brücke über den gleichnamigen Fluss, wo Cafés und kleine Fischerboote viel Flair verströmen. Im Wasser können wir zahlreiche Meeräschen erspähen, während wir zu den Feuchtwiesen und Salzpfannen der früheren Saline wandern. Heute steht sie als Biotop für Zugvögel unter Schutz. Nach einer Badepause am Strand kehren wir durch alte Olivenhaine nach Lefkímmi zurück und kommen an einem Kloster mit sehr bewegter Geschichte vorbei.

Ausgangspunkt: Von Bäumen umgebene Kirche Ágios Theodóros im östlichen Ortsteil an der Durchgangsstraße von Lefkímmi (14 m, N39.4232, E20.0727). Bei Anfahrt mit dem Auto empfehlen wir, bei WP 4 zu parken und dort in die Wanderung einzusteigen.
ÖPNV: Bushaltestelle bei der Kirche Ágios Theodóros in Lefkímmi: Linie B1 »Corfu – Kavos« (Mo. bis Fr. ca. 10x tgl., Sa. ca. 8x tgl., So. ca. 3x tgl.).
Anforderungen: Einfach zu begehende Wege und Pfade, die teils jedoch im zeitigen Frühjahr oder nach starken Regenfällen sumpfig oder überflutet sind.
Einkehr: Saisonale Taverne am Strand von Alikés; zahlreiche Lokale in Lefkímmi und Potámi.
Tipps: (1) Bei Hitze früh starten, da die erste Hälfte der Tour kaum Schatten bietet. (2) Das ausgeschilderte Museum Kouris ist den traditionellen Handwerken Korfus gewidmet (geöffnet tgl. 10–17 Uhr, kein Eintritt, aber Spenden erwünscht). (3) Das Kloster ist Mo. u. Do. geschlossen, ansonsten 8–13 Uhr geöffnet, im Sommer auch 17–21 Uhr, im Winter auch 16–18 Uhr.

Auf den Kais am Potámi laden Cafés und Restaurants zum Verweilen ein.

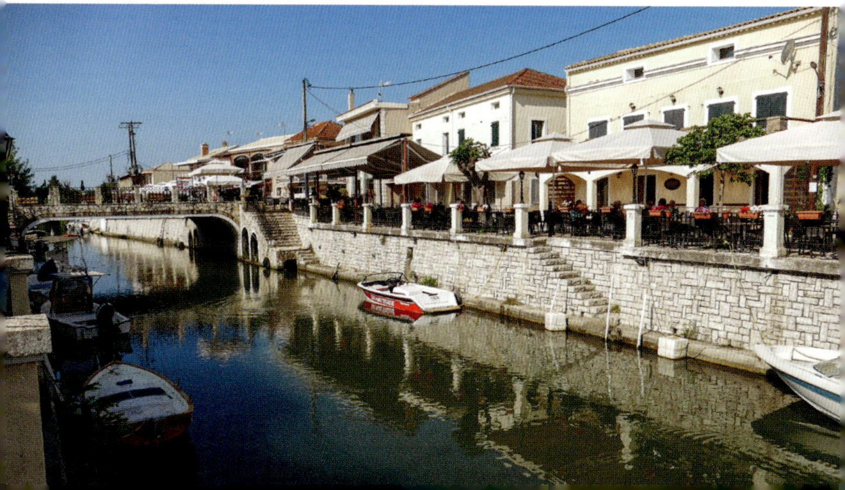

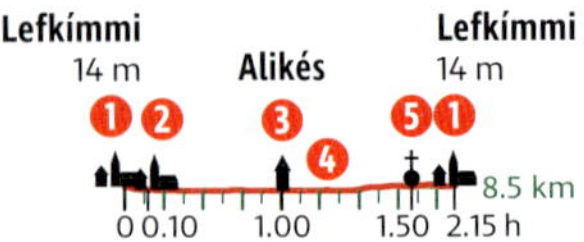

In **Lefkímmi** ❶ biegen wir an dem kleinen Platz vor der Kirche (mit dem Rücken zum Kirchturm) rechts ab (Schild: Museum). Straßenverlauf und Beschilderung weisen gleich darauf nach links, aber wir nehmen die schmalere Straße geradeaus hinauf. Bevor sie am Ende nach rechts schwenkt, wählen wir den Abzweig links und wenden uns bei erster Gelegenheit nach rechts. Der nur anfangs kurz gewundene Weg verbreitert sich zur schmalen Straße, der wir geradeaus über die Kreuzung und immer weiter folgen, bis sie im nächsten Ortsteil am Ufer des **Potámi** ❷ genannten Flusses endet.

Unsere Tour führt hier links am Ufer entlang, doch zunächst können wir rechts zur als Fotomotiv beliebten Brücke gehen, wo zu beiden Seiten des Potámis Lokale zum Verweilen einladen. Anschließend verlassen wir auf dem Uferweg den Ort und folgen dem Fluss. Nach einer Weile tauchen erneut vertäute Boote auf. Hier ignorieren wir den Abzweig scharf links und biegen erst ca. 70 m danach links ab. Durch Feuchtwiesen und an großen Eukalyptusbäumen vorbei erreichen wir einen Querweg, in den wir halb rechts einschwenken. Er bringt uns immer weiter in die Wiesen hinaus. Schließlich folgt er einem Wassergraben und wir entdecken zur Linken ein Gebäude mit auffällig großem, weißem Schornstein. Hier gibt es einen Holzsteg über den Graben. Sollte der Steg in gutem Zustand sein, gehen wir hinüber und auf dem Pfad zu einem Querweg, der uns links zur Ruine bei den flachen Becken der Salinen von **Alikés** ❸ führt. Ist der Steg nicht mehr nutzbar, folgen wir stattdessen unserem Weg noch ein Stück weiter und nehmen dort, wo der Weg nach links führt, den Abzweig nach rechts (sollte es auch hier zu sumpfig sein, folgen wir unserem Weg weiter nach links und stoßen erst am südlichen Ortsrand von Mólos wieder auf die Tour). Immer geradeaus erreichen wir auch so die Ruine ❸, vor der wir uns nach links wenden. Die im Gebäude verbliebenen Maschinen erinnern daran, dass hier in der einsamen Weite vom Mittelalter bis 1988 in großen Mengen Salz gewonnen wurde. Heute

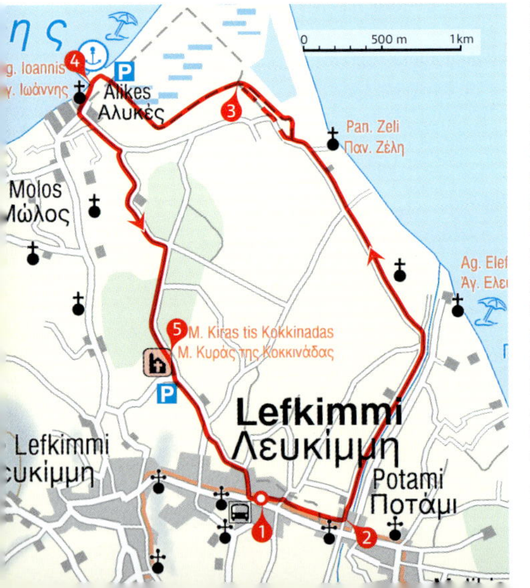

können wir mit etwas Glück Rosaflamingos, Stelzenläufer, Seeschwalben und viele andere Vögel beobachten.

Wir passieren eine weitere, kleinere Ruine und biegen ca. 75 m danach rechts ab, um die Becken zu durchqueren. Am Ende des Wegs sehen wir bereits die rosa gestrichene Kapelle, bei der wir uns links halten und zwischen Strand und Hafen von **Mólos** 4 das Meer erreichen. Hier können wir baden oder rechts einen Abstecher zum Hafen machen, bevor wir die Straße nach links wählen. Schon bei erster Gelegenheit biegen wir links ab. Nach ca. 380 m verlassen wir dieses Sträßchen nach rechts, bevor es nach links schwenkt. Durch Wiesen und Olivenhaine folgen wir dem Wegverlauf, der gegen Ende etwas eingewachsen sein kann. Schließlich wenden wir uns an der Kreuzung nach rechts und kommen an besonders dicken, alten Olivenbäumen vorbei. Bald darauf erheben sich rechts von uns die ersten Klostergebäude und wir stoßen auf eine Straße. Unsere Tour verläuft hier nach links, aber zunächst können wir scharf rechts zur Pforte des sehenswerten Klosters **Kyrás ton Angélon** 5 hinaufgehen. Die Kirche wurde 1656 erbaut, das dazugehörige Kloster jedoch unter britischer Herrschaft niedergebrannt, weil sich dort Pestkranke aufgehalten hatten. Erst 1933 begann eine Nonne allein mit dem Wiederaufbau, was 1955 in der Wiedereröffnung seinen Höhepunkt fand. Nun führt uns die Straße bald an einigen Häusern und einem Schrein zur Linken vorbei, dann nehmen wir den zweiten (!) breiten Abzweig nach links. Der Weg bringt uns an hohen Zypressen und einem Brunnen vorbei nach Lefkímmi hinein, wo wir an der Kreuzung – nach rechts versetzt – geradeaus weitergehen. Wir folgen dem Straßenverlauf zur Durchgangsstraße hinauf, an der wir links zum **Ausgangspunkt** 1 zurückkehren.

Vom Mittelalter bis ins Jahr 1988 wurde in Alikés Salz gewonnen.

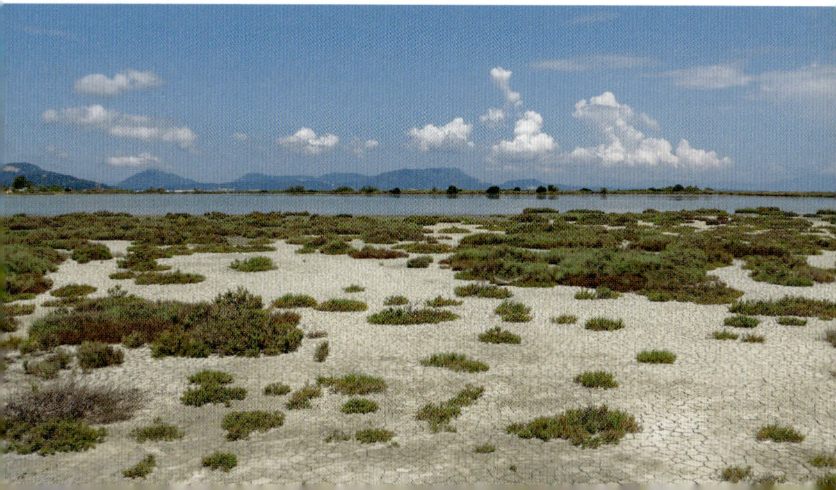

↗ 220 m | ↘ 220 m | 8.3 km

31 Zum Strand von Gardénos

2.30 h

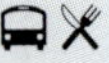

Einsames Hinterland und einer der schönsten Sandstrände Korfus

Vom Dörfchen Kritiká, das bereits im 9. Jh. von Flüchtlingen aus dem von Sarazenen besetzten Kreta gegründet wurde, führt diese Tour teils auf sehr naturnahen Pfaden zu schönen Aussichtspunkten, beeindruckenden uralten Olivenbäumen und zu einem herrlichen Sandstrand. Überragt von naturbelassener Steilküste erstreckt er sich mehr als einen Kilometer weit und ist selbst in der Hochsaison noch nicht überlaufen.

Ausgangspunkt: Kirche Ágios Spirídonas im Zentrum von Kritiká (38 m, N39.3935, E20.0520). Parken inner- und außerorts in Nischen am Straßenrand.
ÖPNV: Bushaltestelle in Kritiká: Linie B3 »Corfu – Dragotina« (Mo. bis Fr. ca. 2x tgl.).
Anforderungen: Überwiegend bequeme Wege und Strand, aber auch etwas eingewachsene oder stark ausgewaschene Abschnitte.
Einkehr: Saisonal mehrere Tavernen in Gardénos; Cafés in Kritiká.
Tipp: Der Strand lohnt auch ohne Wanderung einen (Bade-)Besuch. Es gibt einen Parkplatz direkt am Strand (Beschilderung: Gardenos Beach).

Mit der Kirche in **Kritiká** ❶ im Rücken gehen wir an der Straße nach links und halten uns an der Gabelung rechts. Die Straße wird am Ortsrand zum Feldweg, der an einer Querstraße endet. Diese überqueren wir nach links, um die dort abzweigende Straße zu nehmen. Wo sie nach rechts verläuft, verlassen wir sie auf den Schotterweg geradeaus hinauf. Oben gabelt er sich, wir gehen links hinab und entdecken hinter dem Stallgebäude einen etwas versteckten Pfad, der uns links bergan führt. Wir halten uns immer aufwärts, bis der etwas eingewachsene Pfad auf einen Querweg stößt. Unsere Tour führt auf diesem Weg nach rechts, aber zuvor machen wir einen kurzen Abstecher scharf rechts hinauf, wo uns bei einer Kapelle Fernblick auf das Pantokrátormassiv erwartet. Anschließend folgen wir dem Weg durch Olivenhaine, gehen an der etwas seitlich versetzten Kreuzung geradeaus und haben rechter Hand herrlichen Blick auf das gebirgige Festland. Kurz darauf wenden wir uns an der Gabelung links hinab. Nun ignorieren wir mehrere Abzweige, um erst nach ca. 300 m den Weg

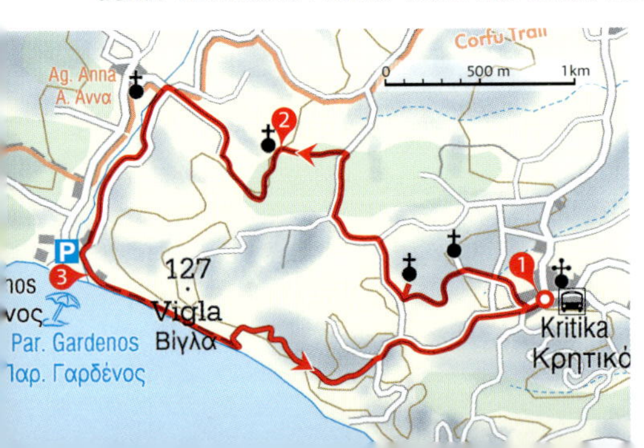

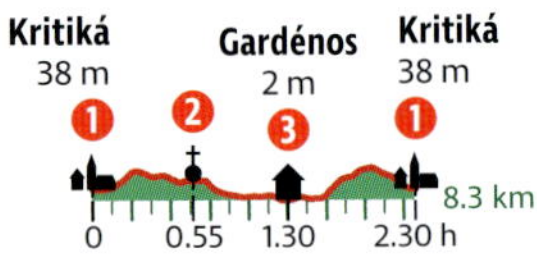

rechts hinunter (!) zu wählen. Er ist recht grob geschottert und zeitweise haben wir das Gefühl, eher in einem Bachbett zu wandern, doch dann erreichen wir einen Hain aus besonders alten, hohen Olivenbäumen mit erstaunlich dicken Stämmen sowie einen Querweg, in den wir links hinauf einschwenken. Bald darauf kommen wir an der zur Rechten gelegenen Kapelle **Ágios Donátos** 2 vorbei, in der Patrioten aus Lefkímmi während der deutschen Besatzung 1943 zehn amerikanische Flieger versteckten. Unser bislang bergauf führender Weg gabelt sich und wir wenden uns rechts hinab, während wir uns an der folgenden Gabelung links hinauf halten. An diesem etwas eingewachsenen Weg entdecken wir im Frühjahr besonders viele Orchideen. Er endet bei einem großen Baum vor einem Graben. Hier nicht den Pfad rechts hinab nehmen, denn er verliert sich bald, sondern schon ca. 15 m vor (!) dem Baum/Wegende auf den anfangs etwas unscheinbaren Pfad rechts hinunter abbiegen. Er wird bald steiniger und gut sichtbar. Unten verbreitert er sich zum Weg und wir folgen dem Wegverlauf zwischen Häusern, Gärten und Feldern, bis wir schließlich eine Asphaltstraße erreichen, in die wir nach links einschwenken. Nach ca. 1 km endet sie direkt am Strand von **Gardénos** 3, auf dem wir nach links gehen, nachdem wir bei Bedarf in einer der Tavernen eingekehrt sind.

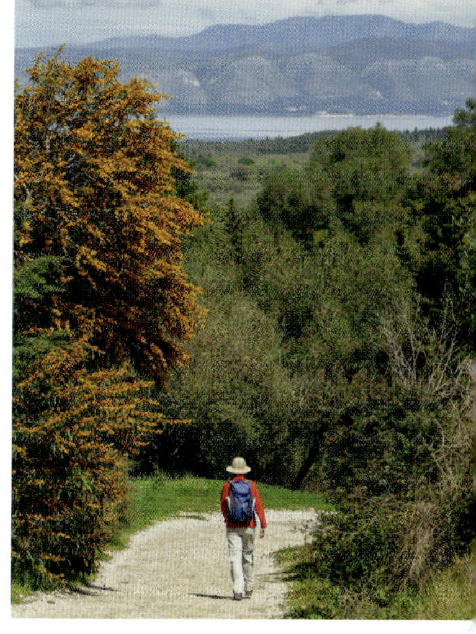

Im Frühling leuchtet die Blütenpracht der Akazien.

Beim zweiten, in die Steilküste eingeschnittenen Tal queren wir den – im Sommer meist trockenen – Bach (erkennbar auch am Schilf) und nehmen erst danach den Pfad links hinauf und kurz parallel zum Strand, bevor er uns als Weg scharf links bergauf führt. Wir passieren die Secret Paradise Bar und folgen dem abschnittsweise betonierten Wegverlauf immer bergan. Er verläuft durch Eichenurwald und später auf der Hochebene zwischen Oliven- und Kumquatplantagen. Schließlich wendet er sich landeinwärts und mündet in einen Querweg, auf dem wir nach rechts gehen. Nach ca. 150 m setzen wir an der Gabelung unsere Richtung geradeaus fort. Nun geht es eine ganze Weile talwärts, bevor wir am Ortsrand auf eine Querstraße stoßen, die uns rechts zur Kirche von **Kritiká** 1 zurückbringt.

Nächste Seite: Der Strand von Gardénos gehört zu unseren Favoriten auf Korfu.

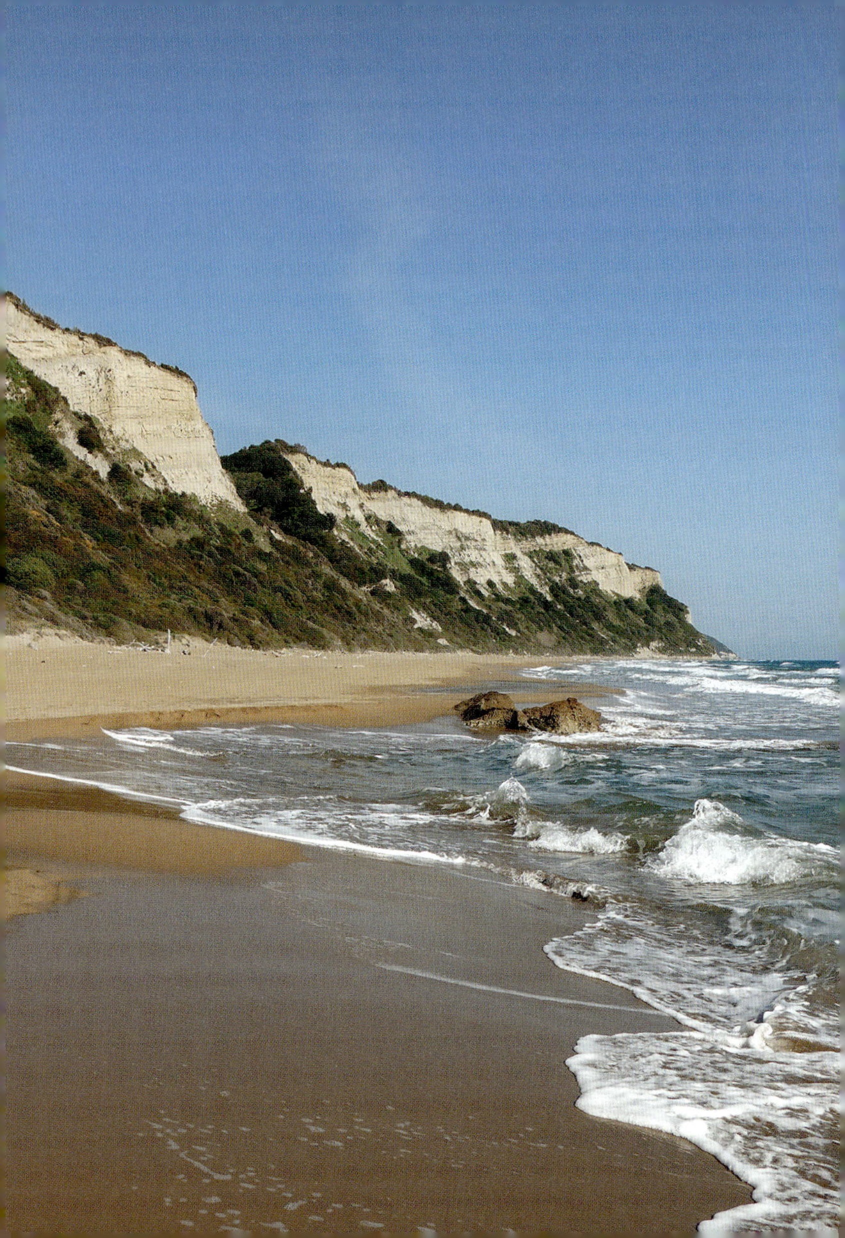

3.15 h

Zu Korfus Südspitze – Kap Asprókavos

Steilklippen und dichte Wälder an der Südspitze Korfus

Kommt man im sehr touristischen Ort Kávos an, kann man es kaum glauben, aber unsere Tour führt in eine traumhafte Landschaft aus Wäldern, Olivenhainen und schilfgesäumten Bächen. Oberhalb der Steilküste erwarten uns herrlicher Fernblick und eine Klosterruine, zu ihren Füßen dagegen erstreckt sich ein langer Sandstrand, fernab vom Rummel der Hotels und Tavernen.

Ausgangspunkt: Gabelung am südlichen Ortsausgang von Kávos (9 m, N39.3785, E20.1138). Parken am Ortsrand.
ÖPNV: Endhaltestelle der Linie B1 »Corfu – Kavos« (Mo. bis Fr. ca. 10x tgl., Sa. ca. 8x tgl., So. ca. 3x tgl.).
Anforderungen: Überwiegend bequeme Wege, aber auch stark ausgewaschene, steile oder abschüssige Abschnitte, die bei Nässe sehr rutschig sind.
Einkehr: Unterwegs keine; zahlreiche Lokale in Kávos.
Hinweise: (1) Der Strandabschnitt kann nach Sandverlust durch Winterstürme in manchen Jahren unpassierbar sein. Dann ist unsere Variante eine schöne Alternative. (2) Vorsicht mit Kindern: Auf dem Aussichtspunkt Kap Asprókavos und dem Weg von dort zur Ruine sind die Abbruchkanten der Steilklippen nur spärlich gesichert!
Variante: Anstatt links zum Strand 4 hinab gehen wir halb links bergauf. Der Weg wird zum Pfad und führt über eine aussichtsreiche Passhöhe, bevor er sich in einem Olivenhain gabelt. Wir halten uns geradeaus (gelbe Markierungen), auch wenn die Wegführung zunächst schlecht sichtbar sein kann. Der zunehmend ausgefahrene Weg verläuft immer weiter bergab, bis wir auf einen Querweg stoßen, dem wir links hinab folgen. Kurz darauf erreichen wir eine Kreuzung 6, an der wir rechts abbiegen und uns wieder auf der Haupttour befinden (insgesamt 6.7 km, 210 m Auf- und Abstieg).

An der Gabelung am südlichen Ortsrand von **Kávos** 1 nehmen wir die Straße nach links (Schild: Rest Area 500 m) und dann den ersten Abzweig nach rechts. Hier ist die Klosterruine bereits ausgeschildert (»Monastery of the Blessed Virgin Mary«). Wir folgen dem Weg, der sporadisch mit gelben Punkten oder Strichen markiert ist und bald bergan führt. An der Gabelung halten wir uns links hinauf. Kurz darauf windet sich der Weg abwärts und wir erreichen eine weitere Gabelung, an der wir nach links gehen (Schild: Monastery). Der über weite Strecken betonierte Weg verläuft stramm bergauf und belohnt uns schließlich mit einem ersten Aussichtspunkt, wo wir das Festland und zur Rechten die Insel Paxós sehen können, bevor wir dem nun unbefestigten Weg weiter folgen. Nach ca. 300 m biegen wir links ab (rote Markierung). Knapp 200 m weiter verlassen wir den Weg auf den etwas versteckten Pfad nach links, der an einem Jagdansitz und einer Ruine vorbei zur

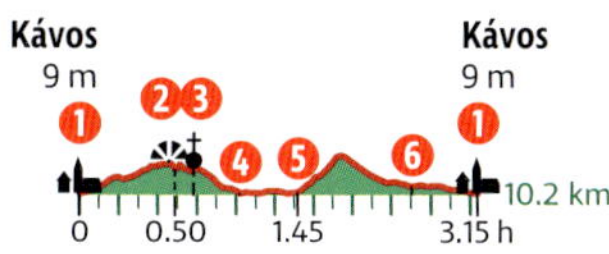

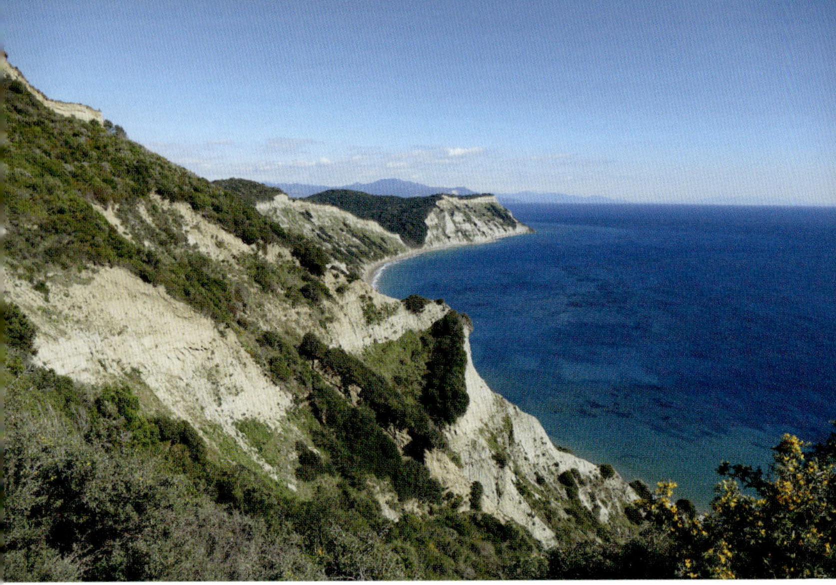

Vom Kap Arkoudoúla blicken wir zurück auf Steilküste und Strände bis zum Kap Asprókavos.

Picknickbank am **Kap Asprókavos** ❷ führt. Hier haben wir grandiosen Blick auf die Südspitze Korfus und nach Paxós hinüber, aber Vorsicht an der abbruchgefährdeten Kante! Es geht senkrecht in die Tiefe. Nachdem wir uns sattgesehen haben, wählen wir den Pfad links an der Ruine vorbei, die ein Beobachtungsposten der Wehrmacht im Zweiten Weltkrieg war. Am Querweg gehen wir links hinab und stoßen auf den breiten Hauptweg, dem wir nach links folgen (roter Pfeil). Er führt – stellenweise ungesichert – am Steilhang entlang zur Ruine des einst wehrhaften Klosters **Panagía Arkoudíla** ❸. Die zerfallenden Gebäude und der überwucherte Hof stammen aus dem Jahr 1700 und umfassten auch Mauern und einen bergfriedähnlichen Turm, um den Überfällen durch Piraten zu trotzen. Wir folgen dem Hauptweg weiter und bald geht es stetig bergab. Der Weg wird schmaler und gelegentlich liegt ein umgestürzter Baumstamm quer. Unten ignorieren wir den Weg nach links, queren stattdessen den Bach und kraxeln dahinter die Böschung hinauf. Der Pfad endet an einem Fahrweg: Hier geht es links zum Strand hinunter, dessen Besuch sich wirklich lohnt, während unsere **Variante** halb links bergan führt.

Am Strand von **Arkoudílas** ❹ wenden wir uns nach rechts und wandern am Fuß der Klippen entlang, bis wir das abgebrochene Ende eines Betonwegs erreichen, zu dem wir hinaufsteigen. Er führt uns am **Kap Arkou-**

doúla 5 bergan und wir verlassen ihn schon bei erster Gelegenheit auf den unbefestigten Weg rechts hinauf (gelbe Markierungen). Es geht stetig aufwärts, bis wir uns wieder oberhalb der Steilklippen befinden. Nachdem wir den höchsten Punkt überschritten haben, kommen wir an zwei Abzweigen nach links vorbei und biegen erst danach auf den betonierten Weg scharf rechts hinunter ab. Wir folgen dem Wegverlauf erst abwärts, später eben, ignorieren die Abzweige in die Olivenhaine und passieren einen hinter Schilf versteckten, aufgestauten Weiher, wo wir mit etwas Glück einen Eisvogel oder Wasserschildkröten erspähen können. Bald darauf gehen wir geradeaus über die **Kreuzung** 6 und schließlich gabelt sich der Weg. Hier halten wir uns rechts und gelangen an einen See, den wir rechts umgehen. Auf der anderen Seite stoßen wir auf einen Querweg, dem wir nach rechts folgen (roter Pfeil). Er geht am Ortsrand in eine Straße über, die uns direkt zum Ausgangspunkt in **Kávos** 1 zurückbringt.

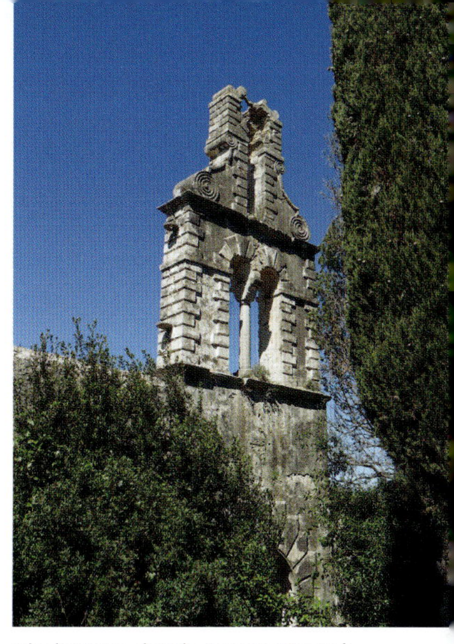

Glockenturm der Klosterruine Panagía Arkoudíla.

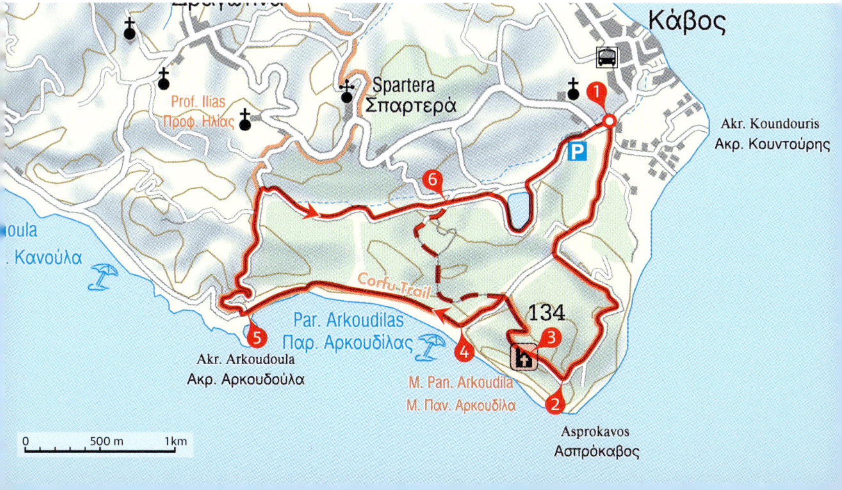

Κάβος
Spartera
Σπαρτερά
Prof. Ilias
Προφ. Ηλίας
Akr. Koundouris
Ακρ. Κουντούρης
oula
. Κανούλα
Corfu Trail
134
Par. Arkoudilas
Παρ. Αρκουδίλας
Akr. Arkoudoula
Ακρ. Αρκουδούλα
M. Pan. Arkoudila
Μ. Παν. Αρκουδίλα
Asprokavos
Ασπρόκαβος
0 500 m 1km

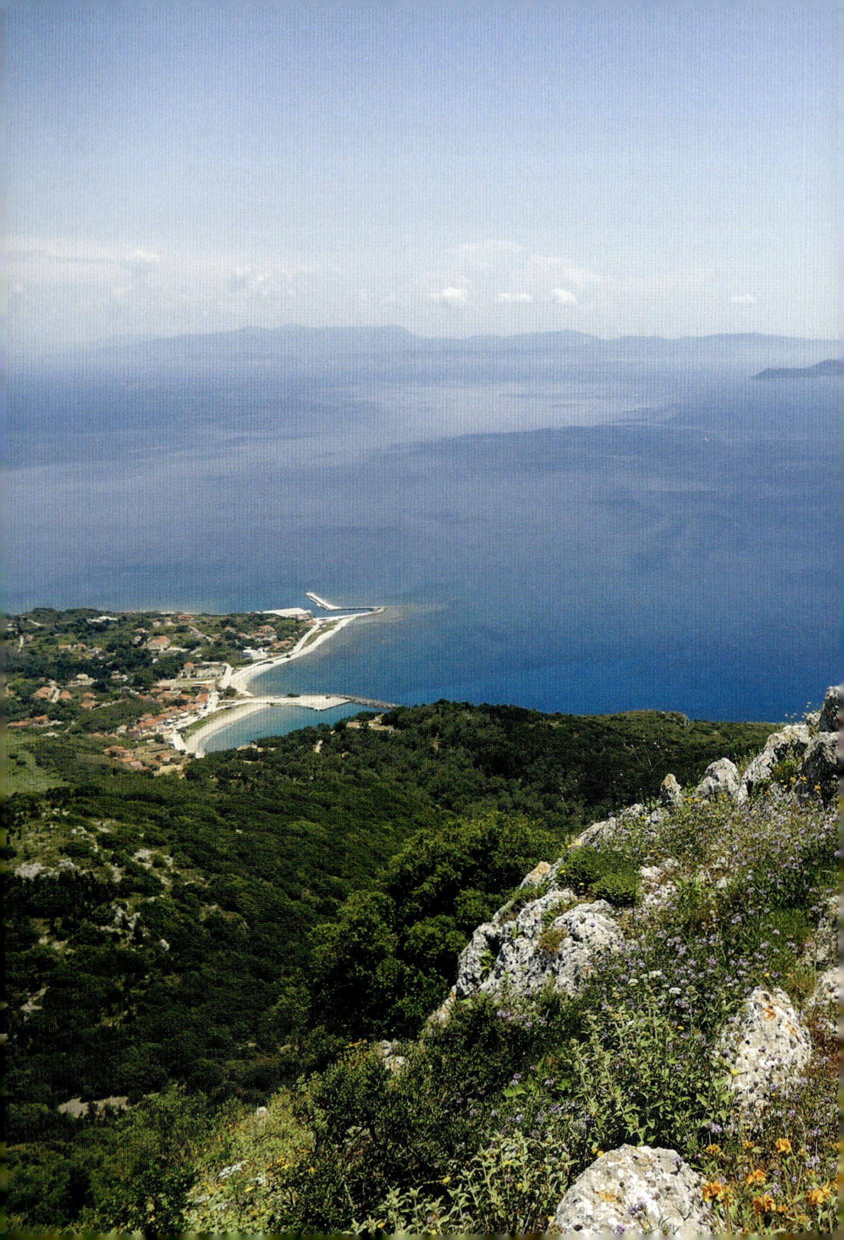

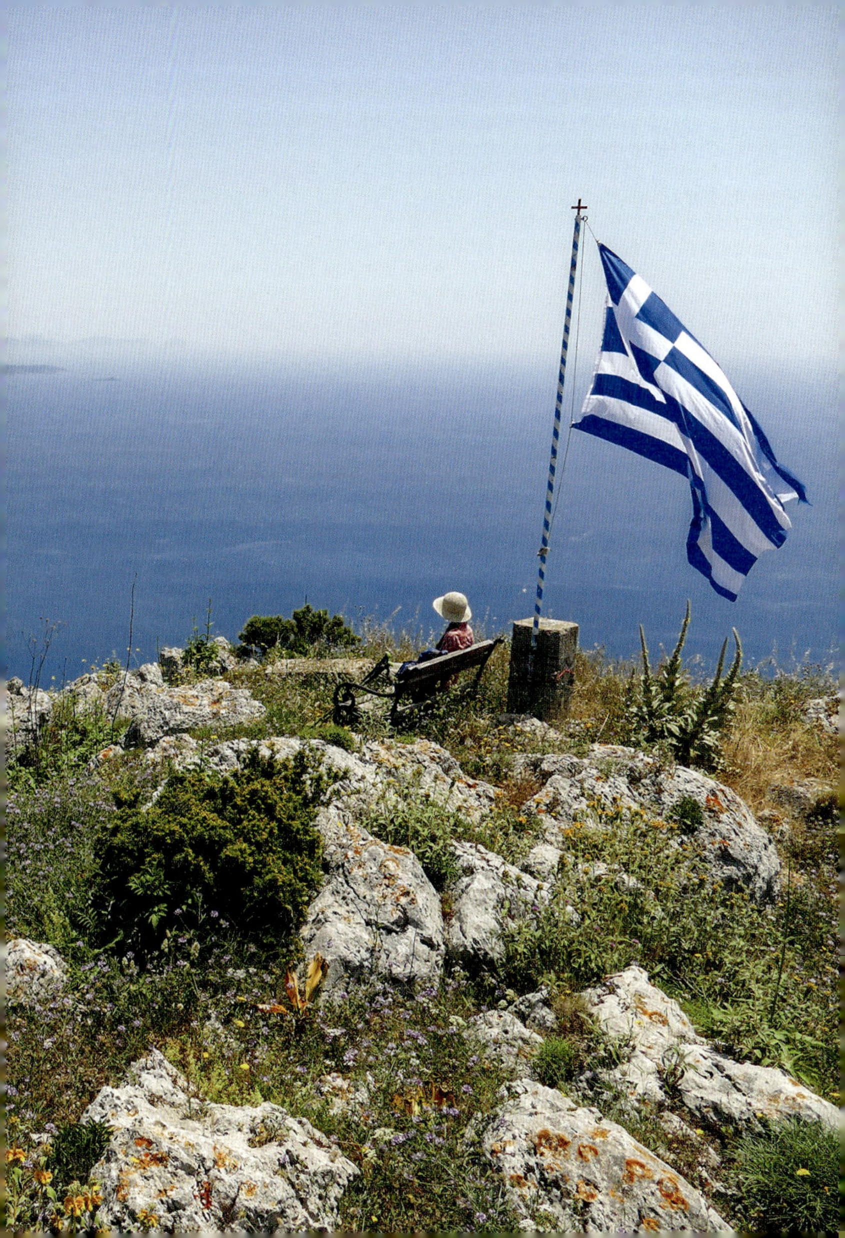

Diapontische Inseln

Die Diapontischen Inseln sind Griechenlands nordwestlichster Außenposten und ein überraschend unberührtes, lohnendes Wandergebiet. Sie liegen vor Korfus Nordwestküste verstreut und jede von ihnen hat einen eigenen Charakter. Mit 10,8 km^2 ist Othoní die größte von ihnen und hat die höchste Erhebung zu bieten, den 393 m hohen Merovígli. Der Mythologie zufolge befand sich zu seinen Füßen die Höhle der Kalypso, in der sie Odysseus sieben Jahre lang gefangen hielt. Jenseits der Sagenwelt war Othoní unter dem Namen Othronos bereits in der Antike bekannt, doch die heutigen Einwohner stammen überwiegend von Einwanderern aus Paxós ab, die im 16. Jh. die durch Piratenüberfälle weitgehend entvölkerte Insel neu besiedelten. Im Lauf der Jahrhunderte kultivierten sie auch Land auf Erikoúsa und Mathráki, lebten aber lange Zeit weiterhin auf Othoní. Die bedeutendste Einkommensquelle war jedoch die Seefahrt. Noch Anfang des 20. Jahrhunderts zwang das harte Leben viele zur Emigration, vor allem in die USA, sodass vor wenigen Jahrzehnten alle drei Inseln weitgehend verlassen waren. Heute leben wieder mehrere Hundert Menschen auf den Inseln.

Während die kleinen Dörfer Othonís nahezu in üppiger Vegetation versinken, zeigen sich Mathráki und Erikoúsa etwas karger. Mathráki, das kleinste Eiland (ca. 3 km^2), wirkt besonders ländlich. Es gibt kaum Tavernen und nur ein einziges kleines Hotel am kilometerlangen Strand. Der längste Strand des ca. 4 km^2 großen Erikoúsas ist noch einsamer gelegen und von Dünen gesäumt. Ob in den Wäldern Othonís, der Macchia Mathrákis oder an den mit Heidekraut und Zypressen bewachsenen Hängen Erikoúsas, überall sind seltene Tiere und Pflanzen zu Hause. Schon auf der Überfahrt werden sehr oft Delfine gesichtet und in der Bucht Áspri Ámmos, in der sich die Kalypso-Höhle befindet, rasten gelegentlich die raren Mittelmeer-Mönchsrobben. Nicht nur, aber gerade zur Hauptsaison sei allen, die Ruhe und Naturschönheiten suchen, die Fahrt zu den Diapontischen Inseln wärmstens empfohlen.

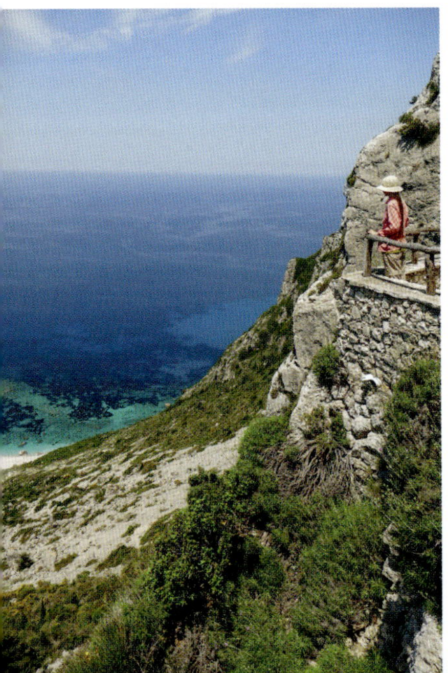

Spektakulär gelegener Aussichtspunkt hinter Chorió auf der Insel Othoní.

↗ 400 m | ↘ 400 m | 10.4 km

3.45 h

TOP

Othoní 33

Schattige Pfade, unfassbar blaues Meer und ein Aussichtsgipfel

Bis vor wenigen Jahrzehnten gab es von den Bergdörfern der größten und höchsten Diapontischen Insel nur schmale, gepflasterte Wege durch Wald und – mittlerweile verwilderte – Olivenhaine zum Hafen hinunter. Heute dienen sie uns als idyllische Wanderpfade nach Chorió hinauf. Von dort geht es in eine Bergwelt mit bizarren Felsen und Blick in traumhafte Buchten sowie auf den fast 400 m hohen Merovígli, der fantastische Aussicht weit über die Inseln hinaus bietet.

Ausgangspunkt: Hafen von Othoní (0 m, N39.8401, E19.4115). Zu erreichen per Personenfähre von (1) Kérkyra: Kérkyra Lines (kerkyralines.com) oder (2) Ágios Stéfanos: Chania Lines (chanialines.com). Alternativ bietet sich eine Ausflugsfahrt mit Aspiotis Lines von Ágios Stéfanos aus an (aspiotislines.gr), da sie den längsten Aufenthalt auf der Insel ermöglicht, ohne dort übernachten zu müssen. Parken am Hafen von Ágios Stéfanos oder Kérkyra (je nach genutzter Fährlinie).
ÖPNV: Der Hafen von Kérkyra wird von zahlreichen Buslinien angefahren, während Ágios Stéfanos nur mit der A1 »Corfu – Agios Stefanos« erreichbar ist (Mo. bis Fr. ca. 4x tgl., Sa. ca. 3x tgl., am besten dem Fahrer sagen, dass man dort zum Hafen will).

Anforderungen: Überwiegend bequeme, teils etwas eingewachsene Wege und Pfade, aber zum Gipfel hin auch längere steinige Passagen und eine Leiter.
Einkehr: Nur zur Hochsaison geöffnetes Lokal in Chorió; saisonal mehrere Lokale im Hafenort Ámmos.
Hinweis: Da die Aufenthaltsdauer der Ausflugsschiffe variiert, muss auf der Tour im Blick behalten werden, wie viel Zeit bis zum Ablegen verbleibt, sodass man nötigenfalls rechtzeitig umkehren kann!
Tipp: Um die Schönheit der Insel zu genießen, empfehlen wir einen längeren Aufenthalt mit Übernachtung(en). In diesem Fall bleibt vielleicht auch Zeit für einen Ausflug zum ca. 5 km vom Hafen entfernten Leuchtturm und von dort auf einem Pfad weiter zum Fuß der venezianischen Festungsruine am Kap Kastri.

Vom Hafen **Othonís** ❶ aus gehen wir auf der Küstenstraße durch den langgezogenen Ort, am Platz mit den Tavernen und dem Sandstrand vorbei. Am Ortsende folgen wir der Straße vor dem letzten Haus ins Inselinnere hinauf und verlassen sie in der ersten scharfen Linkskurve auf den Pfad geradeaus (Schild: ΧΩΡΙΟ). Sogleich tauchen wir in die dichte, im Frühling üppig wuchernde Vegetation ein und es geht stetig bergauf. Den Abzweig nach links ignorieren wir und überqueren bald darauf eine Brücke. Auch den Abzweig scharf rechts (beim Gebäude zur Linken) lassen wir aus, kommen an Bänken und Ruinen – sowie im späten Frühjahr

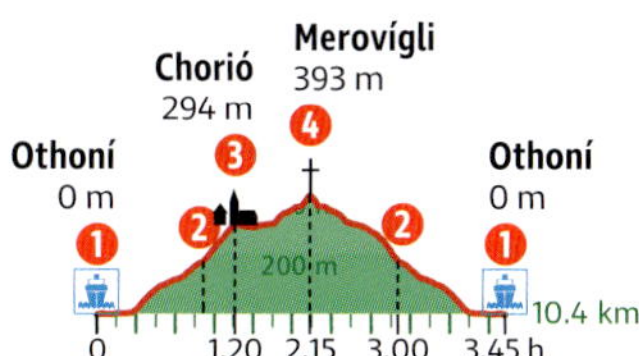

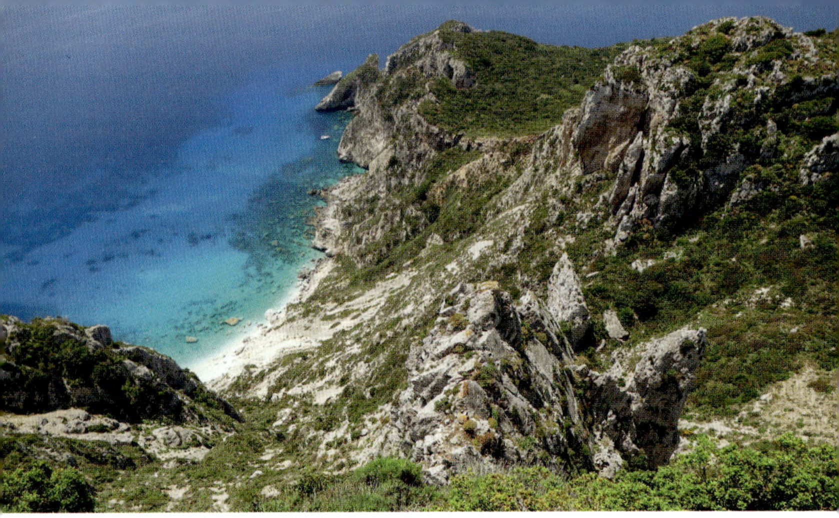

Blick in die Bucht der Kalypso, Áspri Ámmos.

auch an zahlreichen Orchideen – vorbei und gehen über eine weitere Brücke. Der Pfad endet an einem Betonweg, in den wir nach links einschwenken. Nach ca. 150 m verlassen wir den Weg über einige mit Hölzern befestigte Stufen halb rechts hinauf. Schließlich erreichen wir einen betonierten Platz, der nach dem hier aufgestellten Kreuz **Stavrós** 2 heißt (zur Rechten befindet sich ein einstiges Schulgebäude), und nehmen die Straße links bergauf. Das Kreuz wurde 1833 zum Gedenken an die Opfer eines Massakers errichtet, bei dem Khair ad-Din Barbarossas Piraten 1537 einen Großteil der Inselbewohner ums Leben brachten. Nach nur ca. 50 m steigen wir die Stufen halb links bergan (Schild: ΧΩΡΙΟ). Unser Pfad kreuzt einen Querweg und endet oben am Ortsrand, wo wir uns auf dem gepflasterten Weg nach rechts wenden. Das Pflaster weicht Beton und über Stufen gelangen wir zur Kirche von **Chorió** 3. Das kleine Gotteshaus ist dem hl. Georg geweiht und vom Vorplatz aus haben wir eine schöne Aussicht über die Insel. Wir verlassen den Kirchhof durch die andere Pforte und gehen am Ende der gepflasterten Stufen auf dem Querweg links hinab. Dann wählen wir den gepflasterten Weg links hinunter und biegen an der T-Kreuzung rechts ab, am Lokal vorbei. An der Kreuzung halten wir uns – leicht nach rechts versetzt – geradeaus bergab. Auf dem großen Platz mit den Garagen wenden wir uns nach links und machen sogleich einen Abstecher auf den gepflasterten Weg rechts hinauf (Schild: ΗΛΙΟΒΑΣΙLEMA), bevor wir der Straße weiter folgen. Der Abzweig führt uns zu einem herrlichen Aussichtspunkt mit Bänken. Von Steilklippen flankiert blicken wir auf das unglaublich blaue Wasser einer kleinen Bucht hinunter.

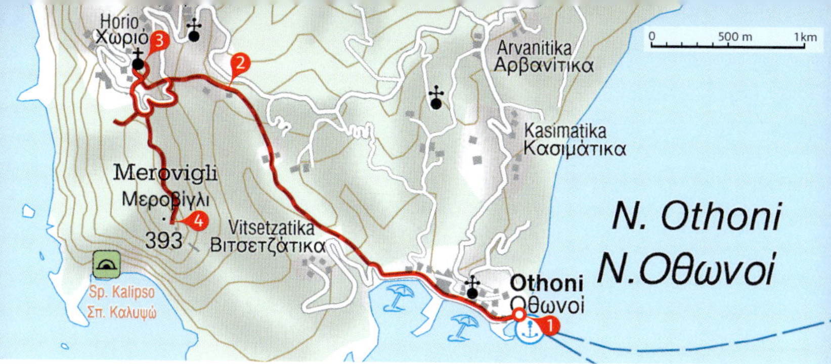

Anschließend gehen wir auf der Straße weiter, bis sie nach links schwenkt. Hier entscheiden wir uns für den betonierten Pfad nach rechts (nicht durch das Gartentor!), am Zaun entlang. Er wird bald zum unbefestigten Pfad, der uns immer höher auf dem felsigen Grat hinaufführt. An einer senkrechten Stelle hilft uns eine kurze Stahlleiter und schließlich erreichen wir den mit einer Fahne geschmückten Gipfel des **Merovígli** 4, 393 m. Hier erwarten uns eine Bank und fantastische Panoramaaussicht. Nach unserer Gipfelrast kehren wir auf demselben Pfad zurück und haben nach ca. 200 m von einem Felsen links des Pfads aus Blick in die sagenumwobene Bucht Áspri Ámmos, an der sich die Höhle der Kalypso befinden soll, die nur vom Meer aus erreichbar ist. Angesichts des weißen Sands und unwirklich blauen Wassers erscheint uns das Schicksal, das Odysseus laut Homer hierher verschlug, nicht mehr ganz so unbarmherzig.

Wieder an der Straße folgen wir ihr rechts hinab und verlassen sie nach ca. 600 m auf den bekannten Pfad rechts hinunter. Auf denselben Pfaden und Wegen wie beim Aufstieg kehren wir zum Hafen von **Othoní** 1 zurück.

Die Wege führen uns durch jahrhundertealte Olivenhaine.

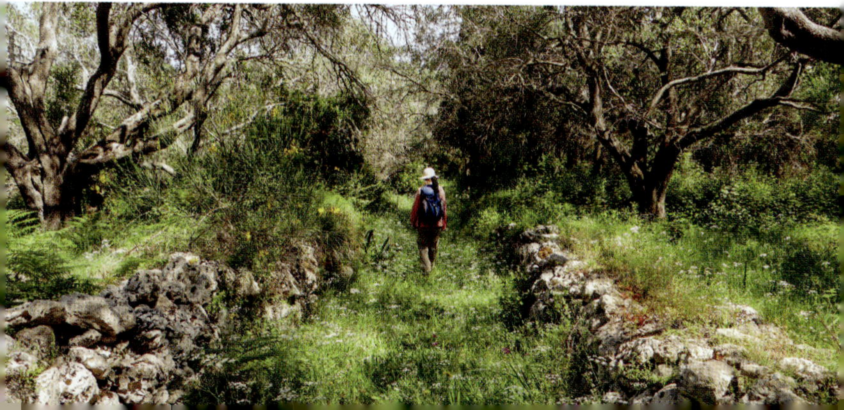

↗ 270 m | ↘ 270 m | 9.4 km

34 Erikoúsa

3.00 h

Insel der Segler und Möwen

Schon im Hafen der bei italienischen Seglern beliebten Marina beeindruckt das klare und doch tiefblaue Wasser, das uns später am langen, einsamen Sandstrand Bragkíni zum Baden einlädt. Zuvor geht es jedoch über die – teils mit dichtem Zypressenwald, teils mit offener Heide bewachsenen – Anhöhen des unberührten Inselnordens. Hier haben Sonne, Regen und Wind aus Lehmgestein eine faszinierende Erosionslandschaft geschaffen, in deren Steilhängen zahlreiche Seevögel nisten.

Ausgangspunkt: Hafen von Erikoúsa (4 m, N39.8787, E19.5789). Zu erreichen per Personenfähre von (1) Kérkyra: Kérkyra Lines (kerkyralines.com) oder (2) Ágios Stéfanos: Chania Lines (chanialines.com). Alternativ bietet sich eine Ausflugsfahrt mit Aspiotis Lines von Ágios Stéfanos aus an (aspiotislines.gr), da sie den längsten Aufenthalt auf der Insel ermöglicht, ohne dort übernachten zu müssen. Parken am Hafen von Ágios Stefanos oder Kérkyra (je nach genutzter Fährlinie). Weitere Infos zu Insel und Anfahrt auch auf der Webseite des Hotels »Erikoúsa« (hotelerikousa.gr).
ÖPNV: Der Hafen von Kérkyra wird von zahlreichen Buslinien angefahren, während Ágios Stéfanos nur mit der A1 »Corfu – Agios Stefanos« erreichbar ist (Mo. bis Fr. ca. 4x tgl., Sa. ca. 3x tgl., am besten dem Fahrer sagen, dass man dort zum Hafen will).
Anforderungen: Überwiegend einfach zu begehende Wege und Pfade, aber auch steinige, steile und etwas eingewachsene Passagen.
Einkehr: Unterwegs keine; mehrere, teils saisonale Lokale im Hafenort.

Wir verlassen den Hafen von **Erikoúsa** ❶ und gehen vor der Polizeistation / Marina Office die Straße rechts bergan. Bei erster Gelegenheit machen wir auf dem Betonweg links hinauf einen längeren Abstecher, bevor wir der schmalen Straße weiter folgen: Er führt uns an einer malerischen Kapelle vorbei zum Helikopterlandeplatz und bietet uns erste schöne Blicke über den Hafen und die Südhälfte der Insel.
Zurück auf der Hauptroute folgen wir dem Sträßchen parallel zur Küste zum **Fýki** ❷ genannten Strand hinab. Sein Name ist Programm, denn Fýki bedeutet Seetang. Wir passieren den Strand und ignorieren Abzweige ins Inselinnere. Hinter der Fýkibucht verläuft unser Weg wieder bergan. Nach dem ersten Haus auf der linken (!) Seite lassen wir die betonierten Abzweige aus und steigen dann die Stufen links hinauf ins Gehölz. Am oberen Ende der Treppe gehen wir wenige Schritte geradeaus, um uns am Querweg nach links zu wenden. Er verläuft leicht bergan, dann eben, und an der Gabelung halten wir uns links hinunter. Wo der Betonweg

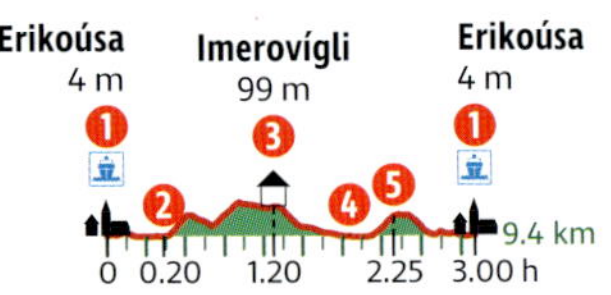

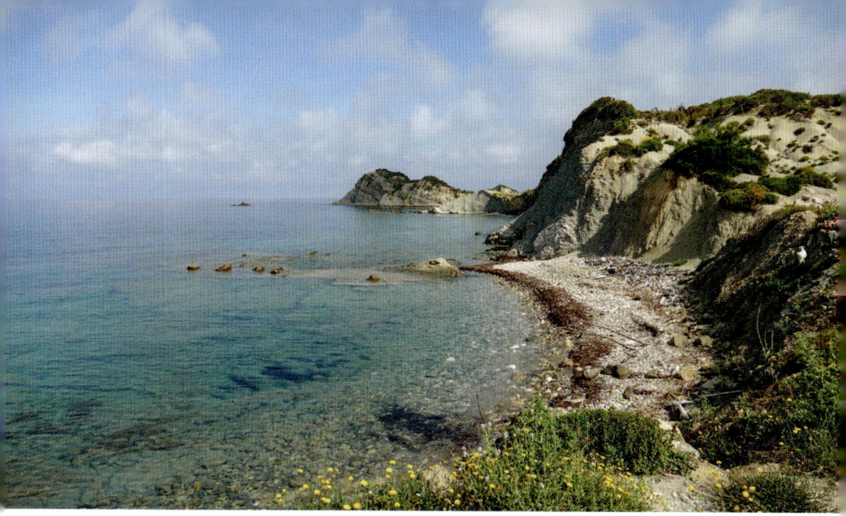

Die malerisch zerklüftete Westküste vor der Fýkibucht.

links hinunter schwenkt, gehen wir geradeaus weiter. Der anfangs noch abschnittsweise betonierte Weg führt uns auf die »wilde« Seite der Insel hinauf. Auch an der Gabelung wählen wir den Weg links bergauf. Je höher wir kommen, desto weiter reicht der Blick und bald können wir sämtliche Diapontischen Inseln, Korfu und weite Teile Erikoúsas sehen. Schließlich erreichen wir eine weitere Gabelung und steigen zunächst die Stufen zwischen den beiden Abzweigen hinauf, bevor wir später den Weg rechts nehmen. Oben auf einer Anhöhe des **Imerovígli** 3 genannten Bergrückens erwartet uns eine Schutzhütte mit Panoramablick.

Nachdem wir die Aussicht genossen haben, geht es auf den Hauptweg zurück, der bald abschüssig wird. An der etwas eingewachsenen Gabelung nehmen wir den linken Pfad. Er endet an einem Betonweg, in den wir links hinunter einschwenken. Am Querweg wenden wir uns nach links und sogleich wieder links zum Strand (wer eilig zum Hafen zurück muss, kann hier rechts nach **Paliokáliva** 5 abkürzen). Wir halten uns an der Verzweigung rechts hinab und folgen dem schattigen

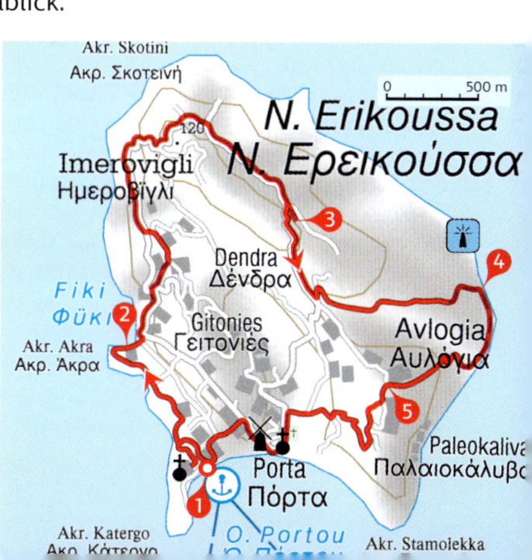

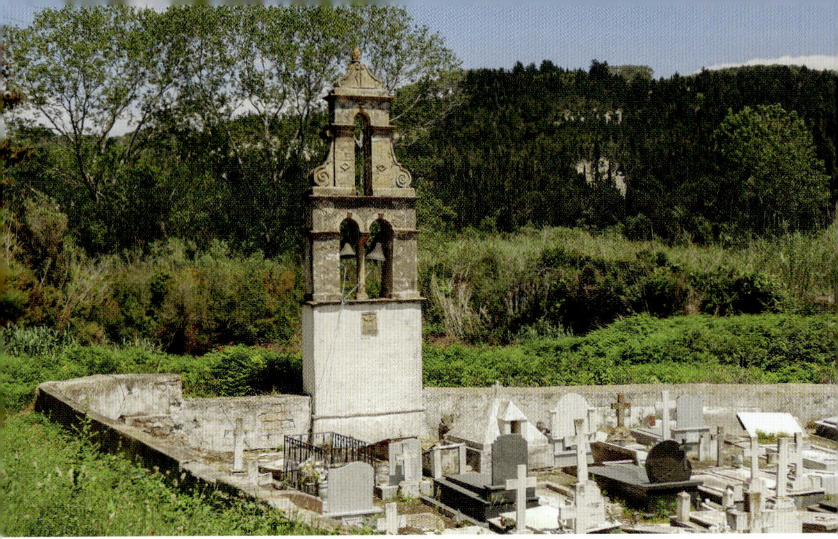

Der Glockenturm des Friedhofs stammt aus venezianischer Zeit.

Waldweg bis zum ersten, etwas eingewachsenen Weg nach links, in den wir abbiegen. Auf diesem Weg wachsen im Frühjahr zahlreiche Stendelwurz-Orchideen. Er scheint plötzlich zu enden, doch zu beiden Seiten führen eingewachsene Pfade weiter. Wir entscheiden uns für den rechten, der bald wieder besser sichtbar wird und uns am Ende durch die Dünen führt. Am herrlichen Strand von **Bragkíni** ❹ wenden wir uns nach rechts und verlassen ihn erst bei einem Wegweiser. Hier gehen wir in den Dünen vor dem Zaun nach rechts und an ihm entlang, bis er an einem Weg endet, dem wir nach rechts folgen. Der Weg wird zum Betonsträßchen, das uns stramm aufwärts bringt. Es endet im kleinen Ort **Paliokáliva** ❺ an einer Querstraße, der wir links hinauf folgen. An der Gabelung halten wir uns rechts hinunter und weiter immer rechts hinab, bis wir den tiefsten Punkt passieren und geradeaus eine Querstraße erreichen, in die wir links abbiegen. Beim Friedhof mit dem venezianischen Glockenturm aus dem Jahr 1584 nehmen wir die gepflasterte Straße nach links und kommen an einer Kirche, einem Park und einer zweiten Kirche vorbei. Dahinter kann man links zum Strand der Hafenbucht gehen, unsere Tour führt jedoch weiter die gepflasterte Straße hinauf. Oben an der Querstraße wenden wir uns nach links und machen sogleich links den kleinen Abstecher zur Windmühle mit Aussichtsbänken, bevor wir der Straße links am Tor vorbei und dann talwärts folgen. An der Gabelung halten wir uns links und erreichen bald darauf eine gepflasterte Verzweigung, an der wir geradeaus gehen. Diese Straße bringt uns zum Hafen von **Erikoúsa** ❶ zurück.

↗ 170 m | ↘ 170 m | 6.8 km

2.15 h

Mathráki 35

Abwechslungsreiche Wanderung auf der kleinsten Diapontischen Insel

Während es auf Korfu manchmal schon sehr lebhaft zugeht, findet man auf Mathráki noch idyllische Ruhe vor. Schattige Wege führen durch Koniferen- und Erdbeerbaumwälder, auf Pfaden geht es zu schönen Aussichtspunkten hinauf, und unter den Olivenbäumen weiden Schafe, Esel und Ziegen. Zum Abschluss lädt der kilometerlange Sandstrand an der Ostküste zu einer Badepause ein.

Ausgangspunkt: Hafen von Mathráki (0 m, N39.7802, E19.5194). Zu erreichen per Personenfähre von (1) Kérkyra: Kérkyra Lines (kerkyralines.com) oder (2) Ágios Stéfanos: Chania Lines (chania-lines.com). Alternativ bietet sich eine Ausflugsfahrt mit Aspiotis Lines von Ágios Stéfanos aus an (aspiotislines.gr), da sie den längsten Aufenthalt auf der Insel ermöglicht, ohne dort übernachten zu müssen. Parken am Hafen von Ágios Stefanos oder Kérkyra (je nach genutzter Fährlinie).

ÖPNV: Der Hafen von Kérkyra wird von zahlreichen Buslinien angefahren, während Ágios Stéfanos nur mit der A1 »Corfu – Agios Stefanos« erreichbar ist (Mo. bis Fr. ca. 4x tgl., Sa. ca. 3x tgl., am besten dem Fahrer sagen, dass man dort zum Hafen will).

Anforderungen: Überwiegend bequeme Wege, aber auch Pfade, die abschnittsweise eingewachsen oder bei Nässe rutschig sind.

Einkehr: Saisonale Taverne To Kentron, saisonales Hotel-Restaurant Corfu Paradise; Taverne Dolphins am Hafen.

Vom Bergrücken aus blicken wir über die Insel Erikoúsa hinweg nach Albanien.

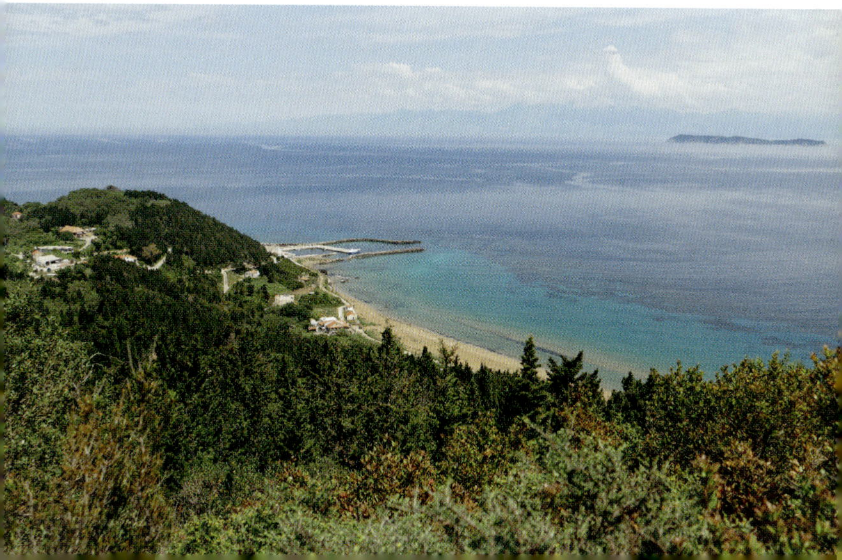

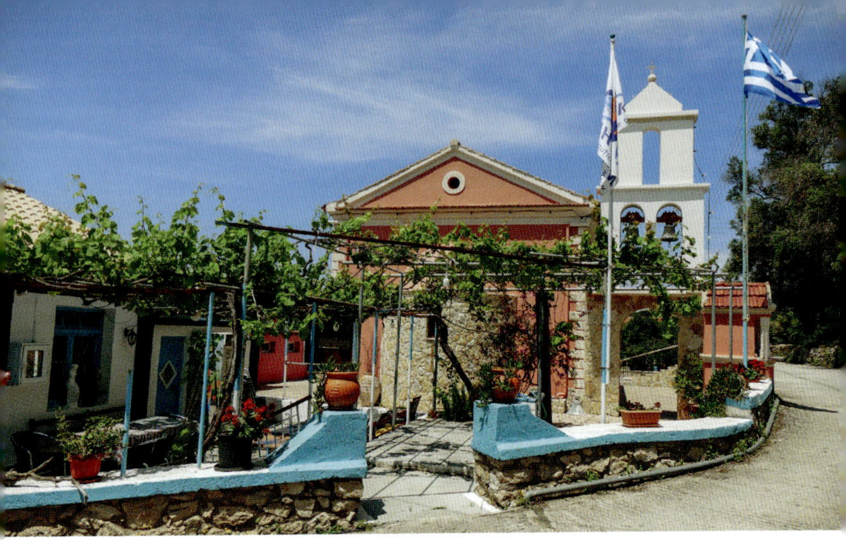

In Áno Mathráki scheint die Zeit stillzustehen.

Vom Hafen auf **Mathráki** ❶ gehen wir die Straße geradeaus zu dem halb fertigen Gebäude hinauf. Vor dem Gebäude halten wir uns rechts, um die Straße in der direkt folgenden Linkskurve auf den etwas eingewachsenen Pfad bei der Bank zu verlassen. Er führt sogleich scharf links und stramm bergan. Oben mündet er bei einer Aussichtsbank in einen Betonweg, in den wir rechts hinab einschwenken. Auch dieser endet an einem Querweg, in den wir links hinauf abbiegen und bald darauf zwischen Olivenhainen, Gärten und den verstreuten Häusern von **Benátika** ❷ nach rechts einen kurzen Abstecher zur bereits sichtbaren Kirche Ágios Nikólaos machen können. Anschließend folgen wir dem Weg weiter bergan und erreichen eine Gabelung, an der wir uns rechts halten (Schild: Ano Panta – Village 3). Wir kommen an der Erste-Hilfe-Station vorbei und ignorieren betonierte Abzweige nach rechts. Auch den ersten Pfad nach rechts

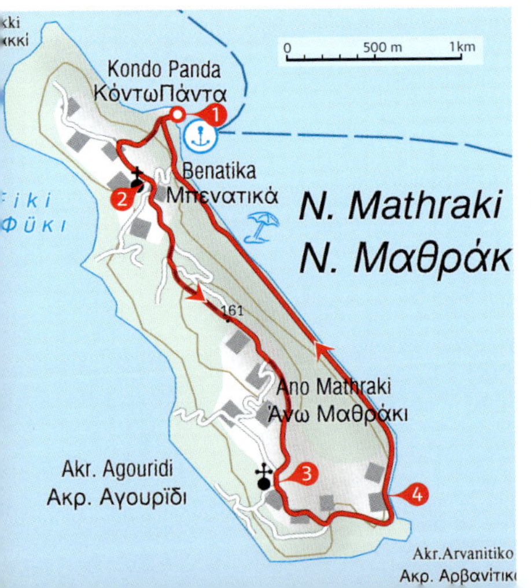

lassen wir aus und wählen wenige Meter weiter den nächsten Pfad rechts hinauf (verblasstes Schild: ΕΛΑΙΟΥΡΓΕΙΟ). Über flache Stufen geht es zu einem Haus und dahinter auf dem Betonweg links bergan. Nach (!) der ersten Linkskurve biegen wir auf den Pfad rechts ab, der uns erneut über flache Stufen aufwärts führt. Nachdem wir das einstige Schulgebäude passiert haben, nehmen wir an der Kreuzung den Weg halb links hinauf. (Wer die zum Zeitpunkt der Recherche bereits etwas morsche Holzbrücke umgehen will, nimmt stattdessen den Betonweg nach links.)

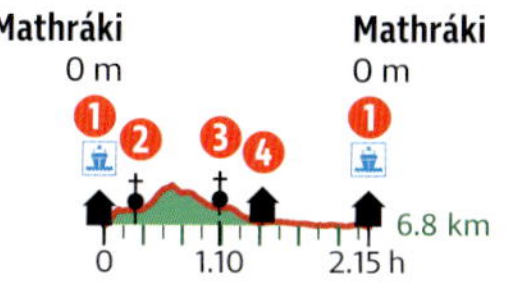

Der Weg verjüngt sich rasch zum Pfad, quert auf besagter schmaler Brücke einen abgerutschten Bereich und erreicht eine Bank mit wunderbarem Blick übers Meer auf Erikoúsa, das albanische Festland, Korfu und die felsige Insel Diaplo. Nachdem wir die Aussicht genossen haben, folgen wir dem Pfad weiter, stoßen auf einen Betonweg (die Umgehung der Brücke) und wenden uns rechts hinunter. Nach ca. 200 m, direkt nach der Parkbucht, wählen wir den Pfad links bergab (verblasstes Schild: ΓΙΑΝΝΟΥΛΗ). Er führt uns durch Wald zu einem Betonweg, der sich zur Rechten gleich gabelt. Wir nehmen vorn an der Gabelung jedoch den Waldpfad links hinab und folgen ihm, bis er in einen Betonweg mündet, auf dem wir geradeaus weitergehen. Wir erreichen einen Ort und gehen am Querweg nach links, zur Kirche von **Áno Mathráki** 3.

Wir passieren das malerische Ensemble aus Kirche und Taverne »To KENTPON« und biegen dann links in die Straße zum Hafen ab (Schild: Port 5). Bei nächster Gelegenheit wenden wir uns erneut nach links (Schild: To the Beach) und erreichen beim Hotel-Restaurant den Strand von **Portélo** 4. Hier können wir wählen, ob wir die komplette Strecke am – abschnittsweise steinigen – Strand zurücklegen oder zunächst auf der parallelen Straße bleiben. Wenn wir früher oder später direkt am Wasser entlanggehen, gelangen wir kurz vor der Kapelle am besten auf die Straße zurück, die uns zum Hafen von **Mathráki** 1 zurückbringt.

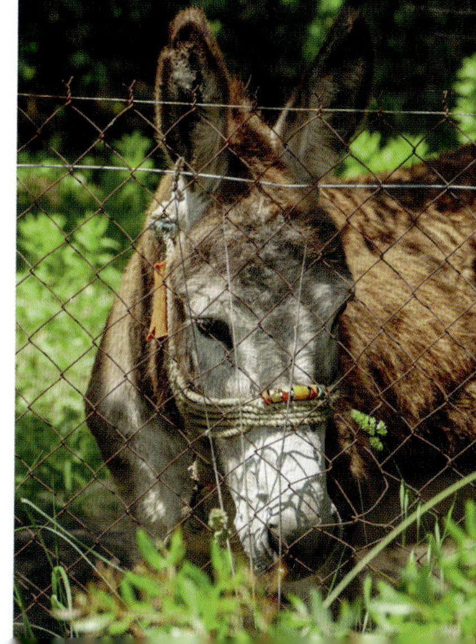

Einst waren sie das wichtigste Transportmittel, heute sieht man nur noch wenige Esel.

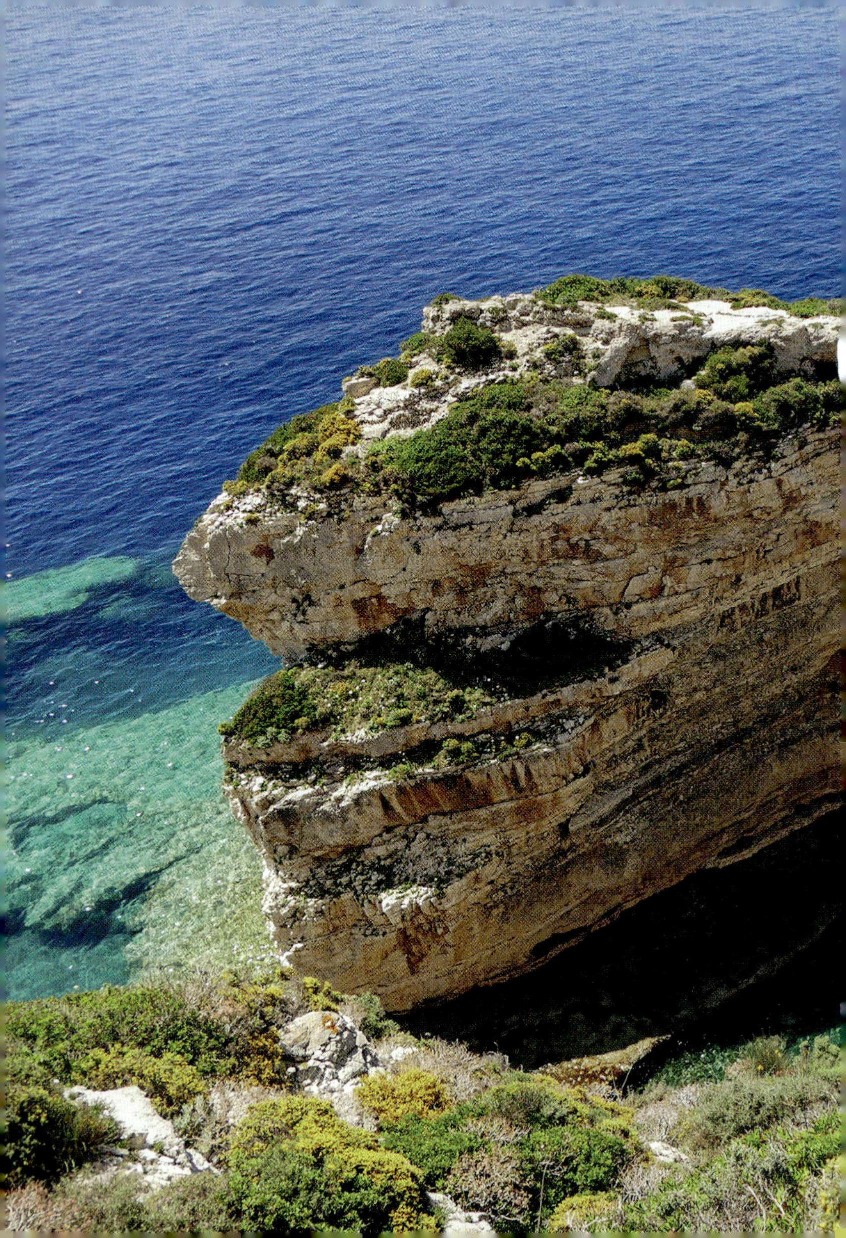

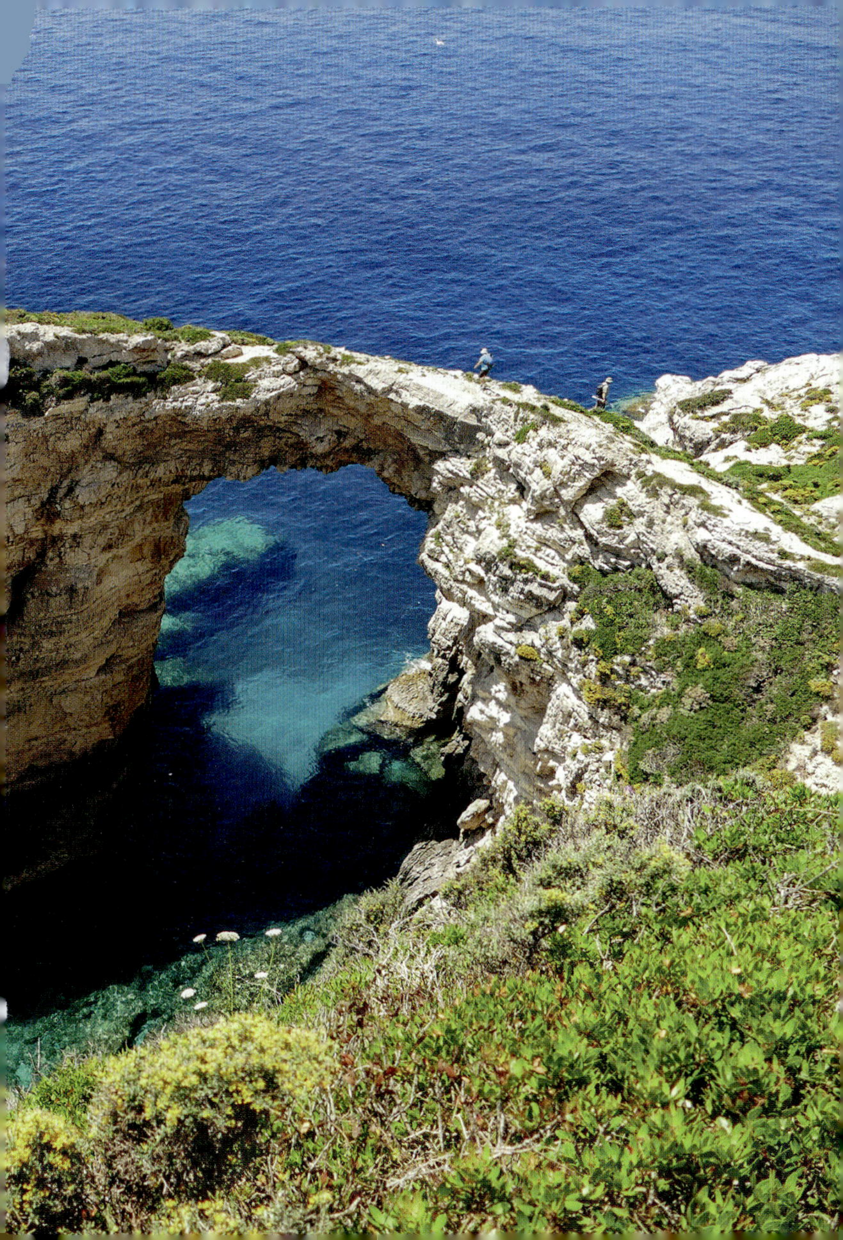

Paxós

Korfus südliche Nachbarinsel ist etwa 15 km entfernt, aber die Überfahrt lohnt sich, denn auf Paxós jagt ein Postkartenmotiv das nächste. Wer sich für Fotos begeistert, kommt schon aufgrund der intensiven Farben nicht aus dem Knipsen heraus. Dabei kommt der ca. 10 km langen, aber max. 2 km breiten Insel zugute, dass es keinen Flughafen und dadurch weniger Besucherandrang gibt. Touristen kommen mit Fähren, Ausflugsbooten oder der eigenen Yacht, die dann zum Flair des Hafens von Gáios beiträgt. Hier sollen schon Kleopatra und Marcus Antonius nach verlorener Seeschlacht im Jahr 31 v. Chr. einige Tage Zuflucht gefunden haben. Die abgeschiedene Einsamkeit wurde immer wieder durch Piratenüberfälle und neue Eroberer unterbrochen. Besonders schrecklich wütete auch hier Khair ad-Din Barbarossa, dessen Truppen 1537 die Bevölkerung nahezu auslöschten, indem sie teils getötet, teils in die Sklaverei verschleppt wurde. Ein zweites Massaker 1571 führte zur Flucht der wenigen Überlebenden auf die Diapontischen Inseln. Wie Korfu kam Paxós nach dem Ende der venezianischen Herrschaft 1797 unter wechselnde Besatzung durch Franzosen, Russen und Engländer, bis 1864 die Vereinigung mit Griechenland erreicht war.

Aber auch die Wasserversorgung stellte stets eine Herausforderung dar, denn es gibt nur wenige Trinkwasserquellen. Große Zisternen aus dem 19. Jh. zeugen von diesem Problem. So stößt man auch beim Wandern auf keinen einzigen Bach.

Ausgedehnte Olivenhaine waren lange Zeit die wichtigste Lebensgrundlage. Sie sind von schattigen Wegen durchzogen, auf denen Wanderer die imposante Steilküste aus Kalkstein erreichen. Hier gibt es spannende Felsformationen und kleine Buchten mit weißem Kies und leuchtend blauem Wasser. Sandstrände an der flacheren Ostküste und historische Gebäude wie Windmühlen und Kirchen runden den gelungenen Ausflug nach Paxós ab.

Die pittoreske Marina von Gáios zieht Segler aus aller Welt an.

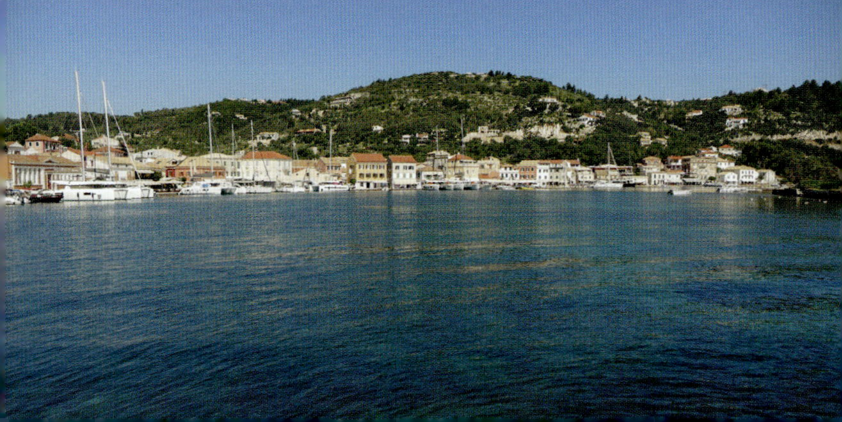

2.45 h

Zum Felsbogen auf Paxós

Spektakuläre Felsküste auf Korfus südlicher Nachbarin

Das malerische Hafenstädtchen Gáios mutet wie eine Miniaturausgabe von Korfus Hauptstadt Kérkyra an: alte Häuser und Gassen im venezianischen Stil, zahlreiche Cafés und kleine Läden sowie eine Festungsruine auf der dem Hafen vorgelagerten kleinen Insel. Von hier wandern wir durch Olivenhaine zum beeindruckenden Felsbogen und den Steilküsten, die aus dem leuchtend blauen Wasser aufragen.

Ausgangspunkt: Fährterminal von Paxós (6 m, N39.2033, E20.1897). Zu erreichen per Personenfähre von (1) Kérkyra: Kérkyra Lines (kerkyralines.com) oder Joy Tours (joycruises.gr) und (2) Lefkímmi: Kamelia Lines (kamelialines.gr). Parken am Fährterminal von Lefkímmi oder Kérkyra (je nach genutzter Fährlinie).
ÖPNV: Bushaltestelle zwischen Lefkímmi und Kavos an der Kreuzung mit der EO23: Linie B1 »Corfu – Kavos« (Mo. bis Fr. ca. 10x tgl., Sa. ca. 8x tgl., So. ca. 3x tgl.). Von dort der Straße zum Fährhafen (»Port«) von Lefkímmi folgen.

Anforderungen: Ungefähr zu gleichen Teilen bequeme Wege und steinige Pfade, die abschnittsweise steil sind.
Einkehr: Zahlreiche Lokale in Gáios.
Hinweis: Vorsicht mit Kindern: Der Felsbogen ist frei zugänglich und nicht gesichert!
Tipps: (1) Beim zentralen Platz von Gáios kann man mit Ausflugsbooten zu abgelegenen Buchten der Insel fahren.
(2) Weiter südlich am Kai kann man Boote ausleihen, um die vorgelagerten Inseln oder Paxós' Küste auf eigene Faust zu erkunden.

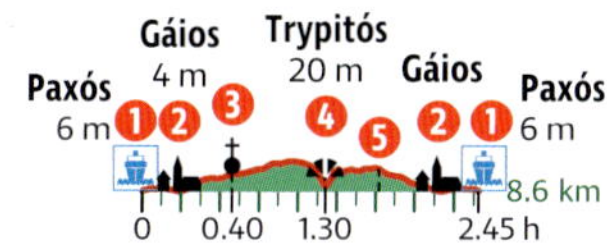

Mit dem Meer im Rücken verlassen wir das Fährterminal von **Paxós** ❶ nach links und halten uns am Ufer entlang. Es geht an vielen Booten und Yachten vorbei, zwischen denen Fische herumschwimmen, und jenseits davon rufen brütende Möwen auf der vorgelagerten Insel. Nach einer Weile erreichen wir den Hafenort und folgen der Uferpromenade weiter zum zentralen Platz bei der größten Kirche von **Gáios** ❷. Nachdem wir diesen Platz passiert haben, biegen wir rechts in die Gasse ab, wo »New Port« ausgeschildert ist (das Schild ist leider auf der von uns abgewandten Seite beschriftet). An der nächsten Ecke wenden wir uns nach links und sogleich bei der kleinen Kirche rechts hinauf. Wir umrunden das Gotteshaus zur Hälfte, wählen dann die Gasse mit den Stufen weiter bergan und kreuzen beim Aufstieg einen Querweg, um – leicht nach links versetzt – weiter geradeaus bergauf zu gehen. Bei nächster Gelegenheit nehmen wir den Abzweig links und folgen der Gasse, die am Ortsrand breiter wird und als Betonweg in die Olivenhaine hinaufführt. Bei einem Spiegel gabelt sich der Weg und wir halten uns hier ebenso links bergan wie an der nächsten Ecke.

Der Weg verläuft bergauf, an Villen vorbei und vor der Mauer wenden wir uns rechts hinauf. Nun kommen wir an der Friedhofskapelle von **Oziás** 3 vorüber und steigen dahinter links die Stufen hinab. Unten folgen wir der Straße bergan in den Ort. Bei der nächsten Kirche wählen wir den Abzweig halb links und an der nächsten Verzweigung halten wir uns links. Der Betonweg führt uns aus dem Ort und weiter aufwärts. An der Gabelung gehen wir rechts hinauf und an der folgenden (beim Haus) dagegen links. Am Tor des nächsten Hauses führt unsere Tour rechts vorbei und der Weg endet vor einem weiteren Tor. Hier nehmen wir den Pfad rechts, zwischen zwei Mauern hinauf und haben schönen Blick auf die Nachbarinsel Antípaxos. Der Pfad mündet in einen Weg, in den wir rechts hinauf einschwenken, um ihn auf den nächsten Pfad nach links zu verlassen. Wir folgen dem Pfadverlauf, stoßen auf einen Querweg und biegen hier links ab.
Am Ende des Wegs nehmen wir vor dem Tor den Pfad halb rechts, der uns bald herrliche Aussichten auf die Steilküste, Antípaxos und den imposanten Felsbogen bietet. Wir steigen auf dem Pfad zum **Trypitós** 4 genannten Bogen hinunter und wählen dort den Pfad rechts hinab durch die Senke und dann die Anhöhe hinauf. Im Aufstieg verzweigt er sich zweimal und wir halten uns jeweils rechts. Oben gelangen wir an einen Querpfad, in den wir nach rechts einschwenken. Er führt uns bergan zu einem Wegweiser, bei dem wir nach links gehen (Schild: Mousmouli) und an der gleich folgenden Gabelung links hinab. Mit Meerblick folgt der Pfad dem Küstenverlauf. Nach einer Weile erreichen wir weit oberhalb eine tief eingeschnittene Bucht, vor der unser Pfad nach rechts schwenkt. Für Schwindelfreie lohnt

Im Westen fällt die Küste steil zum Meer hin ab.

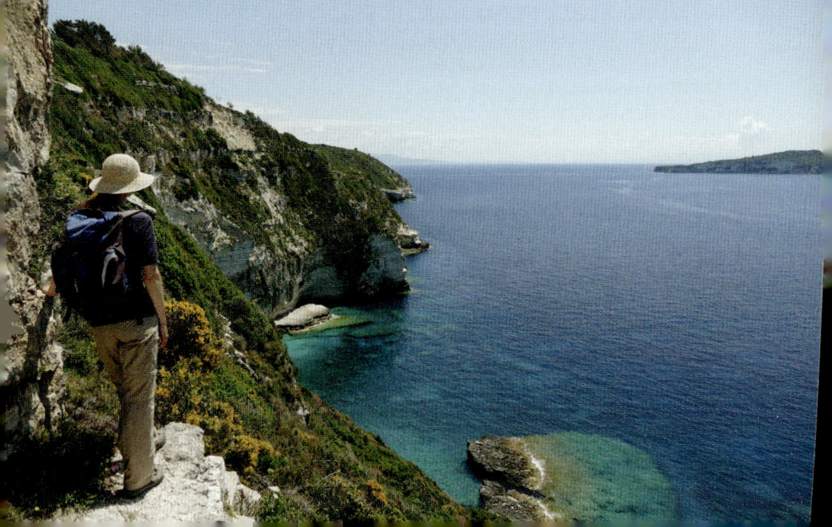

Umschlagbild: Frühling an Korfus Westküste bei Ágios Górdios (Tour 23).

Bild im Innentitel: Teile der Westküste sind schroff und unzugänglich (Tour 20).

Bild auf den Seiten 42/43: Weiter Blick über Paliá Períthia bis zum albanischen Festland (Tour 9).

Bild auf den Seiten 156/157: Unbeschreibliche Aussicht auf dem Merovígli auf der Insel Othoní.

Bild auf den Seiten 168/169: Der gewaltige Felsbogen wird Trypitós genannt.

Alle Fotos von der Autorin und dem Autor.

Kartografie:
36 Wanderkärtchen im Maßstab 1:50.000
sowie 2 Übersichtskarten im Maßstab 1:500.000 und 1:700.000

Werk-Nr.: 4371

5., komplett neu bearbeitete Auflage 2024

ISBN 978-3-7633-4731-5

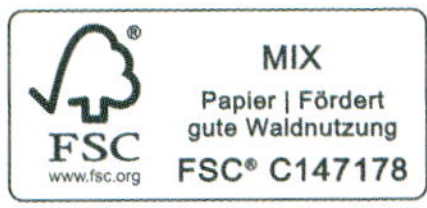

Wir freuen uns über jeden Korrekturhinweis zu diesem Wanderführer!
Bitte per E-Mail an: leserzuschrift@rother.de

ROTHER BERGVERLAG · Keltenring 17 · D-82041 Oberhaching
Tel. +49 89 608669-0 · rother.de

STICHWORTVERZEICHNIS

es sich jedoch, hier zunächst einen Blick die Klippen hinab zu werfen, wo das leuchtend blaue, klare Wasser auf einen kleinen weißen Strand trifft.

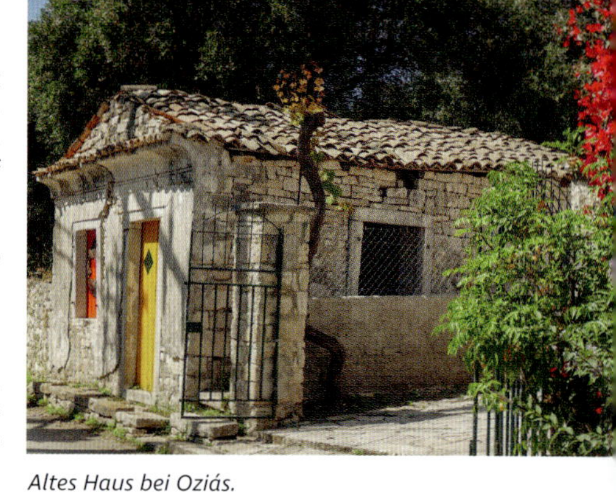

Altes Haus bei Oziás.

Kurz darauf verläuft unser Pfad zwischen zwei Mauern ins Inselinnere. Beim Wegweiser am ersten Abzweig gehen wir noch geradeaus (Schild: Malethonas), aber beim steinernen Platz zur Rechten biegen wir links ab (Schild: Vellianitatika). Der Pfad mündet in einen Weg, dem wir links hinauf folgen (gleiche Beschilderung). Auch beim nächsten Wegweiser wenden wir uns links hinauf (gleiche Beschilderung) und entlang der Mauer nach rechts (nicht auf dem Pfad geradeaus in den Olivenhain!). In **Vellianitátika** ❺ erreichen wir nun eine Kreuzung: Unsere Tour führt hier rechts hinab (Schild: Malethonas cistern), aber zunächst lohnt links der alte venezianische Glockenturm einen Blick. Unten kommen wir an Brunnen und der Zisterne vorbei und stoßen auf eine Querstraße, an der wir links bergauf gehen. Wir passieren Ruinen und nehmen die schmalere Straße nach rechts. Nun ignorieren wir weitere Abzweige und halten uns immer geradeaus. Der Weg verlässt den Ort, verengt sich, wird wieder breiter und wechselt mehrfach den Untergrund. Wir folgen ihm in den nächsten Ort und wieder hinaus. An der T-Kreuzung wenden wir uns rechts hinab und nach kurzer Zeit endet der Weg an einer Straße. Hier biegen wir rechts hinunter ab und erreichen bald **Gáios** ❷, wo wir geradeaus zum Meer gelangen. Am Hafen kehren wir dann links zum Fährterminal von **Paxós** ❶ zurück.

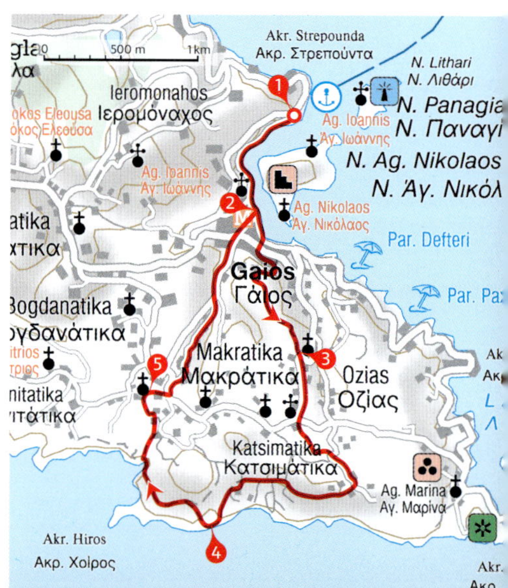